法律硕士精品系列教材

“一带一路”投资权益保护法律实务

“YIDAIYILU” TOUZI
QUANYI BAOHU FALÜ SHIWU

主　编　岳树梅
撰稿人（以撰写章节先后为序）
岳树梅　宋云博　徐忆斌　杨光明
段玉林　梁　爽　孟于群　石晓玉

中国人民大学出版社
·北京·

法律硕士精品系列教材编审委员会

作者简介

岳树梅，女，法学博士。西南政法大学国际法学院教授、博士研究生导师，国际经济法方向负责人，核安全法律研究中心主任。兼任中国自然资源学会资源法学专业委员会副主任委员、中国法学会世界贸易组织法研究会理事、中国国际经济法学会理事、重庆市法学会国际经济法研究会副会长、重庆仲裁委员会仲裁员。在《法学评论》《现代法学》《法学》《政治与法律》《中国人口·资源与环境》等学术期刊发表论文 70 余篇。出版专著 8 部。获重庆市发展研究奖二等奖 1 项、重庆市社会科学优秀成果奖三等奖 2 项。主持完成国家社会科学基金重大招标项目 1 项、一般项目 2 项，教育部、司法部、生态环境部、最高人民检察院、重庆市社科联等重点项目 15 项。80 余项智库成果获党和国家领导人批示，被中央办公厅、中央国安办、全国政协等部门和机关采用。获评 2023 年度重庆市三八红旗手、2022 年“重庆英才·创新领军人才”、2023 年重庆市优秀法学法律工作者。

宋云博，男，法学博士，博士后。西南政法大学国际法学院教授、硕士研究生导师和来华留学研究生导师、副院长，校学术委员会委员，中国—东盟法律研究中心研究员、副秘书长。主要从事涉外法治、“一带一路”区域国别法治、数字法治理论与实务研究。兼任中国国际法学会理事，重庆市法学会国际经济法研究会常务理事、学术委员会副主任，第三届法律英语证书（LEC）全国统一考试专家指导委员会委员，上海法院特聘教授，重庆市文化和旅游发展委员会涉外法治咨询专家等。

徐忆斌，男，法学博士。西南政法大学国际法学院副教授、硕士研究生导师，中国—东盟法律研究中心研究员、副秘书长，《西南政法大学学报》副主编，《中国—东盟法律评论》副主编，WTO 案例教学研究中心秘书长。长期从事国际经济法、世界贸易组织法、国际经贸争端解决、中国自由贸易试验区法治的实务、教学与研究工作。在《学术界》《暨南学报（哲学社会科学版）》《现代经济探讨》《WTO 法与中国论坛年刊》《法治现代化研究》《西北师大学报（社会科学版）》等国内外权威刊物发表学术论文 40 余篇。完成 C 类智库 1 篇、D1 类智库 5 篇。出版专著 1 本，参编中、英文教材 6 本。主持完成 5 项省部级项目和 6 项横向课题，参与 5 项国家级重点课题。

杨光明，男，法学博士。重庆市第四中级人民法院党组书记、院长，二级高级法官。长期从事知识产权审判工作。曾在日本知识产权研究所从事知识产权国际项目研究工作。先后在《现代法学》《重庆大学学报（社会科学版）》发表《后 WTO 时代国际贸易中的知识产权保护法律制度》《构建重庆知识产权战略 打造西部知识经济引擎》等学术论文。2008 年，被评为全国法院知识产权审判工作先进个人。

段玉林，男，法学学士。重庆市荣昌区人民法院审管办（研究室）副主任，二级法官助理。长期从事民事审判工作。完成省级重点调研课题 4 项，其中 2 项课题“变更、追加当事人执行异议之诉的制度完善”“家事和未成年案件专业化审判机制研究”获评优秀。11 篇案例获评市级以上典型案例、司法改革案例，其中 1 篇案例获评重庆市政法领域改革最佳实践，1 篇案例获评全国法院系统 2020 年度优秀案例分析三等奖。

梁爽，女，英国伯明翰大学法学硕士，英国利兹大学法学博士。西南政法大学国际法学院副教授，硕士研究生导师。兼任重庆市法学会自由贸易区暨“一带一路”法治研究会秘书长。主要研究方向为国际经济法、跨境大型基建法律问题、英国法、欧盟法、自由贸易试验区法规、涉外争端解决等。在国内外报刊上发表中、英文论文多篇。参与起草《中国（重庆）自由贸易试验区条例》。持中、英两国律师证照。

孟于群，女，法学博士，博士后。西南政法大学国际法学院副教授，硕士研究生导师。兼任重庆市法学会国际经济法研究会理事、云南省红河州人民检察院专家咨询委员会委员、成渝金融法院专家咨询委员。主要研究领域为国际贸易法、国际投资法、国际金融法。在国内核心期刊发表学术论文多篇，其中《国际法话语权的生成逻辑与中国构建》被《中国社会科学文摘》全文转载，并被推荐收入《中国涉外法治蓝皮书》，《法定数字货币跨境支付的法律问题与规则构建》被“中国人民大学复印报刊资料”《金融与保险》全文转载。在国际顶级金融类期刊 *Finance Research Letters*（SSCI 一区）和 *International Review of Economics & Finance*（SSCI 一区）发表学术论文。获中国法学会后期资助项目资助并出版专著 1 部，主持和参与国家级、省部级科研项目 10 余项。

石晓玉，女，美国凯斯西储大学法学博士。西南政法大学国际法学院师资博士后、讲师。主要研究方向为国际经济法，关注国际投资法、国际贸易法、国际投资仲裁等领域。担任国际经济法、国际贸易法、国际投资法等中、英文课程主讲教师。

总 序

2022 年 10 月 16 日，习近平在中国共产党第二十次全国代表大会上的报告中强调："深化教育领域综合改革，加强教材建设和管理"。同时，党的二十大报告第七部分"坚持全面依法治国，推进法治中国建设"专门部署法治建设，要求发挥法治固根本、稳预期、利长远的保障作用，在法治轨道上全面建设社会主义现代化国家。习近平指出，全面推进依法治国，建设一支德才兼备的高素质法治队伍至关重要。① 高校是法治人才培养的第一阵地，高校法学教育在法治人才培养中发挥着基础性、先导性作用。

在法治轨道上全面建设社会主义现代化国家，迫切需要法律硕士专业学位研究生（以下简称"法律硕士"）教育开辟一条加快培养高层次应用型法治人才的新渠道。法律硕士是具有特定法律职业背景的专业性学位，在培养目标上强调实务特点，主要培养立法、司法、行政执法和法律服务以及各行业领域德才兼备的高层次的复合型（专门型）、应用型法治人才。根据新时代法治人才培养的要求"立德树人、德法兼修、明法笃行"，要将法律硕士培养成具有坚定政治立场和崇高法律职业道德的法治人才，培养成具有宽基础、复合型、跨学科知识结构的法治人才，培养成能够综合运用法律、经济、管理、科技、外语、计算机以及其他方面专业知识，独立从事法律实务和管理工作的法治人才。

近年来，各高校、科研院所及法律实务部门在应用型高级法律实务人才培养方面不断探索。西南政法大学作为新中国最早建立的高等政法学府，是国家首批卓越法律人才教育培养基地。自 1979 年开展研究生教育以来，西南政法大学坚持科学的研究生教育质量观，把研究生教育作为提升学校品牌的重要支点，坚定不移地推进改革，凝心聚力，攻坚克难，不断增强研究生教育的竞争力、吸引力和培养能力，以实施科教兴国战略和满足经济发展对高层次、高素质、创新型人才的需求为出发点，努力发展研究生教育。2010 年，西南政法大学被确定为教育部法律硕士教育综合改革试点高校；2013 年，西南政法大学被评为全国法律硕士

① 中共中央文献研究室. 十八大以来重要文献选编：中. 北京：中央文献出版社，2016：190.

优秀培养院校。西南政法大学紧紧围绕党中央的要求和国家经济、社会发展的需要，明确目标和功能定位，充分发挥培养复合型、实践型法律人才的作用，以培养德才兼备、系统掌握法学理论知识、具备实践能力、具有社会主义法治理念、能够独立从事法律实务或理论研究工作的高层次专门人才为目标，不断进行探索和创新：

——实施责任教授制度，创新课程管理模式。针对法律硕士专业必修课程实施责任教授制度，实行团队教学。课程所属学科确定一名课程责任教授，由其负责组建教学团队、主持课程建设的各项工作，包括课程规划、教学内容安排、课程进度控制、教学方法使用、考核评价方式等。课程责任教授制度的确立，改变了任课教师单打独斗的授课局面，形成了课程教学合力。

——推进课程教学改革，创新课程教学方法。自 2013 年大力推进研究生课程教学改革以来，制定并实施了《西南政法大学研究生课程教学改革办法（试点）》，推行基于问题、基于项目、基于案例的教学方法和学习方法，探索建立以学生为主体、以培养学生创新能力为主要特征的研究型教学方式，促进课程教学与科研训练、实习实践相结合。已立项建设 4 批次共 37 门改革课程，培育重庆市优质研究生课程 12 门。

——强化教学案例建设，注重实践能力培养。重视案例编写，积极开展案例教学，已组织编写校级法律硕士教学案例 21 个，其中 4 个教学案例入选首批全国法律硕士教学案例库，使本校成为首批入库案例最多的院校。在积极开展案例库建设的同时，大力推进案例教学，在法律硕士专业课程教学过程中，引用案例进行讲解的教学内容占比达到 30%以上。

——开设实践训练课程，强化职业能力培养。为适应职业型与复合型的人才培养定位，法律硕士人才培养要把学习理论知识与开展实务的能力加以复合，要开展更加注重实务与应用的实践性教学。本校专门开设了法律实践训练课程，占法律硕士课程的四分之一，任课教师大都为校外行业专家，由此大大提升了学生的法律逻辑分析能力与知识运用能力。

法律硕士的招生院校及招生规模不断扩大，对专业法律人才的培养提出了新的挑战，对法律硕士教学规范化也提出了比较高的要求。党的二十大报告指出：要“深化教育领域综合改革，加强教材建设和管理，完善学校管理和教育评价体系，健全学校家庭社会育人机制”。这说明深化教育领域综合改革，扎实推进法律硕士教育、加强相关教材建设非常关键。在 2012 年前后，西南政法大学与中国人民大学出版社共同推出针对法律硕士的“应用型高级法律人才系列教材”。该套教材内容设计贴近教学需要，编写质量优良，打下了较好的教材基础。为遵循法律硕士的教学特点和更加贴近司法实务的教学要求，西南政法大学根据全国专业学位研究生教育指导委员会《专业学位研究生核心课程指南（试行）》，更新编写了这套“法律硕士精品系列教材”。该系列教材体系的构建主要有几点考虑：

第一，提升教材的普适性，按照全国专业学位研究生教育指导委员会《专业学位研究生核心课程指南（试行）》的目录搭建对应的系统性教材。

第二，立足教材的应用性，结合实务训练课程需要编写案例丰富、实践性强、以案说法的实务性教材。

第三，侧重特色交叉教材，以满足学校新兴学科发展需要和法律硕士教育特色发展为目标，编写特色教材。

该系列教材得以面世，首先要感谢校内外多位主编、编委和作者的精诚合作和辛勤笔耕；还要感谢中国人民大学出版社的大力支持，感谢郭虹社长对教材编写和出版的精心策划与宝贵建议。西南政法大学副校长唐力教授及校党委常委、研究生院院长李燕教授在教材设计和编写方面做了大量的开创性工作；还有很多工作人员在教材编写和出版过程中默默付出辛劳，我代表编委会对他们一并表示诚挚的敬意和谢忱。

付子堂

2022年10月29日

于西南政法大学

编写说明

近年来，“一带一路”建设蓬勃发展，已从中国倡议变成全球行动，在推动基础设施互联互通、促进贸易投资繁荣发展、强化公共卫生建设以及增进社会文化交流等方面取得了显著成效。“一带一路”业已成为全球最大的国际合作平台和最受欢迎的国际公共产品之一，截至 2024 年年底，共有 155 个国家、32 个国际组织与我国签署了 200 余份共建“一带一路”合作文件，携手共建“开放之路”“和平之路”“创新之路”“繁荣之路”“健康之路”“文明之路”。在“一带一路”合作机制的推动下，“一带一路”投资增速明显：2018—2023 年，中国对“一带一路”共建国家直接投资累计 1 800 亿美元，年均增长 5.9%。[①] 2024 年，中国企业在“一带一路”共建国家非金融类直接投资 2 399.3 亿元人民币，同比增长 6.5%（以美元计为 336.9 亿美元，增长 5.4%）。在对外承包工程方面，2024 年中国企业在“一带一路”共建国家新签承包工程合同额 16 556.5 亿元人民币，增长 1.4%（以美元计为 2 324.8 亿美元，增长 0.4%）；完成营业额 9 882.1 亿元人民币，增长 4.5%（以美元计为 1 387.6 亿美元，增长 3.4%）。[②] 但在总结过去“一带一路”建设丰硕成果的同时，我们也应该清楚地认识到过去的探索过程中存在一些短板和不足，在百年未有之大变局加速演进下，“一带一路”建设的国际环境日趋复杂，面临着一系列的挑战和困境。尤其是“一带一路”共建国家涉及面广，社会政治制度、经济发展状况、文化风俗迥异，部分国家政局不稳、法治环境恶化，难以有效保障我国庞大的“一带一路”投资的合法权益。

2019 年，党的十九届四中全会通过的《中共中央关于坚持和完善中国特色社会主义制度 推进国家治理体系和治理能力现代化若干重大问题的决定》明确提出：“构建海外利益保护和风险预警防范体系，完善领事保护工作机制，维护海外

① 余湄. “一带一路”国际贸易的融资风险与策略应对. 北大金融评论，2024 (4).

② 2024 年我国对共建“一带一路”国家投资合作情况. (2025-01-26). http://hzs.mofcom.gov.cn/tjsj/art/2025/art_893a74e04f5343fdba86b4d9e8375b84.html.

同胞安全和正当权益，保障重大项目和人员机构安全。”① 2022 年，党的二十大报告再次指明，要“维护我国公民、法人在海外合法权益”②。可见，“一带一路”投资权益保护属于国家战略的题中应有之义，只是作为资本输出强国和资本输入大国，我国目前“一带一路”投资权益保护途径有限，并在法理、机制、立法和司法等方面面临着诸多挑战，难以满足当前“一带一路”投资活动对于高水平和高标准法律保护的现实需要。“一带一路”投资在投资准入、安全审查、投资合同、知识产权、劳工权益、数字经济、争端解决等方面的权益保护问题亟待研究解决。例如，据统计，截至 2020 年第一季度末，已规划或在建“一带一路”项目 3 164 个，总金额达 4 万亿美元。其中，约 83%的项目处于在建状态，金额约 3.32 万亿美元；已竣工项目金额约 5 930 亿美元；其余项目则处于搁置（643 亿美元）、延迟（148 亿美元）或取消（128 亿美元）状态。这些数据表明，约有 919 亿美元的项目可能遇到了一定的挑战或阻碍（搁置、延迟或取消），投资安全风险显著，完善“一带一路”投资权益保护体系的任务十分紧迫。有鉴于此，本书通过“案例教学法”来探寻出路，以在一定程度上化解“一带一路”投资权益保护的供需矛盾，并培养学生的思辨批判能力和实务运用能力。

除系统地梳理、介绍“一带一路”投资权益保护的专业知识之外，本书以法律实践分析为切入点，精选“一带一路”投资权益保护的真实案例，进行摘编节选并结合相关知识进行分析。如此既有助于学生清楚地了解整个案例的来龙去脉，又能深化他们对专业基础知识的掌握和理解，培养他们将书面知识转化为解决实践问题的能力。本书不仅可以作为学习、了解“一带一路”投资权益保护法律实务的教材，而且对于从事“一带一路”投资实务的人员，以及对“一带一路”共建国家进行投资的中国企业，也具有一定的参考价值。

本书是“西南政法大学法律硕士研究生精品系列教材”建设项目的成果，由西南政法大学国际法学院从事“一带一路”投资权益保护教学和研究工作的一线教师，以及法院中从事法律实务工作的法官共同编写而成。本书是各位作者共同努力的成果，旨在促进理论成果向实践的转化和运用。

本书由岳树梅教授负责整体组织和编写工作，具体写作分工如下：

第一章：岳树梅；

第二章：宋云博；

第三章：徐忆斌；

第四章：杨光明、段玉林；

① 中共中央关于坚持和完善中国特色社会主义制度 推进国家治理体系和治理能力现代化若干重大问题的决定．人民日报，2019－11－06（6）．

② 习近平．高举中国特色社会主义伟大旗帜 为全面建设社会主义现代化国家而团结奋斗：在中国共产党第二十次全国代表大会上的报告．北京：人民出版社，2022：53．

第五章：梁爽；

第六章：孟于群；

第七章：石晓玉。

此外，感谢西南政法大学国际法学院博士研究生黄秋红和硕士研究生张文竹的编辑、校正及整理工作。

虽然本书在结构、内容上作了一些新的尝试，但由于“一带一路”投资权益保护涉及领域广泛、内容复杂，受写作者时间和水平的限制，本书中内容遗漏和错误之处在所难免，敬请各位读者批评指正，提供宝贵意见，以便我们在本书再版时修订完善。

编　者

2025 年 3 月

目 录

第一章　“一带一路”投资准入中的权益保护法律实务

基础理论

开放是当代中国的鲜明标识，加入世界贸易组织（WTO）20 多年来，中国不断扩大开放，外商投资规模日益扩大、领域日益拓宽，对外投资合作深入推进。习近平明确指出，不断扩大对外开放、提高对外开放水平，以开放促改革、促发展，是我国发展不断取得新成就的重要法宝。[①] 在这一科学论断的指引下，中国推进全方位对外开放，推动共建“一带一路”，建设自贸试验区和自由贸易港，不断缩减外商投资准入负面清单，开放发展成就举世瞩目。在全球产业链调整、跨国投资波动的当下，我国始终是外商投资的热土，2024 年 1—11 月，中国实际使用外资金额为 7 497 亿元人民币[②]，作为“一带一路”中的双向投资大国，我国在外资准入问题上不断探索调整以适应国际投资自由化的进程和投资角色定位的变化。

在“一带一路”投资中，投资准入制度是东道国以国家立法的方式对外资开放国门的第一步，既事关东道国的外资管辖权，又涉及投资者的合法利益，在平衡东道国对外开放程度和外资监管权方面发挥着至关重要的作用。随着对外开放水平的不断提高，“一带一路”投资持续增长，我国企业在“一带一路”倡议下开创了对外投资的新格局，同时也不得不面临东道国环境差异引发的投资准入、投资运营和投资退出三大阶段的不同法律风险。党的十八大报告就已明确提出，

① 习近平．习近平谈治国理政：第 2 卷．北京：外文出版社，2017：100.

② 2024 年 1—11 月全国吸收外资 7 497 亿元人民币．(2024-12-17). http://www.gov.cn/lianbo/bumen/202412/content_6993074.htm.

坚定维护国家利益和我国公民、法人在海外合法权益。[①] 因此，在国际局势大发展、大变革、大调整时期，如何在推动"一带一路"建设行稳致远的过程中，确保"一带一路"投资顺利迈入第一道门槛，即做好准入阶段的法律权益保护工作，为我国对外投资企业和外商投资企业寻求适合"一带一路"投资需求的准入制度，以提供更好的制度环境是具有重大现实意义的研究课题。

一、"一带一路"投资的相关概念

（一）对外投资的界定

根据资本流向的不同，国际投资可分为外国投资和对外投资。外国投资是以资本输入国（东道国）为视角，对外投资则是立足于资本输出国（投资者母国）的角度。国际投资从中立角度叙述，属于外国投资和对外投资的上位概念，而外国投资和对外投资从不同的国家角度叙述，同一项国际投资，对资本输入国而言是外国投资，对资本输出国来说就是对外投资或海外投资。换言之，国际投资、外国投资和对外投资紧密相关，是基于三个不同视角的概念。

根据投资者能否有效控制所投资的企业，国际投资可分为直接投资和间接投资。在学理上，国际投资通常被认为是一个经济学概念，指"一国的自然人、法人、其他组织、政府和政府间国际组织以直接或间接的方式将资本投放到其他国家的国民经济中以获取利润的国际经济活动"[②]。直接投资是指伴有企业经营管理权和控制权的投资，投资者在海外直接经营企业，并对企业的经营管理有较大的控制权。[③] 国际货币基金组织（IMF）将直接投资定义为"一个国家（或地区）的居民或实体（投资者或母公司）与在另一国的企业（国外直接投资企业、分支企业或国外分支机构）建有长期关系，具有持续利益，并对其进行控制的投资"[④]。间接投资又称证券投资，指投资者以股票、债券或其他证券形式参与对外投资以获得相应利益，但无意控制或管理投资企业。国际投资法的调整对象一般限于国际私人直接投资关系，剔除了政府和政府间组织的投资，并基本排除了间接投资方式。但晚近的一些国际条约或国家立法对投资作出了较为宽泛的解释，将国际投资实践中的许多财产类型，甚至间接投资的股权类资产也包括在内。例如，《区域全面经济伙伴关系协定》（RCEP）在第10章第1条中指出，投资是指"一个投资者直接或间接拥有或控制的、具有投资特征的各种资产，此类特征包括承诺资本或其他资源的投入、收益或利润的期待或者风险的承担"，并列举了7

① 胡锦涛．胡锦涛文选：第3卷．北京：人民出版社，2016：615.

② 赵学清，邓瑞平．国际经济法学．北京：法律出版社，2005：101.

③ 余劲松．国际投资法．4版．北京：法律出版社，2014：1.

④ IMF. Balance of Payment Manual. 5th ed.. Washington，D.C.：International Monetary Fund，1993.

种投资形式，包括：(a) 法人中的股份、股票和其他形式的参股，包括由此派生的权利；(b) 法人的债券、无担保债券、贷款及其他债务工具以及由此派生的权利；(c) 合同项下的权利，包括交钥匙、建设、管理、生产或收入分享合同；(d) 东道国法律和法规所认可的知识产权和商誉；(e) 与业务相关且具有财务价值的金钱请求权或任何合同行为的给付请求权；(f) 根据东道国法律法规或依合同授予的权利，如特许经营权、许可证、授权和许可，包括勘探和开采自然资源的权利；(g) 动产、不动产及其他财产权利，如租赁、抵押、留置或质押。同时，RCEP 规定投资不包括司法、行政行为或仲裁程序中的命令或裁决，以及纯粹的货物买卖或服务贸易支付请求权。但投资定义的扩大并不意味着国际投资法的调整范围已经覆盖到了间接投资，大部分国际投资协定明确排除了对投机和短期资本的保护。①

考虑到实践中直接投资和间接投资具有相互转化的特征，例如无法直接将购买股票的行为认定为间接投资，因为该项投资可能对企业的经营管理有重大影响，我国 2019 年 3 月 15 日通过的《外商投资法》即扩大了适用范围，在第 2 条中将外商投资定义为外国的自然人、企业或者其他组织直接或者间接在中国境内进行的投资活动，包括下列情形：(1) 外国投资者单独或者与其他投资者共同在中国境内设立外商投资企业；(2) 外国投资者取得中国境内企业的股份、股权、财产份额或者其他类似权益；(3) 外国投资者单独或者与其他投资者共同在中国境内投资新建项目；(4) 法律、行政法规或者国务院规定的其他方式的投资。这表示外国投资者在我国以购买公司债券、金融债券或公司股票等有价证券的方式进行的间接投资也可以被我国《外商投资法》所规范。总而言之，尽管学理和实践关于外商投资的定义有所出入，但无论投资形式如何，其都具有两大特征：一是投资时间较长，投资者以谋求长期利益为目的；二是投资者能够通过具体投资方式控制被投资企业，或极大地影响企业的经营管理乃至东道国的经济发展。

由上可知，区分直接投资和间接投资的关键要素是投资者是否具有实际的控制权。但至于何谓控制，不同国际组织和国家的立法对投资者享有经营控制权的认定标准各不相同。例如经济合作与发展组织（OECD）采用 10%的股权标准，认为"一个经济体的居民投资者在另一个经济体的企业中直接或间接地拥有 10%或以上的股权就可以证明直接投资关系的存在"②。联合国跨国企业中心则较为谨慎，认为拥有 10%的股权不一定能对企业经营管理产生重大影响，而将持股 50%以上的跨国并购作为直接投资来统计相关数据。③ 1999 年，《俄罗斯联邦外国投资

① 张庆麟. 论国际投资协定中"投资"的性质与扩大化的意义. 法学家，2011 (6)：82-93.

② OECD. OECD Benchmark Definition of Foreign Direct Investment. 4th ed.. Ottawa：OECD Publishing，2009：48.

③ 孙南申，等. 进入 WTO 的中国涉外经济法律制度. 北京：人民法院出版社，2003：436.

法》将外国直接投资定义为，外国投资者在俄罗斯商业组织的资本中占有不低于10%的股权。[①] 我国商务部、国家统计局和国家外汇管理局于2019年修订的《对外直接投资统计制度》第一部分“总说明”中的调查范围规定，对外直接投资统计的范围主要包括境内投资者通过直接投资方式在境外拥有或控制10%或以上的股权、投票权或其他等价利益的各类公司型和非公司型的境外直接投资企业。也就是说，对于投资者的直接投资，我国采取的是10%以上的股权标准。本书采用狭义概念，所述的投资仅指直接投资。

(二)“一带一路”投资

2013年，习近平在出访哈萨克斯坦和印度尼西亚时先后提出共建“丝绸之路经济带”和“21世纪海上丝绸之路”的重大倡议。2015年，国家发展和改革委员会、商务部和外交部联合发布《推动共建丝绸之路经济带和21世纪海上丝绸之路的愿景与行动》，提出加快投资便利化进程，消除投资壁垒，加强双边投资保护协定，保护投资者的合法权益。“一带一路”是新时期统筹对外开放和对内改革的重大战略布局，这一倡议的提出给我国经济发展，尤其是我国企业对外投资提供了新的机遇。顾名思义，“一带一路”投资就是指在“一带一路”共建国家或地区进行的直接投资。截至2024年12月，“一带一路”共建国家如表1-1所示。

表1-1 “一带一路”共建国家

区域	国家
亚洲	阿富汗、阿联酋、阿曼、阿塞拜疆、巴基斯坦、巴勒斯坦、巴林、东帝汶、菲律宾、格鲁吉亚、哈萨克斯坦、韩国、吉尔吉斯斯坦、柬埔寨、卡塔尔、科威特、老挝、黎巴嫩、马尔代夫、马来西亚、蒙古国、孟加拉国、缅甸、尼泊尔、沙特阿拉伯、斯里兰卡、塔吉克斯坦、泰国、土耳其、土库曼斯坦、文莱、乌兹别克斯坦、新加坡、叙利亚、亚美尼亚、也门、伊拉克、伊朗、印度尼西亚、约旦、越南
欧洲	阿尔巴尼亚、爱沙尼亚、奥地利、白俄罗斯、保加利亚、北马其顿、波黑、波兰、俄罗斯、黑山、捷克、克罗地亚、拉脱维亚、立陶宛、卢森堡、罗马尼亚、马耳他、摩尔多瓦、葡萄牙、塞尔维亚、塞浦路斯、斯洛伐克、斯洛文尼亚、乌克兰、希腊、匈牙利、意大利
非洲	阿尔及利亚、埃及、埃塞俄比亚、安哥拉、贝宁、博茨瓦纳、布基纳法索、布隆迪、赤道几内亚、多哥、厄立特里亚、佛得角、冈比亚、刚果（布）、刚果（金）、吉布提、几内亚、几内亚比绍、加纳、加蓬、津巴布韦、喀麦隆、科摩罗、科特迪瓦、肯尼亚、莱索托、利比里亚、利比亚、卢旺达、马达加斯加、马拉维、马里、毛里塔尼亚、摩洛哥、莫桑比克、纳米比亚、南非、南苏丹、尼日尔、尼日利亚、塞拉利昂、塞内加尔、塞舌尔、圣多美和普林西比、苏丹、索马里、坦桑尼亚、突尼斯、乌干达、赞比亚、乍得、中非

① 俄罗斯联邦外国投资法. http://ru.mofcom.gov.cn/article/ddgk/201406/20140600644661.shtml.

续表

区域	国家
北美洲	安提瓜和巴布达、巴巴多斯、巴拿马、多米尼加、多米尼克、格林纳达、哥斯达黎加、古巴、洪都拉斯、尼加拉瓜、萨尔瓦多、特立尼达和多巴哥、牙买加
南美洲	阿根廷、巴西、秘鲁、玻利维亚、厄瓜多尔、圭亚那、苏里南、委内瑞拉、乌拉圭、智利
大洋洲	巴布亚新几内亚、斐济、基里巴斯、库克群岛、密克罗尼西亚联邦、瑙鲁、纽埃、萨摩亚、所罗门群岛、汤加、瓦努阿图、新西兰

我国积极推进“一带一路”建设，“一带一路”投资合作发展迅速，已经成为我国对外直接投资新的增长点。2023 年，中国对外直接投资流量为 1 772.9 亿美元，占全球份额的 11.4%，较上年提升 0.5 个百分点，连续 12 年位列全球前三，连续 8 年占全球份额超过 10%。2023 年末，中国对外直接投资存量约 2.96 万亿美元，连续 7 年排名全球前三，对外投资大国地位日益巩固。中国对外投资领域多元：2023 年，中国对外直接投资涵盖了国民经济的 18 个行业门类，主要投向租赁和商务服务、批发零售、制造、金融四大领域，合计投资 1 385.5 亿美元，占当年流量总额的 78.1%。其中，对租赁和商务服务、批发和零售业的投资比上年分别增长 24.6%和 83.4%。此外，对建筑业、信息传输及软件和信息技术服务业投资增长较快，比上年分别增长 97.2%、34.9%。设立的境外企业覆盖全球超过 80%的国家和地区，总体经营状况良好。截至 2023 年底，中国境内投资者共在全球 189 个国家和地区设立境外企业 4.8 万家。其中分布在亚洲的占 60.8%，分布在北美洲的占 11.8%，分布在欧洲的占 9.8%，分布在拉丁美洲的占 8.4%，分布在非洲的占 6.8%，分布在大洋洲的占 2.4%。其中，在“一带一路”共建国家设立境外企业 1.7 万家。2023 年，多数境外企业全年实现盈利或总体持平。① 由于“一带一路”共建国家大多数为发展中国家，经济发展相对落后，政治、文化差异较大，法律制度供给不足，我国对外投资企业面临着复杂多变的外部环境，投资准入等阶段的政治和法律风险不容忽视，因此需要大力推进相关制度建设，为“一带一路”投资提供良好的制度环境。

二、投资准入

(一) 投资准入的内涵

投资准入是国际投资法的核心问题，事关外国投资能否进入东道国境内从事投资活动，是外国投资进入东道国运营的前提和基础。从东道国和外国投资者的

① 中华人民共和国商务部，国家统计局，国家外汇管理局. 2023 年度中国对外直接投资统计公报. 北京：中国商务出版社，2024.

不同视角来看，投资准入有不同的含义。从东道国的角度而言，投资准入是国家经济主权的重要体现，是指一国具有允许、限制或者禁止外国投资进入本国境内的绝对权利。当代国际法理论和实践表明，任何一个主权国家都可以自主地决定是否允许外国投资进入本国，以及在何种条件下允许外国投资进入本国。这是属地管辖原则在经济领域的体现。根据属地管辖原则，主权国家对其领土范围内的所有人、事、物均有管辖的权利。投资准入是主权国家对外国投资实施监督和管理的方式之一，是行使外资管辖权的初步环节和重要内容。联合国《各国经济权利和义务宪章》第2条明确规定，每个国家都有权按照其法律和规章，并且依照其国家目标和优先次序，对在其管辖范围内的外国投资加以管理和行使权力，任何国家不得被迫向外国投资提供优惠待遇。因此，东道国有权从本国利益出发，基于保护国内幼稚产业发展、维护经济市场正常运行等公共政策目的，来考虑本国投资市场对外开放的领域、程度，决定外国投资的准入条件和审批内容等。从投资者的角度而言，投资准入则意味着外国投资进入东道国管辖领域的机会和权利[①]，关乎外国投资在准入阶段的待遇标准。

投资准入有狭义和广义之分：狭义上的投资准入仅指外国投资进入东道国的权利，即“准入权”；广义上的投资准入还包括“设业权”，即外国投资者进入东道国后从事商业活动并确定永久性商业存在的权利。[②] 本书所讨论的投资准入属于广义上的概念，涵盖东道国在外国投资准入阶段对投资者进行管理的全过程，包括投资准入领域控制、履行要求以及投资审批。

作为平衡东道国监管权和开放投资市场的重要砝码，投资准入规则备受国际社会的重视。但受社会发展道路、经济发展状况等国内不同因素的制约，以及全球经济形势、国际经济协作、市场发展变化等国际实际情况的影响，不同的国家会对外国投资进行不同程度的管制，事实上各国都会在投资准入阶段对外国投资设置或多或少、或严或宽的条件。

（二）投资准入的内容

综观各国立法实践，各国对于外国投资准入的管制主要体现在如下三个方面：一是准入范围或准入领域，即允许外国投资进入的行业或领域；二是准入条件，即外国投资者在允诺承担某些义务或满足某些条件的情况下，方可获准进入东道国；三是准入审批，即东道国对外国投资进行审查并决定是否许可其进入的标准。

准入范围是东道国对外国投资设置的第一道防线，一是为了将关系国家安全、公共利益、国计民生的重要行业和部门掌握在东道国手中，二是为了更好地引导外国投资进入东道国亟待发展的薄弱行业中，使其符合东道国的经济政策，

① 徐泉．国际贸易投资自由化法律规制研究．北京：中国检察出版社，2004：273.

② 刘笋．国际投资保护的国际法制：若干重要法律问题研究．北京：法律出版社，2002：84.

提升东道国经济发展的整体水平。至于具体的范围和领域限制，各国因国情不同其规定可能也各不相同。通常来说，发达国家作为资本输出的主要国家，倾向于实行投资自由化政策，对于外国投资准入的范围限制不如发展中国家严格。无论如何，各国根据本国国情对外国投资准入的范围加以限制，并决定在此阶段给予外国投资何种待遇是符合国际法主权原则的。

准入条件，也就是外国投资准入阶段的“履行要求”或“业绩要求”，指外国投资者为获准进入东道国而需要承担的特定义务，实质上是东道国对外国投资者采取的具体管制措施。① 履行要求覆盖范围宽泛，涉及投资股权要求、汇款限制、外汇限制、制造限制、技术转让要求、国内销售要求、制造方面要求、产品指令要求、贸易平衡要求、当地成分要求、出口要求、进口替代要求等。具体而言，准入条件可以分为三类：第一类是一般条件，要求外国投资符合东道国基本安全、公共利益政策；第二类是资本要求，如最低资本要求、保证金要求、资本货物进口限制；第三类是其他条件，包括对于非股权形式投资的特殊要求、技术许可证、行业许可证或基于当地发展需求的当地成分要求、雇佣要求等。

准入审批，指的是东道国政府或授权机关根据本国的法律、政策和特定时期的经济发展水平、重点目标和能力，依据一定的程序、标准，对外国投资进行鉴定、甄别、评价，并决定是否许可其进入本国。② 由此可见，准入审批分为审查和批准两个环节。审查包括实质审查和程序审查：实质审查是考察外国投资是否有利于东道国国民经济发展，以及投资的可行性，旨在充分发挥外国投资的经济效益；程序审查偏向程序性事项，涉及申请程序的合法性、申报材料的完整性等。③ 根据各国审批范围的大小，准入审批大致可以分为个别审批、一般审批和无须审批。个别审批主要适用于发展中国家，它们通过专门立法对所有外国投资项目进行逐个审批，审查程序严格，对投资者的立项申请、可行性报告、资产信用、合同章程、工业产权和其他必要文件进行全面审查，审查合格后才批准外国投资者设业。在一般审批下，东道国通过立法明确外国投资者建立实体机构的标准与审批程序，在所有法定手续都已履行的情况下，外国投资只要符合法定条件即可自动获得批准，而无须逐个审查。无须审批是指外国投资者在东道国设立企业不用进行特别的审查程序，外国投资者在东道国设立企业的程序与东道国国内企业设立的程序相同，外国投资者实际上享受国民待遇，当然特定行业可能有所不同。在国际投资自由化趋势的影响下，各国的准入审批范围逐渐缩小，不断从严格的普通审批制度转变为特殊项目审批、其他项目备案的制度，审批标准也越来越透明。

---

① 陈辉萍.《多边投资协定》与国际投资自由化//陈安. 国际经济法论丛：第 3 卷. 北京：法律出版社，2000：258.

② 姚梅镇. 比较外资法. 武汉：武汉大学出版社，1993：518.

③ 叶兴平，杨静宜. 国际直接投资自由化的法律政策分析. 武汉大学学报（社会科学版），2002（4）：465.

（三）投资准入的管理模式

1. 投资准入管理模式的分类

依据各国对外国投资的开放程度，联合国贸易和发展会议（UNCTAD）将投资准入的管理模式分为五大类：一是投资控制模式，即东道国保留对外资准入的完全控制，以保护国内不具国际竞争力的幼稚产业及其生产者。二是选择开放模式，东道国采用清单列出承诺部分开放的领域，清单之内允许外国投资自由进入，即正面清单。在这种模式下，东道国既可以选择性地在国内产业具备相应竞争力的领域开放，又可以引导外国投资参与其国内亟待发展的领域，属于渐进性措施。三是区域性产业化项目模式，常见于区域经济一体化国家，旨在破除国家间的结构性壁垒，促进区域内经济发展。在该模式下，东道国仅对本国所参与区域协定的其他成员提供完全的准入，而忽略了资本、技术全球传播不均衡的特点。四是互惠式国民待遇模式，即东道国依据区域性或双边协定承诺相互在投资准入阶段提供完全的准入，给予对方投资者国民待遇。五是国民待遇和最惠国待遇综合模式，东道国在外资准入阶段即向外国投资者提供国民待遇和最惠国待遇，但可以清单方式列明保留的领域和行业，即负面清单。[①] 这一模式多为外资准入最开放的国家采用，如美国、德国等西方发达国家。

基于不同的利益考量，各国会选择不同的投资准入管理模式，但无论在何种模式下，都涉及在投资准入阶段向外国投资者提供何种待遇的关键问题，尤其是是否提供国民待遇和最惠国待遇的问题。同时，清单管理方式因具有灵活性和指引性，在国际投资准入实践中也极为常见，后文将逐一探讨。

2. 投资准入中的待遇

最惠国待遇是在国际交往中产生的以条约为基础的互惠待遇，简言之就是缔约方给予另一缔约方的优惠待遇不得低于其给予任何第三方的优惠待遇。在国际投资中，最惠国待遇意味着东道国需要为来自不同母国的外国投资者创造公平竞争环境，其首要功能在于扩展东道国提供给第三国投资者的更为优惠的实体保护。[②] 投资准入同样会受到最惠国待遇的影响，例如甲国与乙国签订的协定中包含了最惠国待遇义务，如果在此后的甲国与其他国家签署的协定中涉及投资准入内容，那么甲国依据该协定对其他国家投资者新开放的投资领域和行业，同样自动地对先前协定缔约方乙国的投资者开放。

传统的国民待遇是指一国给予外国自然人、法人或商船以本国自然人、法人

---

① UNCTAD. Admission and Establishment，UNCTAD/ITE/IIT/10（Vol. Ⅱ）. New York and Geneva：United Nations Publication，2002：4.

② Stephen W. Schill. Multilateralizing Investment Treaties through Most-Favoured-Nation Clauses. Berkeley Journal of International Law，2009，27（2）：518.

或商船在民事方面所享有的同等待遇。[①] 早期的国民待遇条款侧重于投资保护，东道国承诺在外资准入后的运营阶段给予外国投资国民待遇，也就是"准入后国民待遇"，即东道国对外国投资的进入设立一定的门槛，只有符合东道国法律要求的外国投资才可获准进入本国市场从事相关投资活动，外国投资者在进入东道国市场后方享有与东道国国内投资者相同的待遇。随着国际投资自由化的推进，国民待遇逐渐延伸至准入前阶段，包括投资的设立、获得和扩大等环节。这一阶段的国民待遇被称为"准入前国民待遇"。这意味着东道国将给予外国投资与本国投资相同的待遇，具体来说就是在外资投资范围、设立条件、审批实体和程序要求等方面平等对待内外投资者，外国投资者在进入东道国市场时即拥有与东道国投资者相同的待遇，没有准入门槛限制，即完全的国民待遇。

越来越多的国际投资协定将国民待遇和最惠国待遇扩大到投资的"设立、收购和扩大"阶段。根据《2015 年世界投资报告：国际投资治理的改革》，1990 年至 2014 年底，涉及准入前国民待遇的国际投资协定总数为 228 个（见图 1-1），其中包括 103 个双边投资条约和 125 个其他国际投资协定，这些协定主要由美国、加拿大、芬兰、日本和欧盟等发达经济体签署。此外，亚洲和拉丁美洲的智利、哥斯达黎加、韩国、秘鲁和新加坡等国也积极缔结涉及投资准入阶段的国民待遇的国际投资协定。这些国际投资协定中的准入前承诺使用正面或负面清单的方法作出。[②] 事实上，没有任何一个国家能够给予外国投资者完全的国民待遇。基于

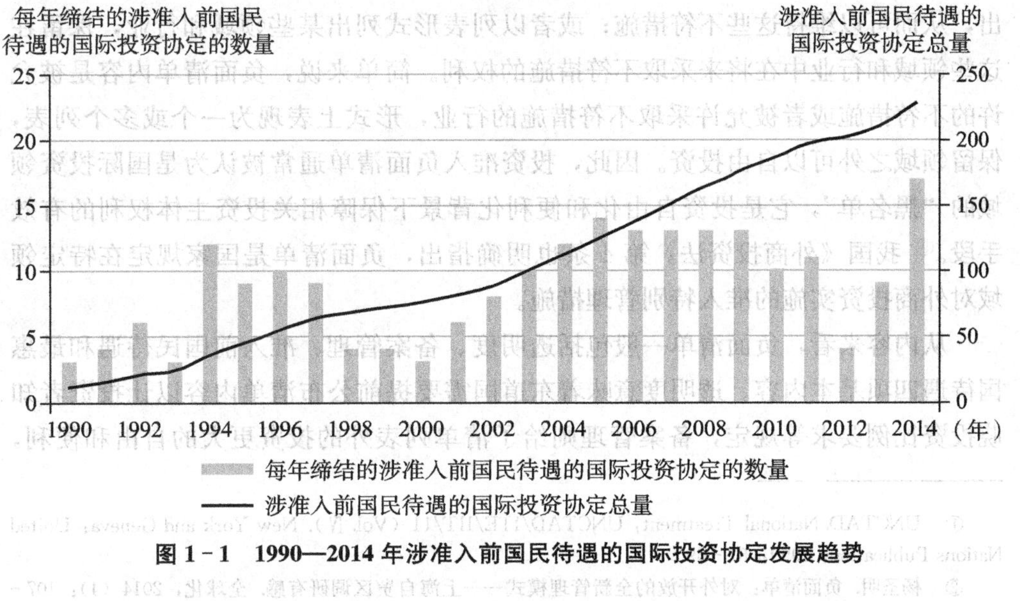

图 1-1 1990—2014 年涉准入前国民待遇的国际投资协定发展趋势

① 盛斌，纪然. 国际投资协议中国民待遇原则与清单管理模式的比较研究及对中国的启示. 国际商务研究，2015 (1)：5-17.

② UNCTAD. World Investment Report 2015：Reforming International Investment Governance，2015：110.

国家利益考虑，给予外国投资者的国民待遇必然是有限的国民待遇，而这个有限的条件就是国民待遇的例外，列明例外条件的方式则是负面清单。UNCTAD 根据投资自由化的程度将准入前国民待遇划分为有限的准入前国民待遇和完全的准入前国民待遇。[①] 有限的准入前国民待遇以正面清单为主要特征，完全的准入前国民待遇以负面清单为主要特征。

3. 负面清单

负面清单是与正面清单相对应的管理模式，是目前国际通行的投资准入管理方式。在正面清单下，东道国将允许外国投资进入的领域列入清单，清单之外的则禁止。正面清单属于选择性开放模式和严格的准入制度，体现的是“法无授权即禁止”的法律理念。例如我国 1995 年公布的《外商投资产业指导目录》（已失效）明确了鼓励、限制和禁止外国投资进入的三大类产业，未列入这三类的外国投资项目，为允许类外国投资项目。负面清单则以“非禁即入”为原则[②]，起源于国际司法实践中“国际法不禁止即为允许”的论断。[③] 东道国逆向列明禁止或限制外国投资进入的行业和部门清单，清单之外全部开放。

在国际投资法中，负面清单实质上是不符措施或例外措施的代称，投资准入负面清单即为在外国投资准入阶段不适用相关条约义务的特别管理措施的汇总[④]，最为主要和重要的是国民待遇的例外。东道国以列表形式将针对外国投资准入的与国民待遇、最惠国待遇不相符合的特定管理措施，如业绩要求、高管要求等列出，从而可以维持这些不符措施；或者以列表形式列出某些领域和行业，保留在这些领域和行业中在将来采取不符措施的权利。简单来说，负面清单内容是被允许的不符措施或者被允许采取不符措施的行业，形式上表现为一个或多个列表，保留领域之外可以自由投资。因此，投资准入负面清单通常被认为是国际投资领域的“黑名单”，它是投资自由化和便利化背景下保障相关投资主体权利的有效手段。[⑤] 我国《外商投资法》第 4 条也明确指出，负面清单是国家规定在特定领域对外商投资实施的准入特别管理措施。

从内容来看，负面清单一般包括透明度、备案管理、准入前国民待遇和最惠国待遇四项基本内容。透明度意味着东道国需要提前公布清单内容以让投资者知晓投资比例要求等规定，备案管理则给予清单列表外的投资更大的自由和便利，

---

① UNCTAD. National Treatment，UNCTAD/ITE/IIT/11（Vol. Ⅳ）. New York and Geneva：United Nations Publication，1999：67－69.

② 杨圣明. 负面清单：对外开放的全新管理模式——上海自贸区调研有感. 全球化，2014（4）：107－110.

③ 龚柏华.“法无禁止即可为”的法理与上海自贸区“负面清单”模式. 东方法学，2013（6）：137－140.

④ 商舒. 中国（上海）自由贸易试验区外资准入的负面清单. 法学，2014（1）：28－35.

⑤ 张红显. 负面清单管理模式的法治之维. 法学评论，2015（2）：70.

准入前国民待遇将外国投资者享有的国民待遇扩展至设立、收购、扩大、管理、运作、经营和出售或其他处置方面，最惠国待遇向来自不同国家的投资者提供平等竞争的法律机会。从规范基础来看，负面清单可以是东道国依据主权原则自行制定的清单列表，即国内法层面的负面清单。例如2013年《中国（上海）自由贸易试验区管理办法》（已失效）首次在国内采用负面清单列表，2017年7月我国开始在全国范围内实施外商投资准入负面清单。① 负面清单也可以由国际投资条约或者包含投资章节的其他条约确定，即国际法层面的负面清单。例如双边投资协定、自由贸易协定或经济伙伴关系协定等通常以附件形式列出负面清单，清单列表内容由缔约方依据行业发展状况协商确定。从列表行业来看，负面清单主要涉及两大类行业：一是涉及国家安全的产业和国家基础行业、公共服务行业；二是具有战略意义的行业，如金融服务业、社会服务业等。从保留形式来看，不符措施可以采取的形式有部门保留（针对经济部门、行业或活动）、政府层面的保留（针对特定级别政府所采取的不符合规定的措施，例如省或市）、政策领域的保留（例如土地权、私有化、补贴和其他特定政策领域），甚至可以是程序方面的保留（例如某些外国投资的筛选和批准程序）。

总而言之，负面清单是国际投资自由化的产物，以否定列表的方式扩大东道国的对外开放范围。随着负面清单的不断缩减、不符措施的逐步削减，东道国对外开放的投资市场将不断扩大，从而进一步推动国际投资自由化的发展。同时，负面清单对东道国的国内监管制度和监管能力提出了较高的要求，随着经济状况和社会状况的发展变化，新行业会应运而生，负面清单可能无法涵盖所有危及国家安全利益的外国投资，具有一定的滞后性和稳定性。在事前审查机制已经被弃用的情况下，配备严格有效的事中和事后监管机制成为保障东道国利益的必然要求。

三、“一带一路”主要国家的投资准入制度

东道国国内规范是投资准入的重要法律依据之一，从我国对“一带一路”共建国家投资的情况来看，新加坡、印度尼西亚、泰国、越南、阿联酋、老挝、马来西亚、柬埔寨、巴基斯坦和俄罗斯是我国对外投资的主要流向国家，对这些国家的投资准入制度进行考察极为必要，下文将选取几个典型国家的投资准入制度进行介绍。在此之前，先简要介绍一下中国的投资准入制度。

（一）中国

改革开放之初，我国作为单一的资本输入国和典型的投资东道国，基于国内

① 7月28日起在全国范围内实施外商投资准入负面清单.（2017-06-28）. https://www.gov.cn/xinwen/2017-06/28/content_5206420.htm.

经济安全和产业发展需求，对外国投资管控较为严格，构建了以《中外合资经营企业法》《中外合作经营企业法》《外资企业法》（此三部法律均已失效）为主的外商投资法律体系，为外国投资进入我国市场提供了法律基础。1995 年 6 月，国家计委、国家经贸委、外经贸部首次发布《外商投资产业指导目录》，采用正面清单目录明确了外商投资领域，采取的是“准入后国民待遇＋正面清单”的管理模式。该目录历经 1997 年、2002 年、2004 年、2007 年、2011 年、2015 年六次修订后，于 2017 年第七次修订中正式提出在全国范围内实施外商投资准入负面清单，成为对外商投资实行“准入前国民待遇＋负面清单”管理模式的基本依据。此后，负面清单都以“外商投资准入特别管理措施（负面清单）”的形式公布，其中包含了禁止和限制外商投资的领域和措施。

事实上，如前文所述，我国最早采取“准入前国民待遇＋负面清单”管理模式的是 2013 年的《中国（上海）自由贸易试验区管理办法》，该办法第 11 条第 1 款、第 2 款规定：“自贸试验区实行外商投资准入前国民待遇，实施外商投资准入特别管理措施（负面清单）管理模式。对外商投资准入特别管理措施（负面清单）之外的领域，按照内外资一致的原则，将外商投资项目由核准制改为备案制，但国务院规定对国内投资项目保留核准的除外；将外商投资企业合同章程审批改为备案管理。”2019 年公布的《外商投资法》和《外商投资法实施条例》进一步在法律法规层面正式确立了“准入前国民待遇＋负面清单”的管理模式。《外商投资法》第 4 条第 1 款明确规定：“国家对外商投资实行准入前国民待遇加负面清单管理制度。”同时《外商投资法实施条例》第 4 条明确了负面清单的发布程序，规定清单“由国务院投资主管部门会同国务院商务主管部门等有关部门提出，报国务院发布或者报国务院批准后由国务院投资主管部门、商务主管部门发布”。

就现阶段的外商投资准入负面清单而言，我国国内有适用于自贸区内的《自由贸易试验区外商投资准入特别管理措施（负面清单）（2021 年版）》以及适用于自贸区外的《外商投资准入特别管理措施（负面清单）（2024 年版）》。自《中国（上海）自由贸易试验区外商投资准入特别管理措施（负面清单）（2013 年）》（已被修改）正式开启负面清单制度的试点工作以来，截至 2023 年底，我国已经成立了 22 个自由贸易试验区，并分别在 2014 年、2015 年、2017 年、2018 年、2019 年、2020 年、2021 年更新了自贸区负面清单。[①] 2020 年 12 月，随着《海南自由贸易港外商投资准入特别管理措施（负面清单）（2020 年版）》的发布，负面清单制度开始在自贸港范围内实施。2018 年，全国版《外商投资准入特别管理措施（负面清单）（2018 年版）》（已失效）单独发布，在形式上，由“说明”和

---

① 2014 年版仅适用于上海自贸区，2015 年版适用于所有的自贸区，2017 年负面清单制度在全国范围推广后，分别发布全国版和自贸区版的负面清单。

"特别管理措施"两部分构成，涉及金融、能源、农业等领域，并对一些重点领域的开放进行预先安排，给予相关行业一定的过渡期。2019 年、2020 年、2021 年和 2024 年发布的负面清单条目逐步缩减，2024 年版全国外商投资准入负面清单限制措施由 31 条减至 29 条，删除了"出版物印刷须由中方控股"和"禁止投资中药饮片的蒸、炒、炙、煅等炮制技术的应用及中成药保密处方产品的生产"2 个条目，制造业领域外商投资准入限制措施实现"清零"。近年来，无论是自贸区内的还是全国范围内的外资准入负面清单条目都在不断缩减，尤其是特别管理措施内容不断删减，我国已经取消了大量涉及采矿业、制造业、金融业的限制性措施，同时在种业、油气、矿产资源、增值电信、文化等重要领域进行了更高水平的对外开放。2024 年全国版负面清单划分为 11 个门类、29 项特别管理措施，文字表述也更加清晰透明，明确了股比限制、董事高管国籍要求等限制性条件。2013—2024 年我国外资准入负面清单条目数量变化如图 1-2 所示。

图 1-2 2013—2024 年我国外资准入负面清单条目数量变化

(二) 新加坡

2023 年，中国对新加坡直接投资流量 130.97 亿美元；截至 2023 年末，中国对新加坡直接投资存量 864.47 亿美元。截至 2023 年末，中国累计吸收新加坡投资 1 412.3 亿美元。[①] 新加坡并没有关于外国投资的专项立法，与投资合作相关的法律主要有《企业注册法》《公司法》《合伙企业法》《合同法》《国内货物买卖法》《进出口管理法》《竞争法》等。新加坡对外资企业实行无差别的国民待遇，对于外国投资者在新加坡从事商业经营活动，绝大多数产业领域都没有出资比例和出资方式的限制，新加坡政府对内外资企业的监管一视同仁。

① 商务部对外投资和经济合作司，商务部国际贸易经济合作研究院，中国驻新加坡大使馆经济商务处. 对外投资合作国别（地区）指南：新加坡（2024 年版）. http://www.mofcom.gov.cn/dl/gbdqzn/upload/xinjiapo.pdf.

在投资准入范围方面，新加坡也存在一些受管制的行业，包括银行和金融服务、保险、电信、广播、报纸、印刷、房地产、游戏等，对这些行业的投资需事先取得政府批准。在这些行业中，特定法律也可能对其设置外国股权限制、特殊许可或其他要求的规定。例如广播业，根据新加坡《广播法令》，未经新加坡媒体发展管理局授予广播执照，任何人不得在或向新加坡提供任何受许可的广播服务。公司中任何外方持有或控制的股权或表决权不少于公司或其控股公司的49%的；或者对公司或其控股公司进行督导、控制或管理的所有人或多数人由任何外方任命或习惯于按照任何外方的指示行事的，不得被授予或持有广播执照。印刷媒体业中则有董事国籍要求，《报业和印刷法令》规定，在新加坡出版报刊的报业公司的所有董事需为新加坡人，其所拥有的管理股份仅可向由媒体发展管理局授予书面批准的新加坡公民或公司发行或转让。住宅房地产业同样有国籍限制，根据新加坡《住宅房地产法令》，未经新加坡土地管理局土地交易审批部门批准，外国人不能购买某些受限制的住宅房地产。这类受限制的住宅房地产包括空置住宅用地、有地住宅房地产、不是规划法令下经批准的公寓开发的分层有地住宅、店屋（非商业用途）、协会场所、礼拜场所及未在酒店业法令规定下登记的工人宿舍、服务公寓或寄宿公寓。[①] 此外，作为全球重要的金融中心，新加坡着重对金融类产业部门进行保护，以新加坡签署的《全面与进步跨太平洋伙伴关系协定》（CPTPP）为例，其提出的金融负面清单覆盖范围广、措施针对性强，实现了开放与保护的有效平衡。清单内容主要涉及银行、证券、保险和支付清算四大领域，限制范围包括金融机构的建立、董事高管的聘用、股权要求等，如表1-2所示。总的来看，新加坡的金融服务负面清单具有维护国家金融业竞争力、保障本国居民和企业的金融服务可及性、防范外部金融风险冲击、平衡金融竞争力与金融保护以及坚持适合国情的开放模式五大特点。[②]

表1-2 新加坡CPTPP金融服务负面清单不符措施

行业	国民待遇	市场准入	高管和董事会	跨境贸易
银行	(1) 批发银行和离岸银行的业务受限； (2) 参与退休计划和中央公积金投资计划受限； (3) 外国个人和非金融公司获得控制权受限	(1) 无法获得全面银行牌照； (2) 无法获得金融公司牌照； (3) 有权修改特准全面银行相关规则	多数董事必须是新加坡公民或永久居民	—

① 商务部对外投资和经济合作司，商务部国际贸易经济合作研究院，中国驻新加坡大使馆经济商务处. 对外投资合作国别（地区）指南：新加坡（2024年版）. http://www.mofcom.gov.cn/dl/gbdqzn/upload/xinjiapo.pdf.

② 孙晓涛. 新加坡CPTPP金融服务负面清单及对我国的启示. 国际贸易，2022（6）：81-88.

续表

行业	国民待遇	市场准入	高管和董事会	跨境贸易
证券	参与退休计划和中央公积金投资计划受限	(1) 投资银行只能设立1个营业网点；(2) 证券期货市场的会员机构须在本地注册	—	—
保险	参与退休计划和中央公积金投资计划受限	(1) 保险经纪公司须在本地注册；(2) 自保保险公司须在本地注册	—	(1) 强制保险不许跨境提供；(2) 境内风险放置到境外须审批
支付清算	证券托管业务专营	(1) 清算所须依新加坡法律设立；(2) 证券期货市场须审批；(3) 有权修改清算结算相关规则	非银行货币兑换业务须由新加坡控股	限制金融机构为非居民提供新元融资
其他	(1) 可以实施以提升企业金融可得性为目的的补贴；(2) 可以为具有系统重要性的金融基础设施提供补贴	有权为公共目的修改涉及社会服务的相关规则	新加坡注册公司须至少有1名董事为常住居民	

(三) 印度尼西亚

在共建“一带一路”的推动下，我国到印度尼西亚投资的企业不断增多，投资领域广泛，涉及矿冶、农业、电力、地产、家电、电子和数字经济等。2023年，中国对印度尼西亚直接投资31.3亿美元；截至2023年底，中国对印度尼西亚直接投资存量263.5亿美元。2023年，印度尼西亚对华实际投资1.5亿美元；截至2023年底，印度尼西亚对华实际投资额28.6亿美元。[①] 自1995年开始实行外商投资准入负面清单管理模式、列明外国投资者禁止投资行业以来，印度尼西亚不断改进和完善外商投资环境。根据印度尼西亚2007年第25号《投资法》，国内外投资者可自由投资任何营业部门，除非已为法令所限制与禁止，印度尼西亚对内外投资一视同仁，采用通用的负面清单。另外，该法规定，基于健康、道德、文化、环境、国家安全和其他国家利益的标准，印度尼西亚政府可依据总统令对国内与国外投资者规定禁止行业。相关禁止行业或有条件开放行业的标准及

① 商务部对外投资和经济合作司，商务部国际贸易经济合作研究院，中国驻印度尼西亚大使馆经济商务处. 对外投资合作国别（地区）指南：印度尼西亚（2024年版）. http://www.mofcom.gov.cn/dl/gbdqzn/upload/yindunixiya.pdf.

必要条件，均由总统令确定。《2007年关于有条件的封闭式和开放式投资行业的标准与条件的第76号总统决定》和《2007年关于有条件的封闭式和开放式行业名单的第77号总统决定》将印度尼西亚负面清单的限制性规定分为绝对禁止的封闭行业和有条件开放的行业两大类，内外投资者的投资行为必须符合限制性规定。①

2016年印度尼西亚政府继续完善投资一站式服务并推动税收优惠、宣传推介等政策和措施，对吸引外资有一定的促进作用。印度尼西亚投资协调委员会以简化手续、提升服务的方式促进外商投资，并在2016年5月18日发布了2016年第44号总统令，即2016年版负面清单，通过进一步简化投资负面清单对外开放更多投资领域。在该份清单中，印度尼西亚在国内的多个产业部门设置了对外资的比例要求，扩大了与外资合作的当地小微和中型企业的经营范围，提高了来自东盟国家的外资在特定领域的投资比例水平。具体而言：一是放开了特定部门，对于原来规定了投资比例要求的一部分产业领域，允许外资在一定条件下持有100%的股权。二是放宽了一些产业部门的投资比例限制或者进一步明确了投资比例要求，包括贸易部门、旅游和创意经济部门、通信部门、交通部门、土建工程部门、金融部门和保健部门。三是降低对重要行业的开放力度，采取彻底关闭外资进入和降低外资持股比例的方式来限制重要行业的外资发展。例如，列举了七个禁止外国投资的行业，涉及农业类的大麻种植、林业类的野生动植物濒危物种国际贸易公约鱼类的捕捞、工业类的所有破坏环境的化学原料工业、交通类的经营与运作陆路运输客运码头、通信与信息类的经营管理无线电频谱监测站与卫星轨道、教育类的政府博物馆、旅游与创意经济类的博彩业与赌场等。总的来看，印度尼西亚的负面清单编制清晰明确，对具体措施的限定进行分类标号，列明具体要求，行业领域与具体措施限制要求也是相互对应排列，从2016年负面清单附件三“特定条件开放的行业清单”中限制行业数最少的部门（C.“海洋与渔业”部门）即可看出，如表1-3所示。②

表1-3 印度尼西亚2016年负面清单附件三“特定条件开放的行业清单”（略表）

C. 海洋与渔业

序号	行业	代码	条件
124	印度尼西亚领海及公海区域内渔船捕鱼	03111	100%国内投资，同时获得渔业部签发的关于渔业资源分配和捕鱼区域的特别许可
125	海沙清挖	08995	100%国内投资
126	观赏性珊瑚养殖	01727	环保及林业部签发推荐函

① 顾晨．印度尼西亚“负面清单”改革之经验．法学，2014（9）：42-50.

② 申海平．市场准入负面清单的印度尼西亚经验及其启示．东方法学，2018（4）：141-149.

2020 年 11 月，为吸引外国投资以及应对疫情影响下的经济低迷，印度尼西亚出台了《综合性创造就业法》，对 2007 年《投资法》进行了大幅修改。2021 年 2 月，根据该法的要求，印度尼西亚政府颁布了《投资与业务领域总统令》（第 10 号总统令），推出了新的投资清单，对原来以负面清单管理为主要模式的外商投资准入制度进行了根本性变革，改为以正面清单为主的准入模式，引入了“优先行业”的全新概念，进一步开放了有关行业的外国投资，减少了外国投资的限制性条件。2021 年 5 月，印度尼西亚政府又颁布了第 49 号总统令，修改了第 10 号总统令的相关限制性要求以及关于酒精行业的规定。第 10 号总统令中的优先清单将投资领域分为禁止外商投资的领域、鼓励外商优先投资的领域两大类，其中鼓励外商优先投资的行业领域包括优先行业、对合作社和中小微企业开放的领域、有条件开放的领域以及不属于以上三类的领域。其中，禁止外商投资的行业领域包括以下六类：一级麻醉品（毒品的种植和交易）；赌博业及与赌场有关的业务；捕捞《野生动植物濒危物种国际贸易公约》所列举的物种；采集或利用特定珊瑚制作建筑材料、纪念品、珠宝等；制造化学武器；有关工业化学品和工业臭氧消耗物的业务。印度尼西亚新的投资清单还列出了 245 个“优先行业”，其中 183 个投资领域可以享受税收津贴优惠，18 个投资领域可以享受所得税免税优惠，44 个投资领域可以享受投资津贴优惠。对于不属于优先行业、对合作社和中小微企业开放的领域、有条件开放的领域这三个类别的投资领域，即不受限制地向全行业开放的领域，也可以允许外国投资者持有 100%股份，这对印度尼西亚过往的限制外国投资的商业领域产生了重大影响。

第 49 号总统令针对第 10 号总统令中外资可持股 100%的行业设定了股比要求以及合资合作要求，主要包括：第一，饮料行业限制外商投资。对饮料行业的外国投资进行限制是第 49 号总统令的重点。第 49 号总统令规定，印度尼西亚标准行业分类中的酒精饮料、葡萄酒和麦芽酒精饮料的生产不再向外国投资企业开放，并对酒精饮料业进行外商投资限制。第二，部分种类电商业务不再对外资企业开放，例如涉及食品和饮料、烟草、化学品、制药、化妆品和实验室设备，纺织品、服装、鞋类和个人设备，以及家庭和厨房设备的电子商务。第三，快递服务外资限额 49%，邮政服务取消限额。新的投资清单规定快递服务的外资持股份额限于 49%。但是，取消了邮政服务 49%的外资持股比例份额限制。

此外，印度尼西亚还建立了与新的投资清单相配套的监管机制，将投资协调委员会升格为投资部，强化了投资部的监管职责，并根据第 10 号总统令的要求成立了外商投资加速工作组，直接对总统负责，以促进投资和营商的便利化。

（四）泰国

2022 年、2023 年中国对泰国的投资额均是泰国外资投资额的第一位，中国的投资占泰国接收外国直接投资总额的25%，远超其他国家。2023年，中国在泰国的投资额达1 593.87亿泰铢。[①] 泰国投资制度主要包括《投资促进法》《外籍人经商法》《公司法》《破产法》等。与大部分国家一样，泰国也采用负面清单对外国投资准入范围进行规制，以列表的形式明确对外国投资准入行业的限制。根据泰国《外籍人经商法》的相关规定，泰国限制外国投资者投资的行业分为三个附件清单，可以划分为禁止类和限制类两大类：一是基于特殊理由禁止外国投资者投资的行业，包括附件一的报业、广播电台、电视台，种稻、旱地种植、果园种植，牧业，林业、原木加工，在泰国领海、泰国经济特区的捕鱼，泰国药材炮制，涉及泰国古董或具有历史价值之文物的经营和拍卖，佛像、钵盂制作或铸造，土地交易，等等。二是须经相关机构审批或满足一定法律条件的限制类行业，具体分为附件二和附件三2个清单。附件二是涉及国家安全稳定或对艺术文化、风俗习惯、民间手工业、自然资源、生态环境造成不良影响的投资业务，具体行业见表1-4。外国投资者若想从事此类行业，在法人设立时须保证泰国籍董事的人数占所有董事人数的2/3以上，并且泰国人或非外国法人至少持股40%，经商业部部长根据内阁的决定批准后外国投资者方可从事该类行业。附件三是泰国政府认为由于其本国发展水平有限，较外国投资者而言不具有竞争能力的投资业务。外国投资者须经商业部商业发展厅厅长根据外国人经商委员会决定批准后，方可从事该类行业，但获此许可的公司可由外国投资者100%持股，且无泰籍董事方面的要求。该类行业具体包括：碾米业、米粉和其他植物粉加工业，水产养殖业，营造林木的开发与经营，胶合板、饰面板、刨木板、硬木板制造，石灰生产，会计、法律、建筑、工程服务业，等等。[②]

表1-4 泰国《外籍人经商法》附件二中的限制类行业

投资业务领域	具体行业
涉及国家安全稳定的投资业务	生产、销售、修理枪械、子弹、火药、爆炸物及其有关配件，武器、军用船、飞机、车辆，一切战用设备的机件设备或有关配件；国内陆上、水上、空中等运输业，包括国内航空业
对艺术文化、风俗习惯、民间手工业、自然资源、生态环境造成不良影响的投资业务	泰国传统工艺品的古董、艺术品买卖，木雕制造，养蚕、泰丝生产、泰绸织造、泰绸花纹印制，泰国民族乐器制造，金器、银器、乌银镶嵌器、镶石金器、漆器制造，涉及泰国传统工艺的盘器、碗器、陶器制造

① 中国企业凭什么“承包”了泰国的公路广告牌?.（2024-10-11）. https://www.zqcn.com.cn/152/73843.html.

② 商务部对外投资和经济合作司，商务部国际贸易经济合作研究院，中国驻泰国大使馆经济商务处. 对外投资合作国别（地区）指南：泰国（2024年版）. http://www.mofcom.gov.cn/dl/gbdqzn/upload/taiguo.pdf.

续表

投资业务领域	具体行业
对自然资源、生态环境造成不良影响的投资业务	蔗糖生产，海盐、矿盐生产，石盐生产，采矿业、石头爆破或碎石加工，家具、木材加工等

除上述《外籍人经商法》的规定之外，泰国其他法律也规定了关于外资进入特定行业的限制。例如，根据2008年颁布的泰国《金融机构业务法》，泰国公民在商业银行中的董事人数的比例至少为3/4。同样于2008年修改的《人寿保险法》《意外保险法》规定，泰国公民须占有保险公司董事会3/4的席位。但当金融机构和保险公司出现经营困难或财务危机时，外国投资者可以向泰国银行和保险委员会办公厅申请放宽外国人持股比例的限制，这需要由泰国财政部决定。

由上可知，泰国对外国投资准入领域的行业分类较为具体，而且对不同的行业项目审批设计了不同的渠道，外国投资在进入不同的行业前需要向所对应的审批部门进行申请，而在审批过程中可能需要经过两个以上部门的同意，这使得泰国的外资准入申请程序较为复杂。泰国对外资准入审批期限也作出了明确的规定，对于申请进入《外籍人经商法》附件二中的限制类行业的审批期限一般为60日，但是在审批过程中内阁不能在60日的规定期限内审完且认为有必要的，可以再延长60日。而同为东盟成员国的新加坡的10～20日的审批期限[①]对外国投资者来说是极具优势的。同时，虽然《外籍人经商法》列明了对外国投资的审批标准，要求相关部门在审批时对泰国国家安全和安定、经济和社会建设、公序良俗、社会文化、自然资源和能源保护、环境保护、消费者保护、企业规模、劳动就业、科学技术转让等情况加以综合考虑，但这些表述极为模糊，例如并未明确投资者申请时是否需要提交项目环境影响评价报告或需要准备哪些具体的环保措施，导致外国投资者难以根据审批标准进行投资项目的判断和调整。外国投资准入审批标准透明度低，也意味着泰国审批机构的自由裁量权较大，这可能产生权力滥用和腐败滋生的问题。

四、“一带一路”双边投资协定中的投资准入制度

双边投资协定（BIT）在当今国际投资合作中应用广泛，是国家间促进、保护相互投资的具有法律拘束力的合作文件。BIT在保障和推进“一带一路”投资深入发展方面发挥了积极作用。作为一种提供保障机制的法律工具，BIT往往能够弥补东道国制度环境的缺陷，降低由此引发的各类投资风险。当东道国的法律体系不健全、制度环境较差、政策不稳定时，外国投资者的合法投资权益难以通过东道国当地的行政和司法救济得到有效保护，外国投资者面临较大的投资风

① 余劲松. 国际投资法. 5版. 北京：法律出版社，2018：133.

险。在此种情况下，如果投资者母国与东道国签署了 BIT，投资者就可以凭借 BIT 获得东道国救济之外的法律保护，其所面临的风险就会大大降低。BIT 通常包含国民待遇和最惠国待遇的实体保护规则，也就是说，东道国给予外国投资的保护及待遇一般不低于本国和第三国的标准。基于这一保护屏障，即便东道国的制度环境较差、保护机制不健全，迫于条约的法律拘束力，东道国也会按照 BIT 规则向外国投资者提供相应的投资保护。[①] 就 BIT 的作用机制而言，其保护规则涵盖了最惠国待遇、国民待遇等，对投资准入、投资便利化等方面予以保障，进而可以减少东道国国有化、征收等投资风险。在共建“一带一路”过程中，各个国家之间在经济、政治、法律等方面差异巨大，法律冲突问题在所难免。我国非常重视双边多边机制的构建，希望借此给“走出去”的投资企业提供充分的制度保障。

截至 2024 年底，我国已与 155 个国家和 32 个国际组织签署 200 余份共建“一带一路”合作文件。截至 2024 年 7 月，中国已与 130 多个国家和地区签订了 BIT。[②] 但事实上，我国在投资准入自由化方面起步比较晚，在 2013 年 7 月与美国的 BIT 谈判中才开始接受投资“准入前国民待遇＋负面清单”模式，随后在中欧 BIT 谈判中也接受了此种模式，并在其他国际投资协定谈判中表示可以接受此种模式。在已达成的投资协定中，只在内地与港澳两个特别行政区之间的投资协定中采取了“准入前国民待遇＋负面清单”的模式。从我国的“一带一路”对外直接投资流量来看，东盟是中国高质量共建“一带一路”的重要伙伴和重点地区，以下将主要围绕中国和东盟国家签署的相关投资规则进行具体分析。自建立对话关系以来，中国和东盟双向投资合作蓬勃发展。截至 2024 年 7 月，中国与东盟国家累计双向投资超过 4 000 亿美元。[③] 目前，调整中国和东盟之间投资关系的国际投资法主要包括中国和东盟 10 国分别签订的 BIT、中国和部分东盟国家签订的自由贸易协定中的投资规则以及中国和东盟签订的《中国—东盟全面经济合作框架协议投资协议》(以下简称《投资协议》)。

(一) 中国与东盟各国间的 BIT

中国分别与东盟 10 个成员国签订了 10 项 BIT，签署时间基本上是 20 世纪末期，这一阶段中国对外国投资的态度相对谨慎，BIT 规定尚不涉及投资准入阶段，仅针对准入后的投资管理、维持、使用、享有和处分。从表 1－5 中各 BIT

① Rodolphe Desbordes，Vincent Vicard. Foreign Direct Investment and Bilateral Investment Treaties：An International Political Perspective. Journal of Comparative Economics，2009，37 (3)：374.

② 杜秋. 中国与 130 多个国家和地区签订双边投资协定. 中国经济导报，2024－07－27 (1).

③ 中国同东盟国家累计双向投资超 4 000 亿美元.（2024－09－11）. http://www.xinhuanet.com/20240911/405fffc4f3104e5cb96cc113f4d8b444/c.html.

中的投资促进和保护、投资待遇的条款内容可以发现，只有中缅 BIT 规定了国民待遇义务。中缅 BIT 第 3 条第 2 款规定，“在不损害其法律法规的前提下，缔约一方应给予缔约另一方投资者在其境内的投资及与投资有关活动不低于其给予本国投资者的投资及与投资有关活动的待遇”，但并未明确该义务是否涵盖投资准入前阶段，即企业设立、取得、扩大等阶段。而该 BIT 第 2 条第 3 款规定，“在不损害其法律法规的前提下，缔约一方不得对缔约另一方投资者在其境内投资的管理、维持、使用、享有和处分采取任何不合理的或歧视性的措施”，简而言之，非歧视性措施适用于投资准入后阶段。据此，可以推测前述国民待遇也不适用于投资准入前阶段。

中国与其他东盟国家签署的 BIT 的相关规定更为笼统，例如，“缔约一方应鼓励缔约另一方的投资者在其领土内投资，并依照其法律和法规接受此种投资”。也就是说，其他 BIT 仅要求缔约方根据其法律、法规及行政措施鼓励及促进双边投资，并给予投资准入，即在是否允许外资准入这一问题上赋予东道国高度的自由裁量权。[①] 由于 BIT 并未对东道国外资准入的范围、条件及程序等加以限制，东道国实质上拥有不受限制的自主权，可以自由制定管理投资准入的法律。

表 1-5 中国与东盟各国的 BIT 中与投资准入相关的规定

与中国签署 BIT 的东盟国家	签署时间	与投资准入相关的规定
泰国	1985 年 3 月	第三条 一、缔约各方在顾及其计划和政策的同时，应鼓励和促进缔约另一方国民和公司在其领土内的投资。 二、缔约一方国民和公司在缔约另一方领土内的投资，应依缔约另一方的法律享有最持久的保护和保障。 第四条 一、（一）缔约各方国民和公司在缔约另一方领土内的投资及其收益受到的待遇应是公平的，并不低于任何第三国国民和公司的投资及其收益所受到的待遇。 （二）缔约各方在其领土内给予缔约另一方国民和公司在管理、使用、享有或处置他们的投资方面的待遇应是公平的，并不低于给予任何第三国国民和公司的待遇。 二、缔约各方应恪守根据其法律对缔约另一方国民和公司的投资所作的除本协定以外的任何承诺。如果缔约一方的法律有改变，缔约另一方国民和公司应遵守新法律，但缔约一方应对上述国民和公司的适当利益给予合理安排。

① 韦凤巧. 中国-东盟自贸区框架内外资准入管制的比较研究. 黑龙江对外经贸，2010（12）：31-33.

续表

与中国签署BIT的东盟国家	签署时间	与投资准入相关的规定
新加坡	1985年11月	第三条　促进和保护投资 一、缔约任何一方在其领土内，应鼓励并为缔约另一方国民和公司在符合其经济政策条件下进行投资创造良好的环境。 二、依照第二条批准的投资，应根据本协定给予公正和公平的待遇和保护。 第四条　最惠国条款 除第五、六和十一条外，缔约任何一方对缔约另一方根据第二条规定允许在其领土内的投资或收益所给予的待遇不应低于其给予第三国国民和公司的投资或收益的待遇。
马来西亚	1988年11月	第二条　促进和保护投资 （一）缔约一方应鼓励缔约另一方的投资者在其领土内投资并为之创造有利条件，并依据其法律赋予的权力接受此种投资。 （二）缔约一方投资者在缔约另一方领土内的投资应始终受到公正和公平的待遇，并享受充分的保护和安全。 第三条　最惠国条款 （一）缔约一方投资者在缔约另一方领土内投资的待遇，不应低于任何第三国投资者的投资所受到的待遇。 （二）缔约一方投资者在缔约另一方领土内的投资，由于该另一方领土内的战争或其他武装冲突、全国紧急状态、叛乱、暴乱或骚乱遭受了损失，假如该缔约另一方采取任何恢复、补偿、赔偿或其他解决办法，所受待遇不应低于给予任何第三国投资者的待遇。
菲律宾	1992年7月	第二条 一、缔约一方应鼓励缔约另一方的投资者在其领土内投资，并依照其法律和法规接受此种投资。 二、缔约一方应根据其现存法律为在其领土内从事与投资有关活动的缔约另一方国民获得签证和工作许可提供帮助和便利。 第三条 一、缔约一方的投资者在缔约另一方领土内的投资和与该投资者有关的活动应受到公正的待遇和保护。 二、本条第一款所述的待遇和保护，应不低于给予任何第三国投资者的投资和与投资有关的活动的待遇和保护。 三、本条第一款和第二款所述的待遇和保护，不应包括缔约另一方依照关税同盟、自由贸易区、经济联盟而给予第三国投资者的投资的任何优惠待遇，或，由缔约任何一方根据其参加的地区性或分区性安排，或导致组成关税同盟或自由贸易区的措施，或避免双重征税协定或为了方便边境贸易而给予的其他优惠。

续表

与中国签署BIT的东盟国家	签署时间	与投资准入相关的规定
越南	1992年12月	第二条 一、缔约国一方应鼓励缔约国另一方的投资者在其领土内投资，并依照其法律和法规接受此种投资。 二、缔约国一方应在为在其领土内从事与投资有关活动的缔约国另一方国民获得签证和工作许可提供帮助和便利。 第三条 一、缔约国一方的投资者在缔约国另一方领土内的投资和与投资有关的活动应受到公正与公平的待遇和保护。 二、本条第一款所述的待遇和保护，应不低于给予任何第三国投资者的投资和与投资有关的活动的待遇和保护。 三、本条第一款和第二款所述的待遇和保护，不应包括缔约国另一方依照关税同盟、自由贸易区、经济联盟、避免双重征税协定和为了方便边境贸易而给予第三国投资者的投资的任何优惠待遇。
老挝	1993年1月	第二条 一、缔约国一方应鼓励缔约国另一方的投资者在其领土内投资，并依照其法律和法规接受此种投资。 二、缔约国一方应为在其领土内从事与投资有关活动的缔约国另一方国民获得签证和工作许可提供帮助和便利。 第三条 一、缔约国一方的投资者在缔约国另一方领土内的投资和与投资有关的活动应受到公正与公平的待遇和保护。 二、本条第一款所述的待遇和保护，应不低于给予任何第三国投资者的投资和与投资有关的活动的待遇和保护。 三、本条第一款和第二款所述的待遇和保护，不应包括缔约国另一方依照关税同盟、自由贸易区、经济联盟、避免双重征税协定和为了方便边境贸易而给予第三国投资者的任何优惠待遇。
印度尼西亚	1994年11月	第二条 投资的促进和保护 一、缔约一方应鼓励缔约另一方的投资者在其领土内投资并为之创造有利条件，并依照其法律和法规接受此种投资。 二、缔约任何一方投资者在缔约另一方领土内的投资应始终受到公正与公平的待遇并享受充分的保护和保障。 第四条 最惠国条款 一、缔约任何一方在其领土内给予缔约另一方投资者实施的投资和产生的收益的待遇不应低于其给予任何第三国投资者实施的投资和产生的收益的待遇。

续表

与中国签署BIT的东盟国家	签署时间	与投资准入相关的规定
印度尼西亚	1994年11月	二、缔约任何一方在其领土内给予缔约另一方投资者在管理、使用、享有或处置其投资及与这些投资有关的任何活动的待遇，不应低于其给予任何第三国投资者的待遇。 三、上述所述的待遇不适用于缔约任何一方因参加关税同盟、共同市场、自由贸易区、经济多边或国际协定，或因缔约一方与第三国缔结的避免双重征税协定，或因边境贸易安排而给予第三国投资者的任何优惠或特权。
柬埔寨	1996年7月	第二条 一、缔约一方应鼓励缔约另一方的投资者在其领土内投资，并依照其法律和法规接受此种投资。 二、缔约一方应根据其法律法规为在其领土内从事与投资有关活动的缔约另一方国民获得签证和工作许可提供帮助和便利。 第三条 一、缔约任何一方的投资者在缔约另一方的领土内的投资和与投资有关的活动应受到公正与公平的待遇和保护。 二、本条第一款所述的待遇和保护不应低于其给予任何第三国投资者的投资及与投资有关的活动的待遇和保护。 三、本条第一款和第二款所述的待遇和保护，不应包括缔约另一方依照关税同盟，自由贸易区，经济联盟，避免双重征税协定和为了方便边境贸易而给予第三国投资者的投资的任何优惠待遇。
文　莱	2000年11月	第二条　促进投资 一、缔约一方应鼓励缔约另一方的投资者在其领土内投资，并依照其法律和法规接受此种投资。 ………… 第三条　保护和待遇 一、缔约任何一方的投资者在缔约另一方的领土内的投资和与投资有关的活动应受到公正与公平的待遇。 二、缔约任何一方的投资者在缔约另一方领土内的投资，应始终受到充分的保护和保障。缔约任何一方均不得采取任何任意的或歧视性的措施，损害缔约另一方的投资者在其领土内对投资的管理、维持、使用或享有。投资和再投资的收益应与投资享受同等保护。 三、本条第一款和第二款中所述的待遇和保护不应低于其给予任何第三国投资者的投资及与投资有关的活动的待遇和保护。 四、本条第一款、第二款和第三款所述的待遇和保护，不应包括依照现存的和将来的关税同盟，自由贸易区，经济联盟，避免双重征税任何协定或安排以及方便边境贸易的协定而给予第三国投资者的任何优惠待遇。

续表

与中国签署BIT的东盟国家	签署时间	与投资准入相关的规定
缅　甸	2001年12月	第二条　促进和保护投资 一、缔约一方应鼓励缔约另一方的投资者在其领土内投资，并依照其法律和法规接受这种投资。 二、缔约一方投资者在缔约另一方境内的投资，应享受持续的保护和安全。 三、在不损害其法律法规的前提下，缔约一方不得对缔约另一方投资者在其境内投资的管理、维持、使用、享有和处分采取任何不合理的或歧视性的措施。 四、缔约一方应依据其法律和法规，为在其领土内从事与投资有关活动的缔约另一方国民获得签证和工作许可提供帮助和便利。 第三条　投资待遇 一、缔约一方的投资者在缔约另一方的领土内的投资应始终享受公平与平等的待遇。 二、在不损害其法律法规的前提下，缔约一方应给予缔约另一方投资者在其境内的投资及与投资有关活动不低于其给予本国投资者的投资及与投资有关活动的待遇。 三、缔约一方给予缔约另一方投资者在其境内的投资及与投资有关活动的待遇，不应低于其给予任何第三国投资者的投资及与投资有关活动的待遇。 四、本条第一款到第三款所述的待遇，不应解释为缔约一方有义务将由下列原因产生的待遇、优惠或特权给予缔约另一方投资者： （一）关税同盟、自由贸易区、经济联盟以及形成关税同盟、自由贸易区、经济联盟的任何国际协议； （二）任何全部或主要与税收有关的国际协议或安排。

（二）自由贸易协定中的投资规则

中国于2020年10月、2008年10月分别与柬埔寨、新加坡签订了自由贸易协定，并于2011年和2018年与新加坡分别签署了修改和升级自由贸易协定的议定书，2023年12月中新双方又签署了《进一步升级〈自由贸易协定〉议定书》，其中都包含了投资规则。中柬自由贸易协定第8章“投资合作”的第2条和第3条是关于投资促进和投资便利化的规定，投资促进主要涉及缔约双方投资措施和法律法规的分享交流，投资便利化则旨在提高透明度和简化程序。换言之，中柬自由贸易协定未承诺国民待遇义务，但将投资便利化承诺扩展到了投资准入阶段。例如，第8章第3条第1款规定，“简化投资申请与核准程序”“加强东道国的一站式投资安排，为商界提供协助和咨询帮助，包括便利经营牌照和许可证申请程序”；第3条第2款规定，“在遵守国内法律法规的前提下，一缔约方应向另一缔约方的投资者及其投资提供投资设立手续的规定措施”；第3条第3款增加了环境措施的规定，要求缔约双方便利投资者及其投资，按照东道国相关法律要求，在投资发生前，遵守环境影响评估和社会影响评估的有关标准和程序。不同于中柬自由贸易协定，中国和新加坡在投资领域承诺给予对方投资者准入后阶段的国民待遇和最惠国待遇。根据中新《进一步升级〈自由贸易协定〉议定书》（简称《议定书》），在服务贸易方面，《议定书》升级了国民待遇、市场准入、国内规制等条款，纳入了最惠国待遇、当地存在等义务。在投资自由化方面，升级了国民待遇、最惠国待遇等条款，纳入了禁止业绩要求、高级管理人员和董事会等高标准义务。在投资便利化方面，纳入了争端预防条款。在电信服务方面，纳入电信资源分配、电信接入和使用、互联互通、号码携带、转售、网络元素非捆绑等高水平条款。升级后，除负面清单明确列出的禁止或限制性领域外，对方企业可从事其他所有服务贸易和投资活动，享受与本国国民相同的待遇，双方不再设置任何障碍。通过升级，中新两国之间的服务贸易和投资领域市场准入完成了向负面清单管理制度的跨越。双方还在《议定书》中推动新兴领域合作。在电信服务方面，双方承诺在频谱，号码分配、使用、转售，公共电信网络接入和互联互通，携号转网等方面给予非歧视待遇，将有力促进两国信息技术产业创新融合发展。《议定书》还为两国在数字经济领域的互利合作搭建了平台，双方将加强数字经济领域交流对话，深入推进包括电子支付、数字身份、数据流动、单一窗口、智慧城市等在内的新兴领域务实合作。升级版中新自由贸易协定于2024年12月31日生效。

（三）《中国—东盟全面经济合作框架协议投资协议》

2009年8月15日，中国与东盟签订《投资协议》。各方在谈判过程中对于是否将准入阶段的国民待遇纳入《投资协议》分歧很大：东盟国家倾向于在协议中规定国民待遇义务以促进投资自由化；考虑到当时东盟对华投资的数量远高于中国对东盟投资的数量，中国在投资自由化的进程中受益有限，中国在投资自由化安排方面比较谨慎。经过磋商谈判，各方同意将《投资协议》第4条国民待遇条款规定为：“各方在其境内，应当给予另一方投资者及其投资，在管理、经营、运营、维护、使用、销售、清算或此类投资其他形式的处置方面，不低于其在同等条件下给予其本国投资者及其投资的待遇。”由此可见，《投资协议》所规定的国民待遇仅指准入后阶段的国民待遇，未涉及准入前阶段的国民待遇。此外，《投资协议》规定的国民待遇义务存在适用例外，《投资协议》第6条规定，国民待遇不适用于缔约一方维持任何现存的或采取新增的不符措施，以及这些不符措施的延续或修改。这一规定允许缔约方在未来通过国内法单边延续对外国投资者的歧视性待遇，这意味着国民待遇条款所赋予的外国投资保护在很大程度上具有不确定性。

五、“一带一路”多边条约中的投资准入制度

“准入前国民待遇＋负面清单”的外国投资准入模式最早可以追溯到美国与日本在1953年签署的《友好通商航海条约》。此后，这一模式不断被推及至美国所参与的多边投资协定中，其他国家也陆续接受并仿效。与“一带一路”相关的多边投资协定中较少涉及投资准入阶段的义务，大多数现有协定的内容主要围绕准入后阶段的投资者权利。下文选取部分涉准入阶段的多边协定进行介绍，这些协定都将投资准入规定写入了投资章节中，然后通过负面清单的方式将不符措施列入各种附件中。

（一）《与贸易有关的投资措施协议》（TRIMs）

TRIMs是WTO法律体系的重要组成部分，仅适用于与贸易有关的投资措施。TRIMs是全球首个专门规范贸易和投资关系的普遍性国际多边协议，它将国民待遇义务和一般取消数量限制义务引入国际投资领域，要求成员承担相关的国际义务，取消限制贸易或对贸易有不良影响的投资措施。“一带一路”共建国家多为WTO成员，作为WTO成员，其在制定投资准入负面清单时同样要承担TRIMs项下的义务，保证本国负面清单符合TRIMs的规定。

根据TRIMs第2条，TRIMs附件列明了与1994年《关税与贸易总协定》（GATT）第3条第4款规定的国民待遇义务和第11条第1款规定的一般取消数量限制义务不符的投资措施。具体而言，TRIMs所附解释性清单列举了5种与货物贸易有关的投资限制措施，包括违反GATT国民待遇义务的2种投资措施以及违反一般取消数量限制义务的3种投资措施，主要涉及当地成分要求（购买或使用当地产品的措施）和贸易平衡要求（将进口数额限制在与出口水平相应的幅度上的措施）。TRIMs在第5条中作出了通报和过渡安排，要求成员在WTO协议生效后的90天内向货物贸易理事会通报其所有正在实施的但与TRIMs规定不符的投资措施的适用情况和主要特征，发达国家成员应在WTO协议生效后2年内取消不符措施，发展中国家成员和最不发达国家成员的过渡期分别为5年和7年。

TRIMs在国际投资法中占有重要地位，以多边协议的形式将GATT的国民待遇和一般取消数量限制原则引入国际投资领域，在便利跨国投资以确保自由竞争的同时，促进了世界贸易的扩展和逐步自由化。

（二）《区域全面经济伙伴关系协定》（RCEP）

2020年11月15日，由中国、日本、韩国、澳大利亚、新西兰5国以及东盟10国参与的RCEP历经8年谈判终于落地签署。RCEP是当前亚洲地区规模最大

的投资协定，投资自由化是RCEP投资章节的四大支柱之一，全面采取投资“准入前国民待遇＋负面清单”模式①是RCEP投资章节的最大亮点和重大进步。②

RCEP投资规则分为文本规则和负面清单两部分。文本规则主要是RCEP第10章“投资”以及第10章中关于习惯国际法和征收的2个附件。除文本规则外，RCEP的协定附件三“服务和投资保留及不符措施承诺表”列出了各缔约方关于投资领域的负面清单。第10章的文本规则包含18个条款和2个附件，对投资保护和市场准入的实体义务等作出了较为全面的规定。投资准入的内容包括：一是给予缔约方投资者及其投资包括准入前阶段的国民待遇和最惠国待遇；二是设置了负面清单（保留和不符措施）、安全例外等机制，保留缔约方政府管理外国投资的合理政策空间。如前所述，引入“准入前国民待遇＋负面清单”模式是RCEP投资规则达成的最重要成果之一。RCEP第10章第8条“保留和不符措施”规定了负面清单的基本纪律，协定附件三“服务和投资保留及不符措施承诺表”列出了各缔约方关于投资领域的不符措施清单。一般来说，缔约方在RCEP生效后，应向其他缔约方的投资者提供非歧视待遇，特别是在市场准入方面，除非该缔约方在投资负面清单中作出保留。此外，需要注意的是RCEP投资负面清单仅涉及非服务业，包括制造业、农业、林业、渔业、畜牧业及采矿业等。有关服务业的保留，列在协定附件二“服务具体承诺表”内。澳大利亚、文莱、日本、韩国、马来西亚和新加坡采用服务和投资合一的负面清单模式。缔约方只能通过负面清单列出本国所采取的与投资章节的国民待遇、最惠国待遇、禁止业绩要求、高级管理人员和董事会四项义务不符的措施，投资章节的其他义务不能通过负面清单进行保留。RCEP投资负面清单属于国际协定，并不等同于一国的外国投资准入政策。

RCEP的协定附件三“服务和投资保留及不符措施承诺表”列出了各缔约方的投资准入负面清单。从清单的结构来看，各缔约方的负面清单包括清单一（LIST A）和清单二（LIST B）两个清单，它们的适用规则并不相同。列入清单一的是现存的不符措施。这些措施在过渡期内适用冻结规则，过渡期满后适用棘轮规则。冻结规则是指缔约方在RCEP生效后，对现存不符措施的修改不能低于RCEP负面清单的承诺水平。棘轮规则是指缔约方在RCEP对其生效后，对现存不符措施的任何修改，只能减少对外资的限制，而不能降低外国投资已享受的待遇。由此可见，棘轮规则是比冻结规则更严格的纪律，其实质含义是缔约方承诺列入清单内的外资政策措施不会倒退，只会为外国投资者提供更稳定的投资环境

---

① RCEP第8章“服务贸易”规定了商业存在的投资自由化，日本、韩国、澳大利亚、新加坡、文莱、马来西亚、印度尼西亚等7个缔约国采取负面清单模式，而中国、新西兰、泰国、菲律宾、柬埔寨、缅甸、老挝、越南则采取正面清单模式。

② 王彦志. RCEP投资章节：亚洲特色与全球意蕴. 当代法学，2021（2）：49-50.

和更高水平的保护。根据 RCEP 第 10 章第 8 条的规定，大部分缔约方的过渡期为 5 年，最不发达国家和个别缔约方豁免适用棘轮规则。此外，为提高透明度，协定附件三的清单一内的措施须列出具体的国内法依据。各缔约方将一些敏感领域列入协定附件三的清单二，保留完全的政策空间，缔约方今后可以在这些领域采取对外资更具限制性的严格措施。从清单条目的结构内容来看，清单一的每一条目具体包括保留措施涉及的部门、政府级别、义务类型、措施描述和措施来源，表 1-6 即为中国投资保留及不符措施承诺表中清单一的一个条目。部分缔约方的负面清单还进一步列明了分部门和所属国际标准产业分类（ISIC）。

表 1-6 中国投资保留及不符措施承诺表中清单一的一个条目

部门	:	种子产业
政府级别	:	中央
义务类型	:	国民待遇（第 10 章第 3 条）
措施描述	:	1. 外国投资者不得投资中国稀有和特有的珍贵优良品种的研发、养殖、种植以及相关繁殖材料的生产（包括种植业、畜牧业、水产业的优良基因）。 2. 外国投资者不得投资农作物、种畜禽、水产苗种转基因品种选育及其转基因种子（苗）生产。 3. 外商投资小麦、玉米新品种选育和种子生产须由中方控股。
措施来源	:	•《中华人民共和国种子法》（2015 年修订），第 8 条、第 11 条以及第 62 条； •《外商投资准入特别管理措施（负面清单）（2019 年版）》，第 1 条至第 3 条。

从上述条目可知，中国在清单一中对种子产业作出了保留，该保留适用于中央层级的政府，涉及 RCEP 投资章节的国民待遇的 2 个条款（该条目中对措施的具体描述与国民待遇条款义务不符），该措施的国内法依据是《中华人民共和国种子法》（2015 年修订）和《外商投资准入特别管理措施（负面清单）（2019 年版）》。通过上面的举例可以看出，RCEP 投资负面清单大大提高了缔约方的外国投资政策的透明度和可预见性，特别是在投资准入方面，为外国投资者了解东道国外资政策提供了具体明确的指引。外国投资者可以通过查询负面清单，较为详细地了解各缔约方在不同行业和领域对外国投资采取的不同限制措施，因此，负面清单为外国投资者投资研判和决策制定提供了很好的参考依据。缔约方如果在清单以外对投资者采取歧视性措施，则涉嫌违反 RCEP，投资者可以向本国政府反映，寻求在 RCEP 机制框架内获得解决。

（三）《全面与进步跨太平洋伙伴关系协定》（CPTPP）

2018 年 3 月，日本、加拿大、澳大利亚、智利、新西兰、新加坡、文莱、马来西亚、越南、墨西哥和秘鲁 11 个亚太国家签订了 CPTPP，CPTPP 的前身是美国主导的《跨太平洋伙伴关系协定》（TPP）。CPTPP 保留了 TPP 中的投资准入和投资待遇条款，其第 9 章“投资”的内容与美国 2012 年 BIT 范本具有高度重合性。CPTPP 在投资准入方面采用“准入前国民待遇＋负面清单”的高标准规则，同时在协定附件中列明了各缔约方在投资领域的不符措施清单。第 9 章以及 2 个附件是 CPTPP 关于投资的主要规定，其中第 9.4 条、第 9.5 条规定国民待遇和最惠国待遇适用于投资准入前和准入后两个阶段①，第 9.12 条明确了不符措施例外适用的条件，即对于缔约方在附件一和附件二中所列部门、分部门或活动采取或维持的措施，不适用国民待遇、最惠国待遇、业绩要求以及高级管理人员和董事会的条款义务。CPTPP 的附件包括各章附件和协定附件，投资不符措施是在协定附件一和附件二中规定的。

从形式上看，CPTPP 在每个附件的开头部分都会单独设置一则解释说明，然后才列明各缔约方不符措施的时间表。从内容上看，附件一就各缔约方的现有措施规定其不受相关条款义务的约束，附件二则列明了各缔约方对具体部门或活动维持现行措施或者采取新限制性措施的约束。清单条目的构成要素包括保留措施涉及的部门、分部门、所属国际标准产业分类（ISIC）、政府级别、义务类型、措施来源和措施描述等内容。表 1－7 是新加坡在附件一中的一个保留条目。从该保留条目可知，新加坡在附件一中对商业服务中的私人调查服务和非武装安保服务作出了保留，该保留适用于中央层级的政府，涉及 CPTPP 投资章节和跨境服务贸易章节的国民待遇、最惠国待遇以及市场准入、当地存在 4 项条款义务（该条目中保留措施与这 4 项条款义务不符），该措施的国内法依据是新加坡《私人安保行业法》（2008 年修订）。此外 CPTPP 投资章节还就附件一的不符措施设置了“棘轮机制”②，即将来不得设置比现在的措施更具限制性的措施，相关限制只能放松不得收紧。

表 1－7　新加坡在附件一中的一个保留条目

部门	商业服务
分部门	私人调查服务 非武装安保服务

① CPTPP 第 9.4 条规定：每一缔约方在设立、获得、扩大、管理、经营、运营、出售或以其他方式处置在其领土内的投资方面给予另一缔约方投资者的待遇不得低于在相似情况下该缔约方给予本国投资者的待遇。每一缔约方在设立、获得、扩大、管理、经营、运营、出售或以其他方式处置投资方面给予涵盖投资的待遇不得低于在相似情况下该缔约方给予本国投资者在其领土内投资的待遇。

② 棘轮机制已经成为国际外资准入负面清单规则的标准条款，要求缔约方对特别管理措施的未来修订只能更加开放不能倒退。CPTPP 中除越南作出例外之外，其他国家都全面采纳了棘轮机制。RCEP 中柬埔寨、印度尼西亚、老挝、缅甸、菲律宾承诺“修订不降低该措施与本协定生效之日已经存在的措施的一致性”，其他缔约方承诺协定生效 5 年内实行棘轮机制，生效 5 年后实行与上述五国相同的承诺。

续表

所属国际标准产业分类	CPC87301 调查服务 CPC87302 安全咨询服务 CPC87305 安保服务（仅适用非武装安保服务）
政府级别	中央
义务类型	国民待遇（第 9.4 和第 10.3 条） 最惠国待遇（第 9.5 和第 10.4 条） 市场准入（第 10.5 条） 当地存在（第 10.6 条）
措施来源	《私人安保行业法》(Cap. 250A，2008 Revised Edition)
措施描述	跨境服务贸易和投资： 允许外国人设立安保公司提供非武装的保安雇佣服务，但必须与具有新加坡国籍的公民或企业共同注册成立企业，且至少有 2 名新加坡公民或永久居民担任董事。马来西亚人之外的外国人不得从事安保工作，但可以参与企业的管理。外国董事应提交母国出具的无犯罪证明或新加坡监督员开具的法定声明，证明其从未被判处任何刑事犯罪。

虽然我国目前还不是 CPTPP 的成员国，但有不少 CPTPP 的缔约方属于“一带一路”共建国家，CPTPP 中确立的高标准投资规则，对我国外资准入负面清单模式的实践、我国后续加入 CPTPP 以及“一带一路”投资保护都具有重要意义。在加入 CPTPP 的谈判场上，负面清单必然会成为各缔约方争取权益最大化、进行博弈的重要内容。[①] 继 2020 年 11 月我国提出积极考虑加入 CPTPP 后，2021 年 9 月 16 日我国正式提交加入申请，2022 年 2 月我国商务部发言人再次表示中方将会尽一切努力达到 CPTPP 的高标准要求。目前我国仍在积极推进加入 CPTPP 的进程。尽管就目前而言，我国与 CPTPP 的要求还存在一定的差距，关于外资准入负面清单的谈判也可能会面临一些挑战，但这也促使我国在未来进一步完善外资准入负面清单制度时，高度重视对接高标准规则。

六、“一带一路”投资准入的救济

法谚有云，“无救济即无权利”。如果缺乏有效的救济机制，东道国投资准入的承诺将成为无法兑现的空头支票。而准入后的投资待遇侧重于对已有投资的保护，投资者在准入后的争议中往往已经遭受实际利益损失，此时的救济机制强调损害赔偿。准入前承诺涉及市场开放和市场交换[②]，投资者在准入阶段尚未进行实际投资，此时的争议多因投资进入东道国市场受到阻碍而产生，具体而言，主要包括国民待遇或最惠国待遇争议、正面或负面清单争议以及外商投资国家安全

① 孙晓涛. 对接 CPTPP 外资准入负面清单规则研究. 中国经贸导刊（中），2021 (9)：9.

② Alan O. Sykes. Public versus Private Enforcement of International Economic Law: Standing and Remedy. Journal of Legal Studies，2005，34 (2)：631 - 634.

审查争议等。国民待遇或最惠国待遇争议主要涉及外国投资者是否与本国投资者或第三国投资者处于相似情形、是否存在差别待遇[①]；正面或负面清单争议指的是投资者与东道国对正面或负面清单的解释和适用的争议[②]；外商投资国家安全审查争议指的是投资者与东道国对国家安全审查的合法性的争议，即东道国以国家安全为由禁止或限制外国投资进入是否符合国内法或国际法。总之，准入阶段的争议密切关系着东道国的外资准入规制权，且通常政治敏感性较强，如果投资者直接以私人身份通过传统的准入后的救济机制挑战东道国主权，可能给东道国公共政策利益造成较大的负面影响。因此，投资准入后的救济机制并不当然地适用于投资准入阶段。[③] 而“一带一路”建设的国家多为发展中国家，其法律法规尚不健全，且经常发生变化，其投资准入承诺也不稳定，随着“一带一路”建设的深入推进，我国“走出去”企业的机遇和挑战并存，面临着“一带一路”共建国家复杂多变的投资壁垒，其合法权益亟待更有效的法律救济。[④]

从前述内容可知，投资准入的依据包括东道国国内法依据和国际法依据，因此，东道国的投资准入措施可能同时引发国内法与国际法下的争议，这也就意味着投资准入争议可以由东道国救济机制和国际法救济机制解决。对于东道国根据其国内法作出的投资准入承诺，投资者应依据东道国法律寻求救济；对于东道国在国际协定中作出的投资准入承诺，则可根据协定安排通过条约机制寻求救济。至于能否寻求以及如何寻求国内法救济，取决于东道国的国内立法和司法实践。根据我国《行政复议法》[⑤]、《行政诉讼法》[⑥]、《外商投资法》及其实施条例之规定，我国对投资准入争议的救济方式包括行政复议、行政诉讼和专门的外商投资企业投诉工作机制。我国《外商投资法》第26条确立了外商投资企业投诉工作机制，该条第2款规定：“外商投资企业或者其投资者认为行政机关及其工作人员的行政行为侵犯其合法权益的，可以通过外商投资企业投诉工作机制申请协调解决。”2020年10月1日生效的《外商投资企业投诉工作办法》对外商投资企业投诉工作机制进行了更详细的规定，其中第5～7条构建了多层次的投诉处理机制：商务部会同国务院有关部门建立外商投资企业投诉工作部际联席会议制度来协调、推动中央层面的外商

---

① Rudolf Dolzer, Christoph Schreuer. Principles of International Investment Law. Oxford: Oxford University Press, 2012: 198-202.

② 龚柏华. 中国（上海）自由贸易试验区外资准入“负面清单”模式法律分析. 世界贸易组织动态与研究，2013（6）：28-29.

③ 徐树. 外资准入国民待遇的救济体系论. 环球法律评论，2020（2）：162-179.

④ 刘勇. “一带一路”投资风险及其法律应对：以“尤科斯诉俄罗斯案”为视角. 环球法律评论，2018（1）：176.

⑤ 《行政复议法》（2023年修订）第89条规定：“外国人、无国籍人、外国组织在中华人民共和国境内申请行政复议，适用本法。”

⑥ 《行政诉讼法》（2017年修正）第98条规定：“外国人、无国籍人、外国组织在中华人民共和国进行行政诉讼，适用本法。法律另有规定的除外。”

投资企业投诉工作；商务部设立的全国外商投资企业投诉中心负责处理涉及国务院有关部门和省级人民政府的投诉事项，以及商务部认为可以由其处理的在全国范围内或者国际上有重大影响的投诉事项；县级以上地方人民政府指定的部门或机构处理本地区的投诉事项。投诉人对地方投诉工作机构作出的不予受理决定或者投诉处理结果有异议的，可以就原投诉事项逐级向上级投诉工作机构提起投诉。地方投诉工作机构应当定期向上一级投诉工作机构上报投诉工作情况。外商投资企业投诉工作机制覆盖了从中央到地方的各级机构，层级明确，信息流通的渠道畅通无阻。韩国、美国、日本、菲律宾、越南、俄罗斯、乌兹别克斯坦、马来西亚、蒙古国、巴西、智利等国均通过立法建立了类似的投资争端预防管理部门。[①] 其中韩国在1998年通过《外国人投资促进法》，确立了外国投资监察员制度，以解决在韩国经营的外国投资企业的申诉和不满，并在《外国人投资促进法执行令》中明确了外国投资监察员办公室的职能和申诉解决机构的运行程序。[②] 但基于国家安全审查的“政治问题”属性，东道国可以例外地限制或排除外商投资安全审查决定的可诉性。尽管不少国家的法律允许对国家安全审查决定进行行政或司法审查，但事实上法院的司法审查不太可能触及安全审查决定的实体内容。[③]

大多数“一带一路”共建国家的法制水平较低，国内行政及司法救济程序耗时较长，在当地救济无法有效保障投资利益时，投资条约如果有相应的争端解决安排，则会成为投资者就准入争议寻求国际法救济的主要平台。国际法救济通常包括投资者-国家间争端解决机制（Investor-State Dispute Settlement，ISDS）和国家间仲裁机制。

如果投资条约设置了准入义务，且没有任何例外条款排除仲裁管辖，则投资者可通过ISDS要求东道国赔偿禁止或限制其投资进入导致的损失。准入措施往往并未造成投资者的实际损失，投资者的诉请主要在于希望东道国遵守准入承诺从而使其尽快地进入东道国投资市场，这样的诉请与仲裁庭只能单独或者一并裁决金钱赔偿和任何适用利息以及财产返还[④]的条约规定不符。也就是说，仲裁庭无法就准入诉请作出有效裁决，现有的投资者-国家间仲裁机制难以回应以履约

---

① Amber van der Graaf. Foreign Investment Ombudsman-Internationalisation Policy Measure. Eurofound Working Paper，2018：7；Catharine Titi. Non-Adjudicatory State-State Mechanisms in Investment Dispute Prevention and Dispute Settlement：Joint Interpretations，Filters and Focal Points. Brazilian Journal of International Law，2017，14（2）：46-47.

② 陶立峰. 投资争端预防机制的国际经验及启示：兼评《外商投资法》投诉机制的完善. 武大国际法评论，2019（6）：88-99.

③ Frederic Wehrlei，Joachim Pohl. Investment Policies Related to National Security：A Survey of Country Practices. OECD Working Paper on International Investment，2016（2）：40-42.

④ 例如CPTPP第9.29条第1款规定：如仲裁庭作出最终裁决，则仲裁庭只能单独或一并就下列各项作出裁决：(a) 金钱赔偿和任何适用利息；及（b）返还财产，在此种情况下裁决应规定被申请人可支付金钱赔偿和任何适用利息以替代返还。

为目的的诉请。知名国际法教授道格拉斯（Douglas）曾分析道，尽管不少国际投资条约采取“准入前模式”，但少有关于东道国违反准入义务的公开判决。①我国与“一带一路”共建国家的BIT大部分属于传统投资条约，如表1-8所示，我国对可提起国际投资争端的事由采取较为谨慎的态度，可仲裁事项基本上限制在征收补偿数额的争议方面，且都属于投资准入后的争议。中国与土耳其的BIT在第3.2条中承诺的国民待遇义务也仅限于投资设立后。RCEP则约定，缔约方在协定生效后的两年内就ISDS进行讨论。总而言之，除RCEP的投资章节之外，我国与“一带一路”共建国家的现行投资协定极少涉及投资准入承诺，且RCEP暂时放弃了ISDS议题，即目前缔约方违反投资准入义务不适用ISDS。

表1-8 我国与“一带一路”共建国家BIT中的可仲裁事项

可提交仲裁的范围	国家
涉及征收补偿款额的争议	苏丹、津巴布韦、阿尔及利亚、佛得角、埃及、蒙古国、孟加拉国、新加坡、柬埔寨、越南、老挝、斯里兰卡、卡塔尔、黎巴嫩、阿塞拜疆、格鲁吉亚、印度尼西亚、塞尔维亚、克罗地亚、爱沙尼亚、斯洛文尼亚、新西兰、巴布亚新几内亚、玻利维亚、厄瓜多尔、牙买加、加纳、沙特阿拉伯、哈萨克斯坦、吉尔吉斯斯坦、塔吉克斯坦、乌兹别克斯坦、匈牙利、乌克兰、白俄罗斯、意大利、保加利亚
涉及征收补偿款额的争议及双方同意的其他争议	埃塞俄比亚、巴林、北马其顿、智利、秘鲁、加蓬、摩洛哥、阿联酋、科威特、菲律宾、也门、捷克、斯洛伐克、希腊、立陶宛
与投资有关的争议	南非、马达加斯加、赤道几内亚、巴巴多斯、马里、韩国、塞浦路斯、马耳他、古巴、缅甸、伊朗、突尼斯、罗马尼亚、俄罗斯、卢森堡、尼日利亚、马来西亚、亚美尼亚、泰国、葡萄牙
促进和保护投资、国民待遇、最惠国待遇、公正与公平待遇、征收、损害与损失的补偿、转移、代位、以协议或合同形式与缔约另一方投资者就其投资所作出的书面承诺	坦桑尼亚、刚果（布）、土耳其、文莱、柬埔寨、印度尼西亚、老挝、马来西亚、缅甸、菲律宾、新加坡、泰国、越南

资料来源：莫建建，高建勋．“一带一路”投资者与国家争端解决机制的革新．国际商务研究，2022(4)：64-65．

至于国家间的仲裁机制，通常国际投资协定都规定协定解释或者适用问题引发的争议适用国家间仲裁机制，且在仲裁发起前争议需要先尽量通过协商或其他外交途径等前置程序解决。负面清单解释等准入争议不仅是投资者与国家间的

① Zarchary Douglas. The International Law of Investment Claims. Cambridge: Cambridge University Press, 2009: 140-141.

"投资争议",也属于有关"条约解释或适用的争议",除非条约予以明确排除,否则准入争议可由国家间仲裁机制解决。RCEP 明确排除了国家间争端解决机制对外资准入争议的适用,其第 17 章第 11 条规定,由一缔约方主管机关,包括外国投资机关,作出的是否批准或承认外国投资建议的决定,以及对批准或承认投资必须满足的任何条件或要求的执行,不受第 19 章(争端解决)项下的争端解决条款的约束。

案例分析

一、典型案例

案例 1 蔡某顺等诉 A 公司等合同纠纷案

(一)案例导入

惠州 A 工艺品有限公司(以下简称"A 公司")是香港 B 公司(以下简称"B 公司")在内地设立的外商独资企业。2017 年,A 公司与内地居民蔡某顺签订物业转让协议,约定 A 公司将位于广东省惠州市博罗县某政府工业开发区某地块的所有物业及土地使用权转让给蔡某顺,A 公司负责配合将物业过户到蔡某顺或其指定的公司名下。协议签订后,蔡某顺成立惠州市 C 实业有限公司(以下简称"C 公司")用于受让物业转让协议项下的物业,并依约将定金及剩余款项支付至双方设立的资金共管账户内。因 A 公司不配合办理过户手续,蔡某顺、C 公司提起诉讼,请求确认物业转让协议合法有效,A 公司继续履行合同并承担违约责任。惠州市中级人民法院一审认为,2020 年 1 月 1 日起施行的《外商投资法》第 4 条第 1 款规定,国家对外商投资实行准入前国民待遇加负面清单管理制度。虽然 A 公司系外商独资企业,但物业转让协议属于外商投资准入负面清单之外领域形成的投资合同,A 公司、B 公司关于物业转让协议未经有关行政主管部门批准而无效的主张不应得到支持。因此一审法院判决物业转让协议合法有效,A 公司应继续履行合同并承担相应的违约责任。一审判决后,A 公司不服,提起上诉。广东省高级人民法院二审驳回上诉,维持原判。A 公司不服广东省高级人民法院(2020)粤民终 851 号民事判决,向最高人民法院申请再审。

(二)分析

1. 关于案涉物业转让协议合法有效是否有误的问题

A 公司申请再审,主张案涉物业转让协议系当事人恶意串通,逃避法定纳税义务、损害国家利益的协议,应属无效。经查,2017 年 9 月 7 日惠州市博罗县地方税务局出具《存量房交易计税价格核定通知书》,显示税务机关经存量交易计税价格核定系统审核并确认案涉物业计税价格金额为 19 956 596.56 元，该价格与深圳长基资产评估房地产土地估价有限公司于 2017 年 9 月 11 日作出的评估结论“评估总值为 18 389 475 元”相差不大；且无论是《存量房交易计税价格核定通知书》，还是深圳长基资产评估房地产土地估价有限公司作出的评估结论，均由第三方作出，没有证据证明本案当事人与第三方存在恶意串通，损害国家、集体或者第三人利益的情形，也没有证据证明 A 公司在签订物业转让协议时存在受到欺诈、胁迫等违背其真实意思表示的情形，故 A 公司该项申请再审事由不能成立。

A 公司申请再审主张案涉物业转让协议未生效，依据的是《外资企业法实施细则》（2014 年修订）第 23 条中关于“外资企业将其财产或者权益对外抵押、转让，须经审批机关批准”的规定，第 33 条中关于“外资企业在经营期限内未经批准，其土地使用权不得转让”的规定，以及《最高人民法院关于审理外商投资企业纠纷案件若干问题的规定（一）》第 1 条第 1 款中关于“未经批准的，人民法院应当认定该合同未生效”的规定，认为一、二审判决未适用这些规定，属于适用法律错误。经查，2016 年 9 月 3 日第十二届全国人民代表大会常务委员会第二十二次会议通过《关于修改〈中华人民共和国外资企业法〉等四部法律的决定》（2016 年 10 月 1 日起施行），其中第 1 条规定：“对《中华人民共和国外资企业法》作出修改，增加一条，作为第二十三条：‘举办外资企业不涉及国家规定实施准入特别管理措施的，对本法第六条、第十条、第二十条规定的审批事项，适用备案管理。国家规定的准入特别管理措施由国务院发布或者批准发布。’”《外资企业法》据此进行了相应的修改，除列入国家规定的准入特别管理措施的之外，原有相关审批事项均适用备案管理。但配合《外资企业法》实施的《外资企业法实施细则》自 2014 年后再无修改，直至 2020 年 1 月被废止。故在涉及审批或者备案事项不一致的情况下，自然应适用 2016 年修改的《外资企业法》的规定；在没有证据显示案涉物业转让事宜涉及国家规定实施准入特别管理措施的，依法应适用备案管理。此种处理与博罗县自然资源局向一审法院的复函内容是一致的，即案涉物业转让协议不以行政审批作为合同生效的要件。故一、二审判决未依据《外资企业法实施细则》（2014 年修订）第 23 条、第 33 条的规定认定案涉物业转让协议未生效，适用法律并无不当。由此，A 公司主张案涉物业转让协议无效、未生效的依据不足，一、二审判决认定案涉物业转让协议合法有效，并无不当。

2. 关于一、二审判决未对违约金进行调整是否有误的问题

基于本案已经查明的事实，C 公司依照物业转让协议的约定支付了相应的转让价款，而 A 公司未依约履行协助过户登记的义务，一、二审判决据此认定 A 公司构成违约，有相应的事实依据。《最高人民法院关于适用〈中华人民共和国合

同法〉若干问题的解释（二）》（已失效，本案中有效）第29条第1款规定：“当事人主张约定的违约金过高请求予以适当减少的，人民法院应当以实际损失为基础，兼顾合同的履行情况、当事人的过错程度以及预期利益等综合因素，根据公平原则和诚实信用原则予以衡量，并作出裁决。”由此，人民法院对违约金调整的前提是当事人对违约金提出调整的请求，但A公司在本案一、二审期间均未主张违约金过高并请求予以调整，法院亦无法定职责向当事人释明是否请求调整违约金。一、二审判决按照双方合同的约定作出相应的认定，有相应的依据，亦体现了对当事人意思自治的尊重，并无不当。

综上，A公司的再审申请不符合《民事诉讼法》（2017年修正）第200条第2项、第6项规定的情形。依照《民事诉讼法》（2017年修正）第204条第1款、《最高人民法院关于适用〈中华人民共和国民事诉讼法〉的解释》（2020年修正）第395条第2款的规定，最高人民法院裁定驳回A公司的再审申请。

（三）案件评论

本案的争议焦点是关于外商投资准入负面清单之外的投资合同效力认定的问题。根据2019年12月最高人民法院发布的《最高人民法院关于适用〈中华人民共和国外商投资法〉若干问题的解释》、《最高人民法院关于人民法院进一步为“一带一路”建设提供司法服务和保障的意见》和《最高人民法院关于人民法院为中国（上海）自由贸易试验区临港新片区建设提供司法服务和保障的意见》，投资合同包括外国投资者直接或者间接在中国境内进行投资而形成的相关协议，负面清单外的投资合同，其效力不受批准、登记的影响。依照《外商投资法》的规定，负面清单之外的领域的投资，按照内外资一致的原则处理。对负面清单之外的领域形成的投资合同，当事人再以合同没有经过相关行政审批机关审批或登记为由否定合同效力的，人民法院不予支持。其他法律、行政法规规定相关领域的投资合同，或者投资合同履行过程中的某些事项应当办理批准、登记等手续生效的，仍然要依照相关法律、行政法规的规定处理。在外国投资者投资禁止领域，当事人主张投资合同无效的，人民法院应予支持；在外国投资者投资限制领域，当事人以违反限制性准入特别管理措施为由主张投资合同无效的，人民法院应予支持。另外，考虑到外商投资准入负面清单是动态调整的，会对投资合同的效力产生一定影响，相关规则还明确：在生效裁判作出前，因外商投资准入负面清单调整，外国投资者投资不再属于禁止或者限制投资的领域，当事人主张投资合同有效的，人民法院应予支持。如果在签订投资合同时，投资属于禁止投资领域或者违反了限制性准入特别管理措施，但在人民法院生效裁判作出前，由于负面清单调整，不再落入禁止或者限制投资领域，则可以表明合同效力的瑕疵事由已经消灭，此时，合同可以作有效认定。据此，人民法院依法认定外商投资准入负面清单之外领域形成的投资合同有效，判令违约当事人继续履行合同并承担违约责任。

案例2 郭某佳与崔某龙委托合同纠纷案

(一) 案例导入

原告崔某龙是美国公民，在中国重庆自由贸易试验区内独资设立了A公司，并委托中国公民郭某佳代持90%股权。A公司工商登记资料载明该公司于2017年7月18日注册成立，经营范围为货物进出口、技术进出口等。

2017年9月20日，崔某龙与郭某佳签订股权代持协议，约定崔某龙委托郭某佳代持A公司股权，由郭某佳担任A公司法定代表人，并代为行使相关股东及法定代表人的权利；如郭某佳违反协议约定，应向崔某龙支付违约金。

A公司成立后开展牛肉进出口方面的业务，2018年停止经营。2018年6月6日，郭某佳不顾崔某龙反对将A公司印章收走。纠纷发生后，崔某龙遂以郭某佳存在违约行为为由向重庆自由贸易试验区人民法院提起诉讼，请求判令：(1)解除崔某龙与郭某佳于2017年9月20日签订的股权代持协议；(2)郭某佳向崔某龙支付违约金950 000元；(3)郭某佳向崔某龙支付律师费28 500元。郭某佳不服重庆自由贸易试验区人民法院作出的一审判决，提起上诉。重庆市第一中级人民法院作出(2021)渝01民终8852号民事判决：驳回上诉，维持原判。

(二) 分析

1. 关于股权代持协议是否有效

《最高人民法院关于适用〈中华人民共和国公司法〉若干问题的规定(三)》(2014年修正)第24条第1款规定：“有限责任公司的实际出资人与名义出资人订立合同，约定由实际出资人出资并享有投资权益，以名义出资人为名义股东，实际出资人与名义股东对该合同效力发生争议的，如无合同法第五十二条规定的情形，人民法院应当认定该合同有效。”该规定明确了股权代持的合法地位，同时还明确，股权代持行为的效力应当根据《合同法》(已失效，本案中有效)第52条的规定来判断。隐名出资一般可分为两类：一类是具有规避法律的目的，规避公司法和其他法律法规对投资领域、投资主体或投资比例等方面的限制；另一类并非出于规避法律的目的，只是由于实际出资人不愿公开自己的经济状况等。对于后者，在没有损害国家、集体或第三人利益的情形下，应认定合同有效。本案中，崔某龙作为美国公民，在中国境内投资，应遵守中华人民共和国的法律。崔某龙实际出资设立的A公司，工商登记的经营范围为：加工、销售及利用互联网销售粮油制品、酒水、食品及保健食品等，货物进出口，技术进出口等。A公司实际开展牛肉进出口销售等业务，经审查，A公司的经营范围不属于法律及行政法规禁止或限制外商投资项目，也未违反《外商投资准入特别管理措施(负面清单)》所规定的外商投资准入方面的特别管理措施。因此，崔某龙与郭某佳签订股权代持协议并不存在规避法律或行政监管的情形，该股权代持协议合法有效。

2. 崔某龙要求解除股权代持协议是否应予支持

《合同法》第 94 条规定："有下列情形之一的，当事人可以解除合同：(一) 因不可抗力致使不能实现合同目的；(二) 在履行期限届满之前，当事人一方明确表示或者以自己的行为表明不履行主要债务；(三) 当事人一方迟延履行主要债务，经催告后在合理期限内仍未履行；(四) 当事人一方迟延履行债务或者有其他违约行为致使不能实现合同目的；(五) 法律规定的其他情形。"该法第 410 条规定："委托人或者受托人可以随时解除委托合同。因解除合同给对方造成损失的，除不可归责于该当事人的事由以外，应当赔偿损失。"委托合同的订立和履行，是基于双方当事人的相互信任，一旦这种信任关系发生动摇，委托合同也就没有存在的基础和必要，因此，《合同法》规定委托人或者受托人可以随时解除委托合同。根据《合同法》的规定，公司实际出资人或者名义出资人所享有的单方面解除股权代持协议的权利应予保护。本案中，崔某龙享有任意解除权，可以随时主张解除委托合同；同时，由于郭某佳存在违约行为，故崔某龙也可以行使法定解除权，要求解除合同。对于崔某龙要求解除股权代持协议的请求，法院应予支持。关于股权代持协议的解除时间，崔某龙主张解除合同应当通知对方，合同自通知到达对方时解除。由于崔某龙举示的于 2019 年 7 月 11 日邮寄的《解除〈委托持股协议〉告知函》并未经郭某佳本人签收，故一审法院将解除合同的时间调整为一审法院向郭某佳送达起诉状副本之日，即 2019 年 9 月 23 日，一审法院认定双方签订的委托代持协议于 2019 年 9 月 23 日解除。需要说明的是，虽然郭某佳在之前与崔某龙的微信聊天等对话中也曾向崔某龙作出过解除协议及变更法定代表人等类似表述，但是该对话内容仅是双方对合同履行情况的协商及安排，双方并未达成一致意见，不能据此认定委托持股协议已解除。

(三) 裁判结果

重庆自由贸易试验区人民法院经审理认为，有限责任公司的实际出资人与名义出资人订立合同，约定由实际出资人出资并享有投资权益，以名义出资人为名义股东，实际出资人与名义股东对该合同效力产生争议的，如无法律规定的合同无效情形，人民法院应当认定该合同有效。本案中，崔某龙与郭某佳签订的股权代持协议并无法律规定的无效情形，故应合法有效。

合同当事人应当严守合同约定，全面、诚实履行合同义务。在合同履行过程中，目标公司的实际经营情况不应成为确定双方合同权利义务的依据。名义出资人违背实际出资人意愿，拒不履行股权代持合同义务或者履行合同义务不符合约定的，名义出资人的行为构成违约，应承担相应的违约责任。重庆自由贸易试验区人民法院遂判决解除股权代持协议，由郭某佳向崔某龙支付违约金 475 000 元，同时驳回了崔某龙的其他诉讼请求。郭某佳不服一审判决，提起上诉。重庆市第一中级人民法院作出（2021）渝01民终8852号民事判决，认为一审判决认定事实清楚、适用法律正确，遂驳回上诉，维持原判。

（四）案件评论

随着我国对外开放步伐不断加快，在自贸区范围内，外国投资人委托中国公民代持中国境内公司股权已成为常见的投资安排。如果这种股权代持行为不存在规避法律或行政监管的情形，目标公司的经营范围不属于法律及行政法规禁止或限制外商投资的领域，应认定相应的股权代持合同合法有效。在股权代持合同履行过程中，名义出资人为目标公司利益考虑的经营行为与实际出资人的意愿相违背的，双方可能会发生纠纷。本案判决阐明了判断名义出资人的行为是否构成违约的裁判标准，明确了名义出资人经营行为的边界，名义出资人应该忠诚于实际出资人，即使该名义出资人是经工商登记的目标公司的法定代表人或者其持有股份占目标公司股权比例很高也不例外。本案判决结果充分尊重当事人意思自治，依法保护了外商实际投资人的合法权益，表明了我国维护外国投资者合法权益的积极态度。

案例3 A投资有限公司与河南B集团有限公司等股权转让纠纷案

（一）案例导入

2012年7月，A投资有限公司（以下简称“A公司”）与河南B集团有限公司（以下简称“B集团”）经批准设立了外商投资企业C房地产公司。2016年3月，A公司与B集团签署股权转让合同，约定：A公司将其持有的C房地产公司40%的股权，以1亿元的价格转让给B集团，B集团于2016年3月31日前向A公司支付股权转让款1亿元。合同自各方签字或盖章之日起成立，自审批机关批准之日起生效。2016年4月11日，平顶山市商务局作出同意股权转让的批复，同日又发出通知书，根据C房地产公司的撤回报批申请，不再继续受理股权转让报批事项，故未作出批准证书。A公司据此提起诉讼，请求B集团支付1亿元股权转让款。

（二）分析

1. 案涉股权转让合同是否生效？如生效其效力应如何确认？

其一，案涉股权转让合同的履行期间跨越了外资审批制度改革的实施日期，故需分阶段对其效力予以阐明。在2016年9月30日前，《中外合作经营企业法》（2000年修正）实行外资审批制度，该法第10条规定：“中外合作者的一方转让其在合作企业合同中的全部或者部分权利、义务的，必须经他方同意，并报审查批准机关批准。”《中外合作经营企业法实施细则》（2014年修订）第11条规定：“合作企业协议、合同、章程自审查批准机关颁发批准证书之日起生效……”根据《合同法》(已失效，本案中有效)第44条“依法成立的合同，自成立时生效。法律、行政法规规定应当办理批准、登记等手续生效的，依照其规定”的规定，以及《最高人民法院关于审理外商投资企业纠纷案件若干问题的规定(一)》第1条第1款“当事人在外商投资企业设立、变更等过程中订立的合同，依法律、行政法规的规定应当经外商投资企业审批机关批准后才生效的，自批准之日起生效；未经批准的，人民法院应当认定该合同未生效。当事人请求确认该合同无效的，人民法院不予支持”的规定，中外合作经营企业股权转让合同自外资审批机关颁发批准证书之日起生效。因此，尽管本案中平顶山商务局就案涉股权转让作出了同意股权转让的平商审［2016］8号批复，但其没有作出批准证书，故至2016年9月30日，案涉股权转让合同因未经审批，合同的法定生效要件未满足，处于合同成立但未生效的状态。

其二，关于股权转让合同的效力状态是否因B集团控制的C房地产公司撤回报批申请而受到影响的问题。B集团、张某义、张某上诉称，股权转让合同在审批流程完成后没有得到批准，已经确定属于不生效合同。但平顶山商务局作出批复后没有颁发批准证书的原因，是B集团控制的C房地产公司撤回了报批申请，审批流程终结并不是审批机关作出不同意转让的决定导致的。《合同法》第8条规定：“依法成立的合同，对当事人具有法律约束力。当事人应当按照约定履行自己的义务，不得擅自变更或者解除合同。依法成立的合同，受法律保护。”股权转让合同未生效并不代表对当事人没有拘束力，相反，B集团负有报批促使合同生效的义务。B集团、张某义、张某上诉认为C房地产公司撤回报批申请，系因A公司没有履行再投资8 500万元的承诺。然而，B集团、张某义、张某并不能提供证据证明A公司作出了该等承诺，该等承诺也未记载于股权转让合同，故其主张的撤回报批申请的理由不能成立。B集团控制的C房地产公司在外资审批程序终结前单方撤回报批申请的行为，不仅违反了股权转让合同约定的应由B集团完成的报批义务，也违背了民法的诚实信用原则。B集团控制的C房地产公司撤回报批申请的行为不影响股权转让合同的效力状态。《最高人民法院关于审理外商投资企业纠纷案件若干问题的规定(一)》第9条规定：“外商投资企业股权转让合同成立后，受让方未支付股权转让款，转让方和外商投资企业亦未履行报批义务，转让方请求受让方支付股权转让款的，人民法院应当中止审理，指令转让方在一定期限内办理报批手续……”在本案一审审理过程中，河南省高级人民法院指令A公司办理报批手续，但因B集团、C房地产公司不予配合，未能成功办理，故股权转让合同仍处于成立但未生效状态。

其三，关于2016年10月1日后股权转让合同的效力状态。2016年10月1日，《中外合作经营企业法》(2016年修正)正式施行。该法第25条规定：“举办合作企业不涉及国家规定实施准入特别管理措施的，对本法第五条、第七条、第十条、第十二条第二款、第二十四条规定的审批事项，适用备案管理。国家规定的准入特别管理措施由国务院发布或者批准发布。”即对外商投资准入特别管理措施（外商投资准入负面清单）以外的外商投资企业的设立、变更，由行政审批制转为备案管理制，而备案管理的性质为告知性备案，不属于合同的效力要件。2016 年 10 月，商务部发布《外商投资企业设立及变更备案管理暂行办法》。该办法第 29 条规定：“本办法实施前商务主管部门已受理的外商投资企业设立及变更事项，未完成审批且属于备案范围的，审批程序终止，外商投资企业或其投资者应按照本办法办理备案手续。”由于本案股权转让的标的公司 C 房地产公司经营范围不在外商投资准入负面清单之列，因此案涉股权转让依法不需要再提交行政审批。《立法法》（2015 年修正）第 93 条规定：“法律、行政法规、地方性法规、自治条例和单行条例、规章不溯及既往，但为了更好地保护公民、法人和其他组织的权利和利益而作的特别规定除外。”我国立法在法律溯及力问题上，采用“从旧兼有利”原则。在法律修改使得合同效力要件不复存在的情形下，应当适用新法而认定合同有效。一审判决关于股权转让合同因法律规定的变化自 2016 年 10 月 1 日起生效的认定正确。此外，B 集团、张某义、张某还上诉认为，股权转让合同第 7 条约定“自审批机关批准之日起生效”，故该合同依约未生效，即使生效，股东会也以决议的方式解除了股权转让合同。但如前所述，该合同签订时，案涉股权转让合同依据当时的法律需要外资审批机关审批才能生效，这是当事人约定合同自批准之日起生效的背景。在 2016 年 10 月 1 日《中外合作经营企业法》（2016 年修正）施行后，股权转让合同不再属于审批对象，亦不具有审批可能，而备案也不是合同的生效条件，因此该合同第 7 条关于“自审批机关批准之日起生效”的约定不再具有限定合同生效条件的意义。根据《合同法》第 8 条的规定，依法成立的合同，对当事人具有法律约束力，当事人不得擅自变更或者解除合同。C 房地产公司的股东会决议，没有得到 A 公司的同意，不构成约定解除的情形，亦不符合法定解除的条件，故不产生解除股权转让合同的法律效果。

2. 关于 B 集团是否应连带支付股权转让款的问题

《合同法》第 60 条第 1 款规定：“当事人应当按照约定全面履行自己的义务。”股权转让合同约定股权转让款应于 2016 年 3 月 31 日前支付给 A 公司，股权转让款可延期支付，但 B 集团应按月支付利息，且延期支付日期不得晚于 2017 年 7 月 15 日。至 2016 年 10 月 28 日一审法院作出判决时，股权转让合同已生效且 B 集团的股权转让款的付款义务已到期，而 B 集团并未请求延期支付并按月加付利息，故一审法院未判决 B 集团承担付款责任，与合同约定不符，适用法律欠当，应予纠正。本案二审中，B 集团在股权转让合同项下的最迟付款履行期间也已届满，B 集团应即时向 A 公司支付股权转让款 1 亿元。股权转让合同第 2 条约定：“协议各方及涉及股权权益转让有关的申请批准手续由乙方（B 集团）办理，甲方

（A公司）予以配合，在股权转让申请批准后，双方共同到工商行政管理部门办理股权变更登记。”本案中，B集团未诉请办理股权变更登记手续，为避免产生讼累，A公司亦应配合B集团办理C房地产公司的股权变更登记手续。

（三）裁判结果

终审法院最高人民法院审理后作出（2017）最高法民终651号民事判决，认为自2016年10月1日起，我国对外商投资准入特别管理措施以外的外商投资企业的设立、变更，已由行政审批制转为备案管理制。对不属于外资准入负面清单的外商投资企业的股权转让合同，不再以审批作为认定合同生效的要件。当事人关于“自审批机关批准之日起生效”的约定，亦不再具有限定合同生效条件的意义，应当认定合同有效。B集团最迟付款履行期间已经届满，故判决B集团向A公司支付股权转让款1亿元。

（四）案件评论

本案阐明了外商投资准入负面清单实施后的外资合同效力认定规则。我国外商投资管理体制自2016年10月1日起实施重大改革，将运行多年的全面审批制改为普遍备案制与负面清单下的审批制。如何认定备案的性质以及履行期间跨越新法实施日的外商投资企业合同的效力，是司法实践中需要解决的问题。本案的裁判规则指出，备案不再构成外商投资准入负面清单以外的外商投资企业合同的生效要件。相应地，未报批的该类外商投资企业股权转让合同亦为生效的合同。该判决所确立的裁判规则对于指导外商投资企业纠纷的处理、保护外商投资者的合法权益具有重要意义。

二、类案练习

案例1 A公司等与程某平股东资格确认纠纷案

（一）案例导入

原告程某平（美国人）与第三人张某、程某（均为中国人）决定在中国新设一家贸易公司从事外贸经营。根据当时的法律规定，程某平无法与中国的自然人成立合资公司，于是三方便达成一致，决定以张某、程某两人的名义成立公司。2009年11月，程某平与张某、程某签订一份股权协议书，约定以张某、程某名义成立A公司，但实际出资比例为：程某平占51%、张某占25%、程某占24%。其中程某平持有的51%的股权分别由张某、程某各代持26%和25%。2009年11月11日A公司正式成立。

之后程某平通过程某向张某打款45万多元。在案件审理中，程某平与程某均表示该款项中的26万元系程某平以第三人张某名义缴纳的出资，但A公司以及张某均否认。

2012年10月，程某平与张某、程某又签订一份股权协议书，约定A公司收购案外某公司。根据三人对A公司的持股比例，三人对案外某公司的持股比例为：程某平占51%、张某占25%、程某占24%。

2018年，因程某平与张某发生矛盾，程某平向法院起诉，要求确认张某名下26%的股权系程某平所有，并要求将该26%股权变更登记到程某平名下。

（二）讨论与分析

（1）A公司经营的行业并非负面清单行业，程某平与张某、程某之间签署的股权代持协议是否有效？

（2）对于外商投资企业A公司，其隐名股东程某平要求确认股东资格的，在司法实践中有何特殊审查要求？

案例2　李某晋等与A控股有限公司股权转让纠纷案

（一）案例导入

2015年8月12日，洪某馨、陈某策、李某安共同出资，在英属维尔京群岛（处女岛）注册成立A控股有限公司（以下简称“A公司”），三人分别占有34%、15%、51%的股份。洪某馨的丈夫李某晋拥有泉州B中学100%的股权，该校办学许可范围包括全日制高中、初中教育。2015年9月11日，李某晋与A公司在香港签署“泉州B中学收购协议书”，双方约定：李某晋将其持有的泉州B中学100%的股权及相关资产全部转让给A公司，转让价款为1.6亿元，股权及资产转让价款之支付分为8期，每期2 000万元，协议签订之日起3日内，A公司应当支付李某晋2 000万元作为第一期支付，第二至第八期在协议签订后，按每月支付一期的方式支付，直至完成整个收购价。双方约定汇款至洪某馨的账户。2015年9月14日，A公司按照约定指令另一公司向洪某馨账户支付了第一期股权转让款。2016年6月16日，A公司与李某晋在泉州B中学签订的补充协议书载明，对于任何与收购协议以及补充协议相关之争议，双方均应首先通过协商友好解决，不能解决的，协议双方均有权向补充协议书签订地的人民法院提起诉讼。

（二）讨论与分析

（1）如何确定本案的管辖权？本案应适用何国法律为准据法？

（2）案涉股权转让协议是否有效？

知识拓展

一、拓展阅读

1. 余劲松. 国际投资法. 4版. 北京：法律出版社，2014.

2. 王彦志. 新自由主义国际投资法律机制：兴起、构造和变迁. 北京：法律出版社，2016.

3. 王贵国，李鋈麟，梁美芬. “一带一路”争端解决机制. 杭州：浙江大学出版社，2017.

4. 杨慧芳. 外资待遇法律制度研究. 北京：中国人民大学出版社，2012.

5. 龚柏华. “法无禁止即可为”的法理与上海自贸区“负面清单”模式. 东方法学，2013 (6).

6. 陶立峰. 投资争端预防机制的国际经验及启示：兼评《外商投资法》投诉机制的完善. 武大国际法评论，2019 (6).

7. 单文华. 外资国民待遇及其实施条件. 中国社会科学，1998 (5).

8. 徐泉. 略论外资准入与投资自由化. 现代法学，2003 (2).

9. 廖凡. 欧盟外资安全审查制度的新发展及我国的应对. 法商研究，2019 (4).

10. 余劲松. 国际投资条约仲裁中投资者与东道国权益保护平衡问题研究. 中国法学，2011 (2).

11. 徐树. 外资准入国民待遇的救济体系论. 环球法律评论，2020 (2).

12. 钱晓萍. 国际投资市场准入“国民待遇与负面清单”研究：以美国晚近缔约实践为主要研究对象. 上海对外经贸大学学报，2015 (4).

13. 吕江. 习近平法治思想中涉外法治话语生成与实践逻辑：以“一带一路”倡议为视角. 法学评论，2022 (1).

二、毕业论文选题指导

1. 对接 CPTPP 外资准入负面清单规则研究
2. “一带一路”双边投资准入规则的完善
3. “一带一路”投资准入法律风险及其防范
4. 外商投资准入监管制度的问题与完善

第二章 “一带一路”投资安全审查的权益保护法律实务

基础理论

一、外商投资安全审查制度

（一）全球化背景下外商投资对国家经济安全的影响

全球化是一个国界不断受到侵蚀，不同国家之间经济、文化、技术和治理联系不断加强并产生出诸多复杂的相互依赖的关系的过程。[①] 经济全球化是一把双刃剑，其既能加强技术交流、吸引外资，实现本国经济的飞速发展，也可能危及国家经济安全，引发经济危机。随着经济全球化的深入，东道国不断扩大其开放的程度，各国经济的相互依赖性空前提升，在外商投资数量与规模都迅猛增长的情况下，外商投资会给东道国带来各式各样的风险，如并购失败的风险、国有和私人资本减损的风险、生态环境破坏的风险、信息泄露的风险以及金融领域的风险等，各种风险的累积最终将破坏东道国的国家经济安全。

由于发达国家在经济全球化中掌控着规则制定权，而且发展中国家与发达国家在利益分配、产业分工、信息交换、动态转型方面存在差距，经济全球化带给经济发展水平和科技实力都相对落后的发展中国家的风险更大。以 1995 年墨西哥国债危机为例，这场席卷全球的金融风暴对世界经济造成了深远影响。其爆发的一个重要原因就是墨西哥政府为了弥补财政赤字而大量吸收外资，仅 1992—1994 年三年间，该国平均每年流入的外资就高达 250 亿～350 亿美元。过于冒进

---

① 约瑟夫·S. 奈，约翰·D. 唐纳胡. 全球化世界的治理. 王勇，等译. 北京：世界知识出版社，2003：137.

的金融自由化政策加上缺乏有效的政府监管，使得大量短期投机者涌入，导致墨西哥国内市场紊乱、货币贬值、本国金融秩序遭到破坏。

（二）外商投资安全审查制度的重要意义

国家经济安全是一国经济平稳发展的必要前提和基础保障。随着经济全球化的深入，海外资本迅速进入各国国内市场，掀起了外商投资和跨国并购的浪潮。《中国外资统计公报2024》显示，2023年中国全年新设外商投资企业53 766家，同比增长39.7%，全年实际使用外资1 632.5亿美元，同比下降13.7%。2023年，外商投资企业固定资产投资、规模以上外商投资企业工业增加值均有所增长；外商投资企业进出口商品总值约1.8万亿美元，占全国进出口商品总值的30.2%。外商投资运行总体良好。①

但是在外商投资促进我国经济发展、增进社会效益的同时，国家经济安全问题也越发引人担忧。40多年改革开放的历程表明，越是开放越要重视经济安全，只有严密防控安全风险，才能实行高水平对外开放。② 一方面，设立外商投资安全审查制度，能有效防止外商投资对我国经济安全造成威胁，优化市场结构，有利于保护我国的本土企业尤其是新兴行业企业的发展。另一方面，鉴于以美国为首的西方国家以国家安全为由对我国海外投资设置障碍，建立外商投资安全审查制度是针对外国限制我国资本的回应，符合国际法中的对等原则，并且公开透明的规则符合现代化民主国家的法治要求，能营造公平良好的投资环境，更好地吸引外商投资。

因此，世界各国尤其是发展中国家，应当控制自由化的脚步，合理设置外商投资准入门槛并加强监管，应建立起有效的外商投资安全审查制度，重点关注涉及国家安全、国计民生的重要领域，平衡经济发展和国家安全之间的关系。

（三）外商投资安全审查的基本内涵

1. 外商投资

外商投资的主体是外商，即外国投资者，泛指不具有中国国籍的外国个人，以及在中国境外依法成立的公司、企业、其他经济组织。根据我国《外商投资安全审查办法》第2条，外商投资是指外国投资者直接或者间接在中华人民共和国境内进行的投资活动，包括以下情形：(1) 外国投资者单独或者与其他投资者共同在境内投资新建项目或者设立企业；(2) 外国投资者通过并购方式取得境内企

---

① 中华人民共和国商务部. 中国外资统计公报2024. (2024-09-14). https://wzs.mofcom.gov.cn/ztxx/art/2024/art_92aefa1ab5cc46f9870133bdac06ab1a.html.

② 马相东，杨丽花. 统筹对外资开放和国家经济安全：国际经验与中国路径. 中国流通经济，2021(9)：62-73.

业的股权或者资产；（3）外国投资者通过其他方式在境内投资。此外，根据《外商投资安全审查办法》第 21 条，外商投资安全审查的对象还包括香港特别行政区、澳门特别行政区、台湾地区投资者进行的投资。

2. 国家安全

国家安全是一个具有历史性和相对性的复杂概念，在不同场合、不同时代可以有不同的解释，故学界并未对其内涵和外延达成一致。学理上，有学者认为国家安全就是指一个国家相对稳定、完整，没有威胁、恐惧的状态，以及维持这种状态的能力，具有历史性、多维性或综合性（包括政治、经济、军事、外交等方面）、相对性（因时间、地点、对象、条件而异）、二元性（含有主观、客观两方面）、层次性（国际关系中一系列安全概念的关键环节）。① 另有学者认为应该用一个明确的法律概念来定义国家安全，即：“一国宪法制度和法制秩序的正常状态及其所标示的国家主权、国家利益和国家尊严的有机完整性和统一性，不被国内外各种敌对势力和非法活动所干扰、侵害、妨害和破坏。”② 在立法条文中，我国《国家安全法》第 2 条将国家安全表述为：国家政权、主权、统一和领土完整、人民福祉、经济社会可持续发展和国家其他重大利益相对处于没有危险和不受内外威胁的状态，以及保障持续安全状态的能力。

2014 年 4 月 15 日，习近平首次提出了总体国家安全观的概念，对于进一步明确国家安全的内涵具有建设性意义。总体国家安全观强化“大安全”理念，涵盖政治、军事、国土、经济、金融、文化、社会、科技、网络、粮食、生态、资源、核、海外利益、太空、深海、极地、生物、人工智能、数据等诸多领域。③

3. 外商投资安全审查

外商投资安全审查是国际通行的外资管理制度，旨在确保外商投资领域的国家安全，在平衡经济利益和维护国家安全方面发挥重要作用。④ 美国、俄罗斯、英国、德国、日本、澳大利亚等国家均建立了外商投资安全审查制度。根据《外商投资安全审查办法》，外商投资安全审查指的是对影响或者可能影响国家安全的外商投资进行安全审查。准确把握外商投资安全审查，需要正确理解“外商投资”与“国家安全”两个核心概念。

（四）外商投资安全审查制度的政治属性

外商投资安全审查是由投资者的政治性、投资项目的威胁能力以及国家安全

① 孙晋平. 国际关系理论中的国家安全理论. 国际关系学院学报，2000（4）：3－9.

② 梁忠前. “国家安全”概念法理分析. 江苏社会科学，1995（4）：77－82.

③ 徐明. 贯彻总体国家安全观 健全国家安全体系. 人民日报，2024－04－15（9）.

④ “十四五”规划《纲要》名词解释之 211｜外商投资国家安全审查.（2021－12－24）［2022－09－27］. https://www.ndrc.gov.cn/fggz/fzzlgh/gjfzgh/202112/t20211224_1309478.html?code=&state=123.

的界限三者构成的评估体系，审查机构通过系统的评估，判断外国投资者所控制的投资是否会产生安全威胁，以及这种威胁是否会触及国家安全利益而不被容忍。[①] 外商投资安全审查不是一个简单的法律问题，我们应正确认知其具有的政治性意义。

资本本身是中立的，但是资本在外国投资者及外国政府的控制下就会有主观倾向。出于某种政治目的，外国投资者，尤其是被母国政府直接控制的跨国公司可能被母国赋予某种政治任务而对东道国施加影响。而跨国公司为了谋求在东道国的利益最大化，也可能以贿赂等不正当手段逃避法律监管，规避各类风险，甚至促使其母国政府以施加压力的方式影响东道国的政治决策。

此外，外商投资安全审查也会受到地缘政治以及母国与东道国外交关系的影响。基于国家安全概念的开放性，外商投资安全审查中关于“危及国家安全”的审查标准是具有模糊性的，这种标准会因外资的来源国和外资的领域的不同而发生变化。譬如，对于来自中国和俄罗斯的外资与来自其盟友日本的外资，美方当局产生的安全担忧会截然不同。也正是因为审查标准的模糊性，外商投资安全审查制度可能会成为母国与东道国之间一种政治报复的手段。

(五) 外商投资安全审查制度的基本原则

从本质上来说，外商投资安全审查制度属于国内法，其立法目的在于维护本国的国家安全，但由于外商投资安全审查是国际通行的外资管理制度，为了消除彼此间的贸易障碍，促进经济发展，各国理应推动外商投资安全审查的国际协调，建立各国普遍认可的外商投资安全审查的设立原则。

2009 年 5 月，OECD 发布了《投资接受国与国家安全相关的投资政策指南》。该指南对其成员方在投资领域采取国家安全审查措施所应遵循的四项原则——非歧视原则、透明度或可预见性原则、监管平衡性原则和责任约束原则作了具体规定。这四项原则的实施，有助于确保各国秉持善意而非保护主义，采取与国家安全相关的投资措施。[②]

1. 非歧视原则

非歧视原则是国际投资领域广泛认可的一项原则，甚至被视为 WTO 的基石性原则。在外商投资安全审查领域，非歧视原则的内涵在于东道国在设置某种禁止或限制措施时，在同等条件下不因投资者的母国不同而进行差别对待。这里的“非歧视”是相对外国投资者之间而言的，与本国投资者无关。而对于“同等条件”的理解，不能只关注单一指标，应在同一投资领域中，从投资规模、投资方

① 王东光. 外国投资国家安全审查制度研究. 北京：北京大学出版社，2018：39.

② 王小琼. 德国外资并购安全审查新立法述评及其启示. 国外社会科学，2011 (6)：129-133.

式、投资类型等方面综合判断该投资对东道国的安全所产生的影响。判断是否违反非歧视原则，要看在对东道国国家安全造成同等影响的情况下，东道国是否采取了同一的审查措施。

2. 透明度原则

透明度原则是WTO的重要原则之一，在已有的国际投资实践中往往被视为公平公正待遇原则的一部分。透明度原则要求东道国对法律制度及相关程序予以公开，以实现投资者对规则的可预测性，从而提高外国投资者对东道国的投资信心，满足其对合法保护的期望。

OECD从五个方面具体阐述了透明度原则：第一，汇编相关法律并公开。对于外商投资安全审查的基本法律和附属的细则规范，应进行汇编并以适当的方式公开，尤其是审查中的判断标准应向社会公开。第二，事先通知。如欲改变投资政策，政府应当采取措施通知利益相关者。第三，意见征询。政府打算改变投资政策时，应征询利益相关者的意见。第四，程序的公正和可预测性。外资审查程序应设定严格的时间限制，要考虑逾期视为同意的法律规则，即如果在规定的期限内没有采取限制或调整交易的措施，应视为同意交易。第五，披露投资政策措施。政府应确保充分披露其投资政策，如通过媒体发布信息、向国会提交报告等方式。[①]

3. 监管平衡性原则

监管平衡性原则类似于行政法领域的比例原则，指对投资或交易的限制与调整不能超出必要限度，应以维护国家安全为限。因为各国设立外商投资安全审查制度的根本目的是保护国家经济安全，其本身是为了促进经济和市场的有序和良性发展，而过度地干预会影响经济自由，阻碍资本流通，影响经济发展。

4. 责任约束原则

责任约束原则是为了保证审查机关公正、依法行使执法权，以维持安全审查制度的中立性、权威性、客观性，从而实现对外资准入的有效监管。责任约束原则要求立法者在赋予执法者安全审查权力时为其设置责任和义务以保证权力不被滥用，同时赋予外国投资者在合法权益受到侵害时获得法律救济的权利。

二、中国的外商投资安全审查机制

(一) 外商投资安全审查制度的法律渊源

1. 国际法渊源

第一，依据国家主权原则。国家主权原则是一个国家能够独立自主处理自己

---

① 王东光. 外国投资国家安全审查制度研究. 北京：北京大学出版社，2018：43.

的对内对外事务，不受其他国家干涉的权力。国际法领域的原则、制度都是从这一原则引申和派生出来的，因此国家主权原则也就成了整个国际法的基础和规范国际关系的基础。主权作为国家的最高权力，不仅包括政治主权，也包括经济主权，还包括领土主权、属人主权以及由国家主权直接引申出来的独立权、自保权和管辖权。[①] 一方面，基于国家主权原则，一国具有制定外商投资安全审查制度以保障国家经济安全的权力；另一方面，基于国家主权原则的相对性，一国在享有国家主权的同时必须承担尊重他国行使国家主权的义务，在外商投资领域，必须承认和遵守外国的外商投资安全审查制度。

第二，依据 WTO 有关国家安全的规定。GATT 第 21 条“安全例外”规定：“本协定不得解释为：……阻止任何缔约国为保护国家基本安全利益对有关下列事项采取其认为必须采取的任何行动……”《服务贸易总协定》（GATS）第 14 条之二“安全例外”第 1 款规定：“本协定的任何规定不得解释为：……（b）阻止任何成员采取其认为对保护其根本安全利益所必需的任何行动……”《政府采购协议》（GPA）（2012）第 3 条规定：（1）“本协议不得解释为阻止任何参加方，在涉及武器、弹药或战争物资采购，或者涉及为国家安全或国防目的所需的采购方面，在其认为保护根本安全利益的必要情形下，采取任何行动或者不披露任何信息”；（2）“本协议不得解释为阻止任何一参加方采取或者实施以下措施，其条件是这些措施的使用方式，不得在条件相同的参加方之间构成随意的、不合理的歧视或者构成对国际贸易的隐蔽性限制：（a）为保护公共道德、秩序或安全所必需的措施；（b）为保护人类、动植物的生命或者健康所必需的措施；（c）为保护知识产权所必需的措施；或者（d）涉及残疾人、慈善机构或者监狱囚工提供的货物或者服务的措施”。《与贸易有关的知识产权协议》（TRIPs）第 73 条规定：“本协议的任何规定不应作如下的解释：……（b）制止任何成员采取它认为对保护其基本安全利益有必要的下列任何行动……”

2. 国内法渊源

我国在外商投资安全审查制度方面的立法起步较晚。1995 年国家计委、国家经贸委、外经贸部发布的《外商投资产业指导目录》，将外商投资产业分为鼓励外商投资产业、限制外商投资产业和禁止外商投资产业三类，表明我国开始关注国家经济安全。2006 年，商务部等六部门联合发布了《关于外国投资者并购境内企业的规定（2006 修订）》，“国家经济安全”首次在该规定的第 1 条和第 12 条中被提及。2008 年《反垄断法》生效，该法首次提及了“国家安全审查”的相关概念。2011 年 2 月发布的《国务院办公厅关于建立外国投资者并购境内企业安全审查制度的通知》，对外资并购问题进行规制，并提出了外资并购安全审查范围、

① 王玫黎. 国家主权原则始终是国际法和国际关系的基础. 现代法学，1998（1）：125－127.

审查内容、审查工作机制、审查程序等，标志着我国开始逐步建立外商投资安全审查制度。2011 年 8 月公布的《商务部实施外国投资者并购境内企业安全审查制度的规定》，进一步明确了外资并购安全审查工作所需的外国投资者提供的各类审查材料，开创性地规定了安全审查前非正式的商谈机制，并明确了参与并购安全审查的商务主管部门、相关单位和人员关于安全审查工作的保密义务。2015 年 4 月，国务院办公厅印发的《自由贸易试验区外商投资国家安全审查试行办法》，要求在自由贸易试验区试点实施与负面清单管理模式相适应的外商投资安全审查措施，并进一步细化了审查内容。2015 年 7 月，为了维护国家安全，第十二届全国人大常委会第十五次会议通过了《国家安全法》，该法第 59 条规定"国家建立国家安全审查和监管的制度和机制"，为外商投资安全审查制度的建立提供了上位法依据。2020 年 1 月，《外商投资法》生效，其第 35 条第 1 款明确规定，"国家建立外商投资安全审查制度，对影响或者可能影响国家安全的外商投资进行安全审查"，进一步丰富了外商投资安全审查制度的上位法依据。2020 年 11 月通过并于 2021 年 1 月 18 日起施行的《外商投资安全审查办法》，通过对外商投资类型、审查机构、审查范围、审查程序、审查决定监督执行和违规处理等方面事项的明确规定，进一步完善了外商投资安全审查制度，提高了审查工作的规范性、精准性和透明度，减少了对外商投资的负面影响，加强了对外商合法权益的保护。

（二）外商投资安全审查的运行机制

1. 审查机构

根据《外商投资安全审查办法》第 3 条，为了更好地组织、协调、指导外商投资安全审查工作，我国建立了外商投资安全审查工作机制，由国家发展改革委、商务部牵头，负责外商投资安全审查的日常工作，工作机制办公室设在国家发展改革委。

2. 审查对象

我国对影响或者可能影响国家安全的外商投资进行安全审查，根据《外商投资安全审查办法》第 2 条，审查的对象包括外国投资者的以下投资活动：单独或者与其他投资者共同在境内投资新建项目或者设立企业，通过并购方式取得境内企业的股权或者资产，通过其他方式在境内投资。相比于《外商投资法》，《外商投资安全审查办法》的审查对象不包括"外国投资者取得中国境内企业的股份、股权、财产份额或者其他类似权益"这一投资活动。根据《外商投资法》第 2 条与《外商投资安全审查办法》第 2 条及第 21 条，外国投资者指的是外国的自然人、企业或者其他组织，香港特别行政区、澳门特别行政区、台湾地区投资者参照适用。

3. 申报程序

（1）申报主体。

根据《外商投资安全审查办法》第4条第1款，以下领域的外国投资者，需要申报：1）投资军工、军工配套等关系国防安全的领域，以及在军事设施和军工设施周边地域投资；2）投资关系国家安全的重要农产品、重要能源和资源、重大装备制造、重要基础设施、重要运输服务、重要文化产品与服务、重要信息技术和互联网产品与服务、重要金融服务、关键技术以及其他重要领域，并取得所投资企业的实际控制权。其中，“取得所投资企业的实际控制权”应被理解为以下三种情形：1）外国投资者持有企业50%以上的股权；2）外国投资者持有企业股权不足50%，但其所享有的表决权能够对董事会、股东会或者股东大会的决议产生重大影响；3）其他导致外国投资者能够对企业的经营决策、人事、财务、技术等产生重大影响的情形。符合第4条第1款规定的外国投资者可以主动申报，外商投资安全审查工作机制办公室也可以要求当事人进行申报。

（2）申报咨询。

《外商投资安全审查办法》第5条赋予了外国投资者咨询权，即外国投资者在申报前可以就申报有关问题向外商投资安全审查工作机制办公室咨询。这一规定可以保证制度透明，充分尊重外国投资者合法权益。

（3）申报材料。

外国投资者在申报外商投资时需要提交以下材料：申报书、投资方案、外商投资是否影响国家安全的说明，以及外商投资安全审查工作机制办公室规定的其他材料。其中，申报书应当包含以下内容：外国投资者的名称、住所、经营范围、投资的基本情况以及外商投资安全审查工作机制办公室规定的其他事项。若存在材料转递或收取困难，外商投资安全审查工作机制办公室根据工作需要，可以委托省、自治区、直辖市人民政府有关部门代为收取并转送。①

（4）社会监督。

有关机关、企业、社会团体、社会公众等认为外商投资影响或者可能影响国家安全的，可以向外商投资安全审查工作机制办公室提出进行安全审查的建议。②

4. 审查程序

（1）初步审查。

外商投资安全审查工作机制办公室应当自收到当事人提交或者有关部门转送的材料之日起15个工作日内，对申报的外商投资作出是否需要进行安全审查的决定，并书面通知当事人。外商投资安全审查工作机制办公室作出决定前，当事

---

① 参见《外商投资安全审查办法》第6条。

② 参见《外商投资安全审查办法》第15条。

人不得实施投资。外商投资安全审查工作机制办公室作出不需要进行安全审查决定的，当事人可以实施投资。[①]

(2) 一般审查和特别审查。

正式的审查程序分为一般审查和特别审查。外商投资安全审查工作机制办公室决定对申报的外商投资进行安全审查的，应先进行一般审查，并且应当自决定之日起30个工作日内完成。审查期间，当事人不得实施投资。经一般审查，认为申报的外商投资不影响国家安全的，外商投资安全审查工作机制办公室应当作出通过安全审查的决定；认为影响或者可能影响国家安全的，外商投资安全审查工作机制办公室应当作出启动特别审查的决定。相关决定应当书面通知当事人。[②]

特别审查应当自启动之日起60个工作日内完成，特殊情况下，可以延长审查期限。延长审查期限应当书面通知当事人。审查期间，当事人不得实施投资。外商投资安全审查工作机制办公室决定对申报的外商投资启动特别审查的，应根据实际情况作出以下决定，并书面通知当事人：1）申报的外商投资不影响国家安全的，作出通过安全审查的决定。2）申报的外商投资影响国家安全的，作出禁止投资的决定；通过附加条件能够消除对国家安全的影响，且当事人书面承诺接受附加条件的，可以作出附条件通过安全审查的决定，并在决定中列明附加条件。[③]

(3) 补充材料。

安全审查期间，外商投资安全审查工作机制办公室基于审查需要，可以要求当事人补充提供相关材料，并向当事人询问有关情况。当事人应当予以配合。当事人补充提供材料的时间不计入审查期限。[④]

(4) 修改或撤回投资。

当事人修改投资方案的，审查期限自外商投资安全审查工作机制办公室收到修改后的投资方案之日起重新计算；当事人撤销投资的，审查终止。[⑤]

5. 执行程序

(1) 对审查结果的执行。

外商投资安全审查工作机制办公室对申报的外商投资作出通过安全审查决定的，当事人可以实施投资；作出禁止投资决定的，当事人不得实施投资，已经实施的，应当限期处分股权或者资产以及采取其他必要措施，恢复到投资实施前的状态，消除对国家安全的影响；作出附条件通过安全审查决定的，当事人应当按

① 参见《外商投资安全审查办法》第7条。
② 参见《外商投资安全审查办法》第8条。
③ 参见《外商投资安全审查办法》第9条。
④ 参见《外商投资安全审查办法》第10条。
⑤ 参见《外商投资安全审查办法》第11条。

照附加条件实施投资。[①] 外商投资安全审查工作机制办公室作出不需要进行安全审查或者通过安全审查的决定后，当事人变更投资方案，影响或者可能影响国家安全的，应当依照《外商投资安全审查办法》的规定重新向外商投资安全审查工作机制办公室申报。[②]

（2）其他部门协作。

外商投资安全审查决定，由外商投资安全审查工作机制办公室会同有关部门、地方人民政府监督实施；对附条件通过安全审查的外商投资，可以采取要求提供有关证明材料、现场检查等方式，对附加条件的实施情况进行核实。[③]

6. 相关惩戒

（1）未按规定申报的后果。

对申报范围内的外商投资，当事人未依照《外商投资安全审查办法》的规定申报即实施投资的，由外商投资安全审查工作机制办公室责令限期申报；拒不申报的，责令限期处分股权或者资产以及采取其他必要措施，恢复到投资实施前的状态，消除对国家安全的影响。[④]

（2）提供虚假材料或者隐瞒有关信息的后果。

当事人向外商投资安全审查工作机制办公室提供虚假材料或者隐瞒有关信息的，由外商投资安全审查工作机制办公室责令改正；提供虚假材料或者隐瞒有关信息骗取通过安全审查的，撤销相关决定；已经实施投资的，责令限期处分股权或者资产以及采取其他必要措施，恢复到投资实施前的状态，消除对国家安全的影响。[⑤]

（3）未实施附加条件的后果。

附条件通过安全审查的外商投资，当事人未按照附加条件实施投资的，由外商投资安全审查工作机制办公室责令改正；拒不改正的，责令限期处分股权或者资产以及采取其他必要措施，恢复到投资实施前的状态，消除对国家安全的影响。[⑥]

（4）失信联合惩戒。

当事人未按规定申报、提供虚假材料或者隐瞒有关信息、未实施附加条件的，应当将其作为不良信用记录纳入国家有关信用信息系统，并按照国家有关规定实施联合惩戒。[⑦]

① 参见《外商投资安全审查办法》第12条。
② 参见《外商投资安全审查办法》第14条。
③ 参见《外商投资安全审查办法》第13条。
④ 参见《外商投资安全审查办法》第16条。
⑤ 参见《外商投资安全审查办法》第17条。
⑥ 参见《外商投资安全审查办法》第18条。
⑦ 参见《外商投资安全审查办法》第19条。

(5) 执法不公的后果。

在外商投资安全审查工作中，国家机关工作人员滥用职权、玩忽职守、徇私舞弊、泄露国家秘密或者其所知悉的商业秘密的，依法给予处分；构成犯罪的，依法追究刑事责任。[①]

三、域外国家与区域的外商投资安全审查制度

（一）美国的外商投资安全审查制度

作为商品经济和资本主义高度发达的国家，美国最早建立了外商投资安全审查制度，其现行法律和审查模式为其他各国参照的重要范本。

1. 立法沿革及特点

在美国建国后，美国政府采取了相对缓和的外资监管政策，一时大量的外资涌入，促进了美国经济和社会的发展。受第一次世界大战的影响，鉴于德国在美国拥有大量投资，且部分涉及国防作战等关键领域，美国开始关注外资安全，于1917年通过了《与敌对国家贸易法》，授予总统在国家紧急状态下处理同敌国的外贸关系和没收外资财产的权力。该法成为美国外商投资安全审查制度的雏形。一战结束后美国又通过了《商船法》《商业航空法》《航空公司法》《无线电法》《通信法》等一系列法律，限制运输、通信等行业的外资准入。20世纪70年代受欧佩克石油危机的影响，美国相继通过了《外国投资研究法》和《国际投资调查法》，但这些法律都不是真正意义上的外商投资安全审查制度。1975年，美国成立专门机构——美国外国投资委员会（the Committee on Foreign Investment in the United States，CFIUS)，负责对外资进行监管与审查，但初期的CFIUS并不活跃，1975—1980年间仅召开了10次会议[②]，且因缺乏审查标准和执行力，其功能主要是分析和调查。1988年，美国通过《埃克森-佛罗里奥修正案》，该法案详细规定了外商投资安全审查制度的程序和标准，并赋予总统包括中止或禁止任何影响美国国家安全的并购活动在内的外国投资干涉权。1992年，《伯德修正案》出台，将具有外国政府背景的外国企业纳入CFIUS的审查范围。2007年，美国颁布了《外国投资与国家安全法》(FINSA)，该法案对原有的外商投资安全审查规则、程序、范围进行了修改，标志着美国外商投资安全审查制度趋向成熟。2008年，美国发布《关于外国人收购、兼并和接管的条例》，该条例是对FINSA有关规定的具体落实。2018年，美国颁布了《外国投资风险评估现代化法案》(FIRRMA)，进一步强化对外资的监督管理。2020年，美国颁布《关于外国人在

---

① 参见《外商投资安全审查办法》第20条。

② Griffin Patrick. CFIUS in the Age of Chinese Investment. Fordham Law Review，2017，85（4）：1762.

美国进行特定投资的规定》《关于外国人在美国进行有关不动产特定交易的规定》，丰富了美国外商投资安全审查制度体系。

总体来说，美国的外商投资安全审查制度立法体系呈现出以下几个特点：第一，美国对外商投资安全审查制度单独立法，并以条文的形式予以固定。第二，美国对“国家安全”的解释采取模糊态度，条款设计较灵活，在外商投资安全审查中拥有主导权。第三，CFIUS的审查权限逐步扩大并细化，对外国投资者的审查日趋严格。[①]

2. 审查机构

美国外商投资安全审查制度中有三个审查机构，即CFIUS、总统和国会。其中，CFIUS是美国专门的外商投资安全审查机构，也是主要履行职能的机构，由16个行政部门和白宫机构的代表组成。从1975年成立，到1988年根据里根总统的12661号行政命令成为《埃克森-佛罗里奥修正案》的执行机构，再到后来多次被通过法案进行改革和完善，CFIUS已经从原来只负责收集分析外国在美投资信息的研究机构升格成为掌握着外商投资安全审查重要权力的决策辅助机构。[②]FIRRMA在FINSA的基础上，进一步增强了CFIUS的审查权：第一，赋予其识别权。CFIUS可识别应该提交而未提交的简短或正式通知的交易行为。第二，授予其中止交易权。CFIUS可自行决定暂停对某一交易行为的审查。第三，设计缓和措施程序。对于交易方主动放弃或者已经完成的交易行为，CFIUS有权与交易方签署缓和协议，以减缓该交易给美国国家安全造成的风险。第四，享受司法豁免权。CFIUS作出的决定或裁决不接受司法审查。第五，建立CFIUS基金。CFIUS可收取外商投资安全审查的申请费，并可自行调配，这减轻了CFIUS的财政负担，提高了CFIUS的审查效率。第六，建立信息公开机制。在保证国家安全、遵守相关保密要求的前提下，CFIUS的审查报告信息向任何行政或司法程序公开。同时，FIRRMA要求CFIUS设立相关程序，便于与盟友进行交流，进一步增强了CFIUS的审查能力。[③]

3. 审查标准

建立外商投资安全审查制度的核心是保障国家安全，换句话说，只有当外商投资活动影响到了国家安全时，才应该对该外商投资活动开展审查工作。关于“国家安全”的定义，美国的相关法律没有明确的标准。

《埃克森-佛罗里奥修正案》仅规定了CFIUS在进行安全审查时需要考虑的因素：(1) 并购活动是否影响美国国内国防生产；(2) 并购活动是否影响美国国内

① 梁开银，谢晓彬. 国际投资法. 北京：法律出版社，2022：156.
② 冀承. 美国外资审查制度改革对中国企业赴美投资的影响与对策. 对外经贸实务，2019 (7)：4-7.
③ 梁开银，谢晓彬. 国际投资法. 北京：法律出版社，2022：157.

与国防相关行业的生产经营活动；（3）并购活动是否影响美国国防需要的满足度。①

相比于《埃克森-佛罗里奥修正案》，2007年的FINSA新增了六项安全审查标准（第6项为兜底条款）：（1）对美国基础设施（包括主要能源资产）的潜在国家安全存在影响；（2）对美国关键技术的潜在国家安全存在影响；（3）考察是否为外国政府控制的交易；（4）对交易方作以下评估：考察目标国家的对核不扩散的控制制度、该国与美国的关系、转移具有军事用途的技术的潜力，包括对国家出口管制法律和法规的分析；（5）美国对能源和其他关键材料需求的长期预测；（6）总统或CFIUS可能认为一般的或者与特定审查或调查相关的其他因素。②

为了应对网络环境带来的新风险，2018年的FIRRMA在FINSA的基础上新增四项安全审查考虑因素，包括：（1）审查外资方母国是否为“特别关注国家”；（2）审查外国投资者的历史背景，包括是否事先遵守美国法律及与美国政府的实体合同；（3）审查交易是否可能泄露美国公民的个人敏感信息；（4）审查交易是否会加剧网络安全漏洞或被用来从事针对美国的恶意网络活动。③

4. 审查对象

美国外商投资安全审查制度的对象非常广泛，其中，《关于外国人收购、兼并和接管的条例》将审查对象定义为受管辖交易，即“能使外国人掌握美国企业控制权的交易”。FIRRMA将审查对象描述为：（1）任何可能致使外国对美国企业形成控制的，由外国人提议或涉及外国人且处于未决状态的合并、收购、接管或合资企业；（2）靠近美国军事设施或美国政府其他财产或设施的不动产交易；（3）涉及特别关注国家的敏感交易。其中，将“外国人”扩大解释为外国政府、外国实体、外国个人。对“控制”一词也规定得比较宽泛，基本上只要是“可能决定公司重大事项”的行为，均可被视为“控制”。

5. 审查程序

从1988年的《埃克森-佛罗里奥修正案》到2018年的FIRRMA，美国建立了较为完善的审查程序，其主要分为四个步骤：提前申报、CFIUS初步审查、CFIUS深度调查、总统决策，如图2-1所示。其中，提前申报是非正式阶段的程序，该阶段没有设置期限，并且分为自愿申报和强制申报，其中强制申报主要适用于涉及外国政府利益、可直接或间接被收购25%以上表决权的投资交易以及

---

① 王东光. 外国投资国家安全审查制度研究. 北京：北京大学出版社，2018：82.

② See the Bill of Foreign Investment and National Security Act of 2007, Section 4.

③ See the Bill of Foreign Investment Risk Review Modernization Act of 2018, Section 308.

CFIUS基于自由裁量权认为需要强制申报的投资交易等。① 申报期间申报方可以向审查方进行咨询以及与审查方进行非正式的协商。在初步审查程序中，FIRRMA规定CFIUS必须在45天内审阅申报方提供的材料并讨论分析可能存在的安全风险。随后进入深度调查阶段，一般情况下CFIUS的调查期限为45天，必要时符合条件的可延长期限。最后进入总统决策阶段，美国总统应当在15天内作出是否同意交易的决定，如果认为存在风险，则可直接禁止或者终止交易。

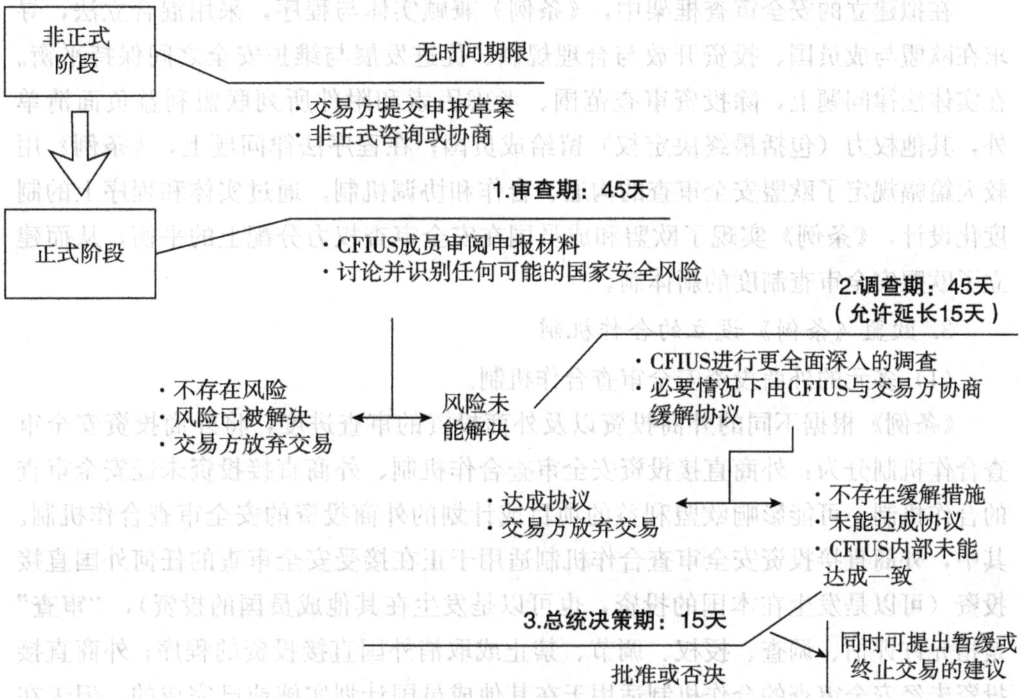

图2-1 美国外商投资安全审查程序

资料来源：李巍，赵莉．美国外资审查制度的变迁及其对中国的影响．国际展望，2019（1）：51.

（二）欧盟的外商投资安全审查制度

1．欧盟《关于建立欧盟外国直接投资审查框架的条例》的制定

为了应对2008年金融危机以来欧盟竞争力下降及经济全球化风险的影响，对内提高投资合作的协调性，对外增加在国际社会的话语权，欧盟委员会于2017年9月提议制定一个适用于欧盟集体成员国的外商投资安全审查制度，通过加强对外商投资的监督管理实现国家安全与经济促进的平衡。2019年3月，经过一年多的审议，《关于建立欧盟外国直接投资审查框架的条例》（以下简称《条例》）

① 沈伟．美国外资安全审查制度的变迁、修改及影响：以近期中美贸易摩擦为背景．武汉科技大学学报（社会科学版），2019（6）：654-668.

诞生，该条例由欧洲议会议长和欧盟理事会主席共同签署通过并生效，于2020年10月正式实施。

2. 欧盟《条例》的基本内容

《条例》由17条正文和1个附件清单组成，既有程序规定，又有实体规定。在程序方面，《条例》规定了成员国审查机制、年度报告、合作审查、信息反馈与交换、数据处理与保密、专家组讨论、反规避、国际合作、制度评估等方面的内容。

在拟建立的安全审查框架中，《条例》兼顾实体与程序，采用混合立法，寻求在欧盟与成员国、投资开放与合理规制、促进发展与维护安全之间保持平衡。在实体法律问题上，除投资审查范围、考虑因素和附件所列联盟利益负面清单外，其他权力（包括最终决定权）留给成员国；在程序法律问题上，《条例》用较大篇幅规定了欧盟安全审查的沟通、合作和协调机制。通过实体和程序上的制度化设计，《条例》实现了欧盟和成员国在安全审查权力分配上的平衡，从而建立了欧盟安全审查制度的新体制。①

3. 欧盟《条例》设立的合作机制

（1）多元的外商投资安全审查合作机制。

《条例》根据不同的外商投资以及外商投资的审查进度，将外商投资安全审查合作机制分为：外商直接投资安全审查合作机制、外商直接投资未经安全审查的合作机制、可能影响欧盟利益的项目或计划的外商投资的安全审查合作机制。其中，外商直接投资安全审查合作机制适用于正在接受安全审查的任何外国直接投资（可以是发生在本国的投资，也可以是发生在其他成员国的投资），“审查”是指允许评估、调查、授权、调节、禁止或取消外国直接投资的程序；外商直接投资未经安全审查的合作机制适用于在其他成员国计划实施或已完成的，但未在该成员国接受安全审查的外国直接投资，一成员国认为该外国直接投资可能会影响其安全或公共秩序或者掌握与其相关的信息的，可以向其他成员国提供意见并报送欧盟委员会；可能影响欧盟利益的项目或计划的外商投资的安全审查合作机制适用于可能影响欧盟利益的项目或计划，基于安全或公共秩序理由，欧盟委员会可向计划或已经完成的外国直接投资的成员国发表意见。②

（2）信息互换的共享机制。

成员国应确保根据《条例》第6条第1款、第6条第6款以及第7条第5款的要求，将信息及时提供给欧盟委员会和提出请求的成员国，并且应当保证信息的机密性。相关信息应包括：企业的所有权结构；外国直接投资的大致价值；企

---

① 冷帅. 欧盟外资监管和安全审查立法的评估与应对：基于《建立外国直接投资监管框架条例》的分析. 现代法学，2019（6）：194-209.

② See Regulation (EU) 2019/452 of the European Parliament and of the Council of 19 March 2019: establishing a framework for the screening of foreign direct investments into the Union, Articles 2, 6, 7, 8.

业的产品、服务和经营活动；企业开展相关业务的成员国；投资资金及其来源；计划完成或已经完成的日期；等等。

同时，每个成员国和欧盟委员会都被要求建立一个联络点，用于参与实施与《条例》有关的所有问题。欧盟委员会还应提供一个安全的加密系统，用于支持联络点之间的直接合作和信息交换。①

（3）意见交流的评议机制。

各成员国可以以安全和公共秩序为由对外国直接投资发表意见，欧盟委员会可以自行也可以被要求发表意见，但其他成员国和欧盟委员会应当在合理期限内向外资所在的成员国发表意见。

涉及外商直接投资安全审查合作时，如果进行审查程序的成员国认为基于其安全或公共秩序需要立即采取行动，则应当及时通知其他成员国和欧盟委员会，并由欧盟委员会和其他成员国对此发表或提供意见；涉及外商直接投资未经安全审查合作时，计划或已完成外商直接投资的成员国应适当考虑其他成员国的意见和欧盟委员会的意见；涉及可能影响欧盟利益的项目或计划的外商投资的安全审查合作时，计划或已完成外商直接投资的成员国应最大限度地考虑欧盟委员会的意见，如果不采纳欧盟委员会的意见，应向欧盟委员会作出解释。②

同时，《条例》还设置了欧盟外商直接投资安全审查专家组，用于向欧盟委员会提供建议和专业知识以及继续讨论与外商直接投资安全审查有关的问题，分享最佳实践和经验教训，并就与外商直接投资有关的趋势和共同关心的问题交换意见。同时，欧盟委员会可以就与《条例》实施有关的系统性问题征求专家组的意见。③

（4）年度报告机制。

在每年3月31日之前，成员国应向欧盟委员会提交一份涵盖上一日历年的年度报告，其中应包括在现有信息基础上发生在其境内的外国直接投资的汇总信息，以及根据《条例》第6条第6款和第7条第5款从其他成员国收到的请求的汇总信息。对于每个报告期，维持审查机制的成员国除了上述的信息，还应提供关于其审查机制应用的汇总信息。欧盟委员会应向欧洲议会和理事会提供有关《条例》实施情况的年度报告，且该报告应公开。欧洲议会可邀请欧盟委员会参加其负责提出和解释与《条例》实施有关的系统性问题的委员会会议。④

---

① See Regulation (EU) 2019/452 of the European Parliament and of the Council of 19 March 2019: establishing a framework for the screening of foreign direct investments into the Union, Articles 9, 10, 11.

② See Regulation (EU) 2019/452 of the European Parliament and of the Council of 19 March 2019: establishing a framework for the screening of foreign direct investments into the Union, Articles 6, 7, 8.

③ See Regulation (EU) 2019/452 of the European Parliament and of the Council of 19 March 2019: establishing a framework for the screening of foreign direct investments into the Union, Article 12.

④ See Regulation (EU) 2019/452 of the European Parliament and of the Council of 19 March 2019: establishing a framework for the screening of foreign direct investments into the Union, Article 5.

4. 审查机构

《条例》规定欧盟委员会有权对成员国的外商直接投资安全审查工作提出意见，其他成员国也可以基于该投资可能危及本国安全和公共秩序对该投资的接受国提出意见，但这种意见是非强制性的，该外商直接投资是否被通过还取决于该投资的接受国。[①]

5. 审查对象

《条例》规定外商投资安全审查的对象是外国直接投资，并且是外国投资者进入欧盟的投资，不包含欧盟成员国之间的投资。外国直接投资指外国投资者以与获得资本的企业家或企业建立或维持持久和直接的联系为目的，在成员国进行经济活动的任何投资，包括能够有效参与进行经济活动的公司的管理或控制该公司的投资。[②]

6. 审查标准

《条例》规定的外商投资安全审查的标准是看外国直接投资是否可能影响安全和公共秩序。《条例》第4条列出了安全审查的考虑因素，这些因素主要包括5个方面：(1) 影响关键基础设施，包括能源、交通、水、健康、通信、媒体、数据处理或存储、航空航天、国防、选举或金融基础设施、敏感设施，以及对使用此类基础设施至关重要的土地和房地产；(2) 影响关键技术及两用技术项目，如人工智能、机器人、半导体、网络安全、航空航天、国防、能源存储、量子和核技术，以及纳米技术和生物技术；(3) 影响关键投入的供应，包括能源或原材料，以及粮食安全；(4) 访问包括个人数据在内的敏感信息，以及对其控制的能力；(5) 媒体的自由和多元化。与此同时，《条例》还要求考虑投资者主体的3种特殊情形：(1) 外国投资者是否由第三国政府（包括国家机构或武装部队）直接或间接控制，包括通过所有权结构或大量资金控制；(2) 投资者参与影响安全和公共秩序活动的情况；(3) 投资者是否有从事违法或犯罪行为的重大风险。[③]

(三) 德国的外商投资安全审查制度

1. 立法演进和特点

《对外经济法》(AWG) 和《对外经济条例》(AWV) 为德国外商投资安全审查的法律依据。在德国众多的经济法规之中，管理对外经贸活动的最重要的依

① See Regulation (EU) 2019/452 of the European Parliament and of the Council of 19 March 2019: establishing a framework for the screening of foreign direct investments into the Union, Article 3.

② See Regulation (EU) 2019/452 of the European Parliament and of the Council of 19 March 2019: establishing a framework for the screening of foreign direct investments into the Union, Article 2.

③ See Regulation (EU) 2019/452 of the European Parliament and of the Council of 19 March 2019: establishing a framework for the screening of foreign direct investments into the Union, Article 4.

据是 AWG。2020 年 6 月，德国联邦议会通过了 AWG 的新的修正案，将外商投资安全审查的对象修改为“可能影响德国公共秩序或安全”的交易，并将“其他成员国的公共秩序或安全或者关乎欧盟利益的项目或计划”纳入审查范围。

AWV 是德国外商投资安全审查中最重要的法规。为了应对新的经济形势，德国联邦政府对 AWV 进行了多次修改：(1) 2017 年 7 月第 9 次修正案，对关键领域进行界定，将“公共秩序与安全”标准具体化，将外资并购义务从自愿申报调整为强制申报并且将审查期限延长至 4 个月；(2) 2018 年 12 月第 10 次修正案，加大对国防、关键设施等领域的审查力度，降低准入门槛，将原来对非欧盟投资者在德持股 25%以上才进行审查下调至 10%；(3) 2020 年 5 月第 15 次修正案，新增规定非欧盟国家企业如收购德国的疫苗、药品、个人防护设备或治疗高传染性疾病设备的研发机构或企业 10%以上股份时，必须向联邦经济与能源部报批，同时将外国政府或军队直接或间接控制的企业列入重点审查范围；(4) 2020 年 10 月第 16 次修正案，把可能损害欧盟及其他成员国安全和公共秩序的项目以及可能危及欧盟利益的项目或计划列入审查范围，并重点审查高科技和未来技术领域；(5) 2021 年 5 月第 17 次修正案，将审查门槛修改为 10%、20%、25%三种情形。①

从多次修改的内容来看，德国的外商投资安全审查制度呈现适用对象扩张、审查门槛降低、审查规则收紧、适用规则透明化的发展态势。欧盟《条例》也对德国的外商投资安全审查制度产生了深远影响。

2. 审查机构

德国联邦经济与能源部具有安全审查权。其有权对德国境内所有符合审查条件的外资并购行为进行审查。但是联邦经济与能源部的工作受德国国会的监督。

3. 审查对象

受德国外商投资安全审查制度规范的投资主体为非欧盟或者非欧洲自由贸易协定的企业，包括以收购为目的而在德国境内建立的德国企业。2017 年 AWV 修正案要求，当这些企业收购德国企业至少 25%的股权，且对德国公共秩序与安全构成威胁时，德国政府有权对该收购案进行国家安全审查。但是，在 2018 年、2020 年的两次修正案中，对于属于国防领域、关键基础设施领域、能源资源领域、医疗保健领域的非欧盟投资收购德国企业股份份额达 10%的，即可予以国家安全审查。

根据 AWV 第 55 条、第 60 条，德国的外商投资安全审查对象一般包括：对

① 张昕，孟翡，张继行. 德国外资安全审查机制：特征、影响及我国应对举措. 国际贸易，2022 (8)：43-52.

来自欧盟以外地区的投资者展开的一般收购审查（非军事领域，如能源、水、信息和电信、金融保险、卫生、交通运输、食品加工等领域），以及对来自德国以外地区的投资者展开的特定行业收购审查（军工及配套设施领域）。

4. 审查范围与标准

根据 2020 年 6 月通过的 AWG 的修正案以及受欧盟《条例》的影响，德国外商投资安全审查程序的保护范围由德国的公共秩序与安全扩充至德国、欧盟及其他成员国的公共秩序与安全或者与欧盟的项目和计划利益相关。新的审查标准降低了对危害发生的要求，将实际危害修改为“可能的减损”，即预期损害，这样一来，审查机关就不必证明投资对公共秩序或安全造成了“实质威胁”，从而大大降低了执法审查的难度。

同时，根据 AWV 第 55a 条，在审查公共秩序或安全的预期损害时，还应考虑以下因素：(1) 收购方是否受第三国政府（包括其他政府机构或武装部队）直接或间接控制；(2) 收购方是否已经参与了对德国或欧盟其他成员国的公共秩序或安全产生不利影响的活动；(3) 收购方是否曾参与《反竞争约束法》第 123 条项下的经济犯罪，或者曾经违反过《对外贸易法》或《军用武器控制法》。

5. 审查程序

根据 AWV 的最新规定，德国的外商投资安全审查程序大致可以分为三步：启动程序、初步审查程序、正式审查程序。其中，启动程序可以通过投资方主动申报进行，也可以由联邦经济与能源部发起。根据审查行业的不同，启动程序可分为一般程序和特殊程序。

联邦经济与能源部在自收购合同缔结之日起的 3 个月内或者自参与收购者公开宣布其收购要约之日起的 3 个月内启动审查程序，在此期间，审查程序也可以由收购者主动申报而提前进行。审查机构主动发起审查的，应当在其收到收购消息 2 个月内完成审查工作。收购者主动申报的，审查机构应当在 2 个月内审查其是否具有危害德国、欧盟及其他成员国公共秩序或安全以及欧盟利益的可能。如果联邦经济与能源部确认收购交易安全，则出具“无异议证明”；如果联邦经济与能源部认为存在某种“可能的威胁”，则进入正式审查程序，正式审查程序一般情况下为 4 个月，在此期间联邦经济与能源部可以要求收购者提供额外材料，并根据审查情况作出以下决定：(1) 同意，开具“无异议证明”；(2) 有轻微影响，同意交易但附加条件；(3) 不同意，要求收购者消除影响，恢复至并购前的状态。

6. 德国同部分欧洲国家外商投资安全审查制度的异同

英国、法国、德国是最受我国企业青睐的三个欧洲投资国，且上述三国经济发达、科技领先、社会稳定，其法律制度也相对完善，故本书选取上述三国的外商投资安全审查制度进行对比，如表 2-1 所示。

表 2-1 德国、英国、法国外商投资安全审查制度比较

比较项目		国家		
		德国	英国	法国
相同点	立法模式	混合立法		
	监管机构	非专设机构以及多部门协同合作		
	裁决机构	主管经济事务的部长		
	审查重点领域	高新技术以及事关国家安全的行业和基础设施		
	审查标准	对“国家安全”定义模糊，监管标准不清晰		
	审查门槛设置	外商投资行业的敏感度；外商持有目标公司股权或者投票权的比例		
不同点	申报方式	强制申报	自愿申报	强制申报
	能否审查他国交易	不可审查他国交易	可审查他国交易	不可审查他国交易
	审查门槛	股权或投票权≥10%	股权或投票权≥25%	股权或投票权≥25%
	审查周期	本国审查 6 个月，需要应对欧盟审查	本国审查 2 个月，无须应对欧盟审查	本国审查 2 个月，需要应对欧盟审查
	是否需要支付罚款	不需要	不需要	需要
	审查数量	相对多	相对少	不详
	审查重点国家	中国和美国	不明显	中国和美国

资料来源：胡子南. 英法德三国收紧外商投资安全审查监管研究. 国际论坛，2021 (6).

(四) 日本的外商投资安全审查制度

日本是一个长期依赖国际市场的国家，因而长期以来日本采取宽松的外资监管政策以吸引大量外国投资。但随着经济全球化的不断深入，外国投资对日本国内经济和安全的影响愈加明显，日本也效仿西方国家建立了外商投资安全审查制度。

1. 立法沿革及特点

日本规定外商投资安全审查制度的主要法律是《外汇及外国贸易法》，涉及外资管理的行政法规还有《关于对内直接投资的政令》《关于对内直接投资的命令》。此外，《广播法》《电波法》《通信服务提供商法》《航空法》《货物利用运输事业法》《银行法》《电气事业法》等行业法规对特定行业的外资准入作出了规定。

日本的外资监管政策经历了“严格—宽松—相对严格”的变化态势。1949 年 12 月和 1950 年 5 月，日本先后颁布了《外汇及对外贸易管理法》和《关于外资的法律》，旨在加强战后日本国内经济安全与重建工作，因此对外国投资采取了非常严格的管控措施。但随着 1952 年日本加入 IMF 以及 1955 年加入 GATT，日本回归全球经济并放松了对外资的审查和监管，并于 1979 年将外商投资的“许可制”改为“事前申请制”，但日本的外资政策仍没有本质上的改变。直至 1991

年，日本完成了对《外汇及对外贸易管理法》的修改，将“事前申请制”改为“事后报告制”，并将《外汇及对外贸易管理法》更名为《外汇及外国贸易法》（以下简称《外汇外贸法》），日本对外国直接投资的态度才表现出大转变。长期以来，放松规制是日本外资管理政策的主基调，因此，整体来看，日本的外国直接投资管理政策朝着不提高限制门槛的方向发展。但是2007年起的三次制度调整，整体上加强了日本对外国直接投资的管理①，如表2-2所示。

表2-2 2007、2017、2019年日本三次对《外汇外贸法》修改的主要内容

年份	修改的主要内容
2007年	为防止大规模杀伤性武器扩散而加强对敏感技术外泄的管理，限制可能用于军事领域的通用产品
2017年	（1）将可能危害国家安全的外国投资者“获得非上市公司股份”的行为列为事前申请对象；（2）赋予相关部门对可能危害国家安全的“未经申请而直接对日投资或特定取得”采取必要措施的权力
2019年	（1）加强网络安全，扩大外国直接投资的限制范围；（2）将155种受限制行业分为“核心”与“非核心”领域，并设置外资事前申请免除制度；（3）将接受审查的外国投资者所持上市公司股份比例从10%降至1%

2. 审查机构

根据《外汇外贸法》的规定，日本财务省及相关部门主管对外商投资的安全审查，财务大臣主管交易的许可，有权对外国投资者进行命令及采取强制措施。除财务省外，还有其他各相关行业的主管部门，包括经济产业省、邮电省、运输省、建设省、厚生省和法务省等分别在各自的行业领域对外资进行审查和管理。②

3. 审查对象及标准

2019年，日本修订《外汇外贸法》及相关法规，收紧外资审批制度，将外国投资者需提交审批的持股上限从10%下调至1%；扩大须接受事前审批的对象行业范围，并指定25个“核心行业”。企业投资非指定行业的，仅需事后备案。投资指定行业的，除豁免机制对象外，其他外国投资者投资需接受事前审查。③《外汇外贸法》在进行安全审查时需要参考以下因素：（1）危害国家安全、妨碍公共秩序维护或者妨碍公共安全保障；（2）将对日本经济的平稳运行产生重大不利影响。

根据《外汇外贸法》的规定，审查对象为外国投资者的直接投资行为。其中外国投资者是指：（1）非居民个人；（2）外国法人或其他组织；（3）非居民个人

① 崔健. 经济安全视角下日本外资管理政策变化分析. 日本学刊，2022（1）：71-89，160-161.

② 朱丽娜. 解密日本外资管理. 国际市场，2014（3）：40-43.

③ 商务部对外投资和经济合作司，商务部国际贸易经济合作研究院，中国驻日本大使馆经济商务处. 对外投资合作国别（地区）指南：日本（2024年版）. http://www.mofcom.gov.cn/dl/gbdqzn/upload/riben.pdf.

或外资比例超过50%的国内企业；(4) 在国内法人或国内团体内部，非居民个人董事或执行董事超过半数的企业。另外，需要事先审查的指定行业为：(1) 涉及国家安全的行业，即与网络安全有关的行业，武器、飞机、核能、宇宙开发相关的制造业，可能转为军用的碳素纤维和钛合金、光化学镜头制造业等；(2) 涉及公共秩序的行业，即电力、煤气、供热、供水、通信、广播电视、铁路、旅客运输业；(3) 涉及公众安全的行业，即生物学制剂、制造业、警备安保业、医疗药品及医用器械行业；(4) 对日本经济运行产生不良影响的行业（OECD的资本自由化法案允许保留限制的行业）。

4. 审查程序

受限制行业中的外商直接投资持有日本上市企业1%以上股份或者获得非上市企业股份，以及在日本公司的股东大会中表决实质变更公司的经营目的或表决任命董事或监事的，根据投资行业的类型可能在审查时面临两种程序：(1) 如果投资的是核心领域，则适用事前审查制度（豁免情形除外，如投资人及相关人士不担任高管等特定条件）；(2) 如果投资的是非核心领域，则适用事后报告制度。

适用事前审查制度的外商直接投资，外国投资者需要向财务省提前申报，财务大臣及相关行业主管大臣根据投资者提供的材料进行审查，审查时间一般为30天，财务省认为有必要时也可延长至4个月，此外，财务大臣认为需要关税、外汇等审议会审查的，可以再延长1个月。根据投资者所提供的材料，财务省可以作出同意、劝告变更、终止三种决定。

四、外商投资安全审查制度下中国海外投资利益的保护

(一) 中国海外投资的总体状况

近年来，中国对外投资规模不断扩大。据商务部、国家外汇管理局的统计，2024年，我国全行业对外直接投资11 592.7亿元人民币，同比增长11.3%（折合1 627.8亿美元，同比增长10.1%）。其中，我国境内投资者共对全球151个国家和地区的9 400家境外企业进行了非金融类直接投资，累计投资10 244.5亿元人民币，同比增长11.7%（折合1 438.5亿美元，同比增长10.5%）。[①] 在“一带一路”投资方面，2024年，我国企业在共建“一带一路”国家非金融类直接投资2 399.3亿元人民币，同比增长6.5%（折合336.9亿美元，同比增长5.4%）。[②]

与此同时，我们亦遭遇了不少海外投资风险。改革开放以来，我国的一些海

① 2024年我国全行业对外直接投资简明统计.（2025-01-26）. https://hzs.mofcom.gov.cn/tjsj/art/2025/art_904508f7f770482db130bc24c356b5a3.html.

② 2024年我国对共建“一带一路”国家投资合作情况.（2025-01-26）. https://hzs.mofcom.gov.cn/tjsj/art/2025/art_893a74e04f5343fdba86b4d9e8375b84.html.

外并购计划因东道国的安全审查而以失败告终。惨痛的教训告诉我们：在经济全球化的背景下，为了使我们的海外投资顺利开展并获得最大利益，我国的对外投资在考虑规模的同时，也应将质量、效率纳入考虑之中；应细致学习东道国法律，谨慎识别东道国法律给我国投资带来的潜在风险并做好防范或规避，从而避免海外利益受损。我国企业在美投资利益受损部分案例如表 2-3 所示。

表 2-3　我国企业在美投资利益受损部分案例

时间	案例	失败原因
1990 年	中国航天航空技术进出口公司收购西雅图曼可公司被美国总统否决	国企背景，涉及国家安全和技术资产
2005 年	中海油 185 亿美元竞购优尼科失败	国企背景，涉及国家安全和技术资产
2007 年	华为联手贝恩资本 22 亿美元竞购 3Com 公司失败	涉及技术资产和国家安全
2009 年	中国西色国际投资公司 2 650 万美元收购美国优金采矿公司失败	涉及技术资产和国家安全
2010 年	美国安科公司放弃将部分光纤制造业务出售给唐山曹妃甸投资公司	国企背景，涉及国家安全
2010 年	华为竞购摩托罗拉移动网络基础设施部门、2Wire 接连失利	涉及技术资产和国家安全
2011 年	华为 200 万美元并购 3Leaf 公司失败	涉及技术资产和国家安全
2011 年	中航通用飞机有限责任公司与美国西锐公司签订全资收购协议被否决	国企背景，涉及技术资产和国家安全
2012 年	三一重工在美关联公司罗尔斯收购俄勒冈州 Butter Creek 风电项目被美国总统否决	涉及国家安全，被收购的风电项目位于海军军事训练限制区或其附近
2012 年	美国国会发布华为、中兴"可能对美国带来安全威胁"的调查结果报告	涉及国家安全，"涉嫌为中国间谍活动提供便利"
2012 年	北京卓越航空公司收购美国霍克-比奇飞机公司的谈判无果而终	涉及国家安全，航空航天业务难以与其他业务分离

资料来源：朱兴龙，李锋．透过三一胜诉奥巴马案探析中国企业海外投资利益的保护．国际贸易，2014(8)：38-41.

(二) 外商投资安全审查制度下的中国海外投资救济途径

1. 东道国当地救济

东道国当地救济指的是在外国投资者和东道国政府直接发生争端时，外国投资者可以借助东道国的法律，诉诸东道国的行政机关或司法机关获得救济。东道国当地救济分为行政救济和司法救济。

东道国当地救济是东道国属地管辖权的体现，外国投资者只有在"用尽东道国当地救济”后，才能向国际法院、国际仲裁庭提起诉讼或仲裁以及寻求外交保护。

2. 申请国际投资仲裁

国际投资仲裁是当前投资者-国家间争端解决机制（ISDS）中最主要的方式。许多国家的双边、多边投资保护条约以及区域性自由贸易协定都对ISDS规定了仲裁解决机制。该方式可以防止投资者母国利用外交手段干涉投资纠纷，避免投资争端政治化，故广大发展中国家都偏向于采用这种方式。

1966年生效的《解决国家与他国国民间投资争端公约》（即《华盛顿公约》）诞生了专门解决国家与他国国民间投资争端的机构——解决投资争端国际中心（ICSID）。

由于ICSID设立目的及服务对象的特殊性，其管辖范围受到严格限制：（1）争端主体仅限一方为国家，另一方为他国国民；（2）争端客体仅限“直接因投资而产生的任何法律争端”；（3）受理争端以双方达成书面仲裁协议为前提条件。同时，各国在加入或签订公约时也存在对“因国家安全审查事由提起仲裁”等事项的保留，如中国于1993年加入《华盛顿公约》时申明：“中国政府仅将因征收和国有化而引起的赔偿争端提交中心管辖。”

3. 投资者母国的外交途径

海外投资本质上是一种跨国行为，当然会受到政治关系的影响。当投资者与东道国政府产生投资争端且投资者用尽当地救济无法实现目的时，投资者可以申请其母国的外交保护。投资者母国往往通过各种外交途径寻求调解，但该方法的效果有限。

案例分析

一、典型案例

案例1 甲公司收购丙公司案

（一）案例导入

甲公司是在上海证券交易所上市的一个外资上市公司，其主要控股股东为香港乙公司，香港乙公司直接持有甲公司71.92%的股份。在收购丙公司之前，甲公司的经营范围为：研发、生产和销售印制电路板、HDI线路板、特种线路板、柔性线路板，电子设备、移动通信系统及交换设备、电脑及其配件；半导体、光电子器件、电子元器件及其贴组装测试；货物进出口、技术进出口等。

丙公司在被收购前是内资有限责任公司，且为军工配套企业，持有“武器装备科研生产单位三级保密资格证书”和“装备承制单位注册证书”（第二类），但未取得"武器装备科研生产许可证"。其主要经营范围为印制电路板样板及中小批量板的研发、设计、生产和销售。

2018年9月15日，甲公司拟通过发行股份及支付现金的方式购买交易陈某某等10名自然人持有的丙公司100%的股权和另外一家公司100%的股权，并计划将丙公司作为自己的全资子公司。

2018年11月30日，甲公司的主要控股股东香港乙公司向商务部提交外国投资者并购境内企业安全审查申请，商务部行政事务服务中心也向甲公司出具了"申办事项材料接收单"。2019年1月9日，甲公司收到国家发展改革委出具的"外商投资安全审查受理通知"，告知该次并购交易属于外商投资安全审查范围，需进行并购安全审查。2019年3月19日，国家发展改革委向甲公司出具"特别审查告知书"，告知针对该次并购交易将启动特别审查程序。审查期间，丙公司向有关主管单位提交了注销其所持有的"武器装备科研生产单位三级保密资格证书"和"装备承制单位注册证书"（第二类）的申请，并先后完成了"武器装备科研生产单位三级保密资格证书"和"装备承制单位注册证书"（第二类）的注销工作。在丙公司不再属于军工配套企业的前提下，2019年6月5日，甲公司收购丙公司项目通过了外国投资者并购境内企业安全审查。

（二）分析

1. 本案适用的法律

本案发生于2018年，当时《外商投资安全审查办法》尚未施行，在外商投资安全审查领域适用《国务院办公厅关于建立外国投资者并购境内企业安全审查制度的通知》。根据该通知的规定，当时并购安全审查的范围为："外国投资者并购境内军工及军工配套企业，重点、敏感军事设施周边企业，以及关系国防安全的其他单位；外国投资者并购境内关系国家安全的重要农产品、重要能源和资源、重要基础设施、重要运输服务、关键技术、重大装备制造等企业，且实际控制权可能被外国投资者取得。"由于甲公司是外资公司，且丙公司持有"武器装备科研生产单位三级保密资格证书"和"装备承制单位注册证书"（第二类），属于其中的境内军工配套企业，故本次交易可能对国家安全造成影响，因此本次交易需要通过我国的外商投资安全审查。

2. 甲公司能够顺利收购丙公司的关键原因

第一，甲公司具有提前申报的企业合规意识。在收购方案的初始阶段，甲公司于2018年9月15日公告的《甲公司发行股份及支付现金购买资产暨关联交易预案》中的"尚需履行的程序"就提及："本次交易尚需履行的审批程序包括：……3. 通过商务部门对本次并购交易的安全审查（如需）……"此外，甲公司与丙公司于2018年11月27日签订了"甲公司购买丙公司股权的协议书"，将"本次交易获得中国商务部进行的外国投资者并购境内企业安全审查批准"作为该协议主要条款生效的条件之一。并且，2018年11月30日，甲公司的外方股东香港乙公司还主动向商务部提交了外国投资者并购境内企业安全审查申请。

第二，丙公司能够及时变更军工企业性质。在审查的过程中，原属于军工配套企业的丙公司通过主动注销其所持有的全部军工相关资质的方式，使其不再属于军工配套企业，从而消除了该交易对国家安全的影响，这是该外资并购项目能够通过外商投资安全审查最为关键的一步，也是《国务院办公厅关于建立外国投资者并购境内企业安全审查制度的通知》第4条第4款关于“申请人可向商务部申请修改交易方案或撤销并购交易”的规定的体现。

（三）案件评论

尽管本案发生于《外商投资安全审查办法》施行前，但考虑到《外商投资安全审查办法》是对《国务院办公厅关于建立外国投资者并购境内企业安全审查制度的通知》的进一步完善，并未颠覆其规则，故本案对现今军工领域的外商投资仍具有极大的参考价值。

本案启示我们：在外资并购项目中，经双方协商一致，可以考虑通过主动修改交易方案或撤销并购交易方案，由标的公司主动剥离涉及军工的业务、资质、资产等方式，消除该交易对国家安全的影响，以顺利通过外商投资安全审查，推动交易进程。

案例2 Y公司放弃收购Z集团案

（一）案例导入

Y公司是一家在上海证券交易所上市的港澳台与境内合资的股份有限公司，属于零售行业，是国内著名的连锁超市企业。其第一大股东为香港D公司，占股19.99%，无实际控制人。Z集团亦属于零售行业，是深耕我国某省市场的大型连锁企业，其股权结构中无外资成分，实际控制人为一家国有独资公司（合计持股34%）。在收购之前，Y公司直接持有Z集团5.00%的股份，Y公司的两家全资控股子公司分别直接持有Z集团15.02%、9.84%的股份，三者合计持有Z集团29.86%的股份。

2019年3月28日，Y公司书面告知Z集团：为了加强对Z集团的战略投资以及与Z集团的战略合作，进一步促进Y公司和Z集团之间的业务协同效应，Y公司拟通过要约收购的方式将其直接和间接合计持有的Z集团的股份比例从29.86%提高至最多不超过40%，该次要约收购为部分要约收购，不以终止Z集团的上市地位为目的，也不以谋求控制权为目的。

2019年8月21日，Y公司发布公告称收到国家发展改革委关于Y公司要约收购Z集团外商投资安全审查申请表和补充申报文件的邮件。2019年9月4日，Y公司向国家发展改革委提交要约收购Z集团的安全审查申报文件。2019年9月

24日，Y公司收到国家发展改革委外资司的“外商投资安全审查受理通知”，国家发展改革委认定Y公司要约收购Z集团属于外商投资安全审查范围，正式受理Y公司的外商投资安全审查申请。2019年11月11日，Y公司收到国家发展改革委的“特别审查告知书”，国家发展改革委决定自2019年11月8日起，对Y公司要约收购Z集团项目启动外商投资安全审查的特别审查程序。

2019年12月17日，Y公司称，按照国家发展改革委的要求，同Z集团进行了友好磋商，就Z集团实际控制人、公司治理、经营管理以及未来发展方向等方面达成了全方位共识，双方签订了“合作备忘录”，Y公司据此放弃了原定对Z集团的要约收购。

随后，Y公司向国家发展改革委提交了《关于中止Y公司股份有限公司部分要约收购Z集团股权安全审查的申请》，申请终止外商投资安全审查。2019年12月27日，Y公司收到国家发展改革委的“外商投资安全审查终止通知”，国家发展改革委通知Y公司自2019年12月25日起终止审查该要约收购。

（二）分析

1. 本案关于将Y公司认定为外国投资者的依据

在本案中，国家发展改革委认定Y公司要约收购Z集团属于外商投资安全审查范围，即国家发展改革委认为Y公司属于外国投资者。事实上，Y公司是注册地在我国福建省的港澳台与境内合资的公司。

我国现行法律对外国投资者的定义比较模糊。外商投资安全审查的专门法律中，不论是在本案发生时已生效的《国务院办公厅关于建立外国投资者并购境内企业安全审查制度的通知》《商务部实施外国投资者并购境内企业安全审查制度的规定》《自由贸易试验区外商投资国家安全审查试行办法》，还是2021年生效的《外商投资安全审查办法》，都没有对外国投资者作出明确规定。而根据当时有效的《中外合资经营企业法》《中外合作经营企业法》《外资企业法》，外国投资者、外国合作者、外国合营者被统一定义为外国的企业和其他经济组织或者个人。2020年生效的《外商投资法》也仅在第2条粗略地将外国投资者定义为外国的自然人、企业或者其他组织。

外国投资者大概可以分为三类：外国自然人投资者、外国法人投资者、外国国家与国际组织投资者。学理上，关于外国法人投资者的认定标准包括公司成立地说、住所地说、实际控制说、复合标准说几种。[①] 本案中Y公司被国家发展改革委认定为外国投资者，是采取了实际控制说标准。表决权是实现对法人实际控制的直接方式。实践中，关于实际控制判定的重要标准是股权多数或者表决权多数，通常表决权占比与股权占比一致。因此，基于Y公司的第一大股东为香港D

① 侯珊珊. 外国投资者认定标准研究. 上海：华东政法大学，2018.

公司，从维护国家安全的角度，国家发展改革委将其认定为外国投资者。

2. 关于Y公司并购Z集团属于外商投资安全审查范围的认定

根据《国务院办公厅关于建立外国投资者并购境内企业安全审查制度的通知》的相关规定，并购安全审查的范围为：外国投资者并购境内军工及军工配套企业，重点、敏感军事设施周边企业，以及关系国防安全的其他单位；外国投资者并购境内关系国家安全的重要农产品、重要能源和资源、重要基础设施、重要运输服务、关键技术、重大装备制造等企业，且实际控制权可能被外国投资者取得。其中外国投资者取得实际控制权，是指外国投资者通过并购成为境内企业的控股股东或实际控制人，包括下列情形：（1）外国投资者及其控股母公司、控股子公司在并购后持有的股份总额在50%以上；（2）数个外国投资者在并购后持有的股份总额合计在50%以上；（3）外国投资者在并购后所持有的股份总额不足50%，但依其持有的股份所享有的表决权已足以对股东会或股东大会、董事会的决议产生重大影响；（4）其他导致境内企业的经营决策、财务、人事、技术等实际控制权转移给外国投资者的情形。

首先，Y公司拟收购的Z集团，属于涉及国计民生的零售行业，符合《国务院办公厅关于建立外国投资者并购境内企业安全审查制度的通知》规定的“关系国家安全的重要农产品、重要能源和资源、重要基础设施、重要运输服务、关键技术、重大装备制造等企业”。其次，Y公司原计划通过要约收购的方式将其直接和间接合计持有的Z集团的股份比例从29.86%提高至最多不超过40%。若Y公司持股比例达到最高的40%，则将超过Z集团原实际控制人持股34%的比例，成为Z集团新的实际控制人。因此，基于该计划的预期效果，本案符合《国务院办公厅关于建立外国投资者并购境内企业安全审查制度的通知》规定的外国投资者获得实际控制权的第三种情形，Y公司收购后构成对Z集团的实际控制。

故国家发展改革委对Y公司并购Z集团开展外商投资安全审查是符合法律规定的。

案例3 中国S集团关联企业R公司诉美国总统奥巴马案

（一）案例导入

2012年6月，中国S集团关联企业R公司在美国收购了一系列风电项目，其中一处发电厂位于美国俄勒冈州军事基地附近。据S集团方面称，该项目已获得并网协议、美国联邦航空管理局（FAA）批准等所有的合法手续，随后R公司开始施工准备，美国海军对该项目的开展表示了担忧。6月14日，R公司收到CFIUS的通知，声称需要对该项目进行审查。R公司根据规定对项目进行了披露，提供了项目交易相关报告，并参加了听证会。同年7月25日，CFIUS发布临时禁令，要求R公司立即停工，移走全部设备，同时禁止任何人进入相关项目场地。

尽管R公司按要求向CFIUS进行了申报并承诺将项目搬离美国军事基地，但不久后美国总统奥巴马仍以该收购项目危害美国国家安全为由发布行政命令，要求R公司在两个星期内从上述场地撤走全部财产和装置并在90天内从该发电项目全部撤资，并禁止该发电厂和以后的股东在该项目上使用S集团制造的涡轮机。而在此之前，R公司没有收到关于参加该行政命令发布前的听证会通知，即该行政命令是美国总统和CFIUS在未解释原因、未公布证据、未提供让当事人收回损失的方法的情况下直接作出的。

在沟通无果、投诉无门之后，R公司不得不选择司法救济。2012年9月12日，R公司向美国哥伦比亚特区联邦地方分区法院（联邦地区法院）提起诉讼，将CFIUS告上法庭。9月28日，奥巴马总统以该项目“涉嫌威胁美国国家安全”为由，签发总统禁令。鉴于此，R公司将奥巴马本人也追加为被告。

2012年11月28日，哥伦比亚特区联邦地区法院举行首次听证会。2013年2月22日，哥伦比亚特区联邦地区法院法官埃米·杰克逊作出裁决，认为法院对R公司就奥巴马以“国家安全”为由要求其停止项目计划的命令提起的诉讼没有管辖权。不过，法院认为R公司拥有获知奥巴马和CFIUS中止该项目的具体原因和理由的正当权利，即愿意审查CFIUS的做法是否侵犯了R公司由美国宪法赋予的权利。

2013年10月16日，法院作出初审判决：美国政府禁止俄勒冈州的风电项目没有违反美国宪法。对此，S集团及关联企业R公司认为上述判决不公平，并立即提出上诉。2014年7月15日，哥伦比亚特区联邦上诉法院作出判决，认为CFIUS在程序上侵犯了R公司根据宪法享有的权利，并作出了以下认定：(1) R公司在该风电项目中具有受宪法程序正义保护的财产权；(2) 奥巴马总统下达的禁止风电项目的总统令违反程序正义，剥夺了R公司在该项目中受宪法保护的财产权；(3) 美国政府需要向R公司提供相应的程序正义，包括CFIUS和奥巴马总统作出相关决定所依赖的非保密信息和R公司在了解相关信息后回应的机会。

2015年11月4日，双方最终达成和解。按照最终和解协议条款，R公司可以将四个风电项目转让给由其选定的第三方买家。协议还指出，CFIUS已认定R公司在美国进行的其他风电项目收购交易不涉及国家安全问题，CFIUS欢迎R公司和S集团就未来更多的在美交易和投资项目向其提出申报。

（二）分析

尽管哥伦比亚特区联邦上诉法院没有支持R公司获得“合理赔偿”的诉求，本质上来说这是一场“程序性胜利”而非实体性胜利，但该案的胜诉仍具有标志性意义。

1. 奥巴马作出禁令的依据

1988年，美国通过《埃克森-佛罗里奥修正案》，其主要内容是确立了埃克森-佛罗里奥条款——该条款作为美国1988年《综合贸易和竞争力法》的第5021节被通过，并被加入1950年《国防生产法》中作为其第721节。该法案赋予了总统包括中止或禁止任何影响美国国家安全的并购活动在内的外国投资干涉权。具体来说，行使这项权力需要满足以下条件：(1) 有“可信证据”表明对美国企业进行控制的外国利益，可能会采取行动威胁美国国家安全；(2) 除本法案和《国际紧急经济权利法》之外，其他法律的规定不能提供足够和适当的权力来保护国家安全。[①]

本案是自1990年以来，美国总统第一次根据《国防生产法》第721节的授权，基于可能危害美国国家安全的理由，正式否决外国投资者在美国的并购交易。

2. R公司的司法救济诉求和理由

美国《联邦行政程序法》规定：(1) 在颁布新条例之前要进行通知，包括听证的地点、日期及建议更改的主要内容；(2) 在联邦政府纪事中公布所有的通知及新的或修订后的行政命令、规章和条例；(3) 因行政机构实施活动而受到侵害的任何人，有司法复审权，法院可以撤销行政机构的决定或行为，只要认为这种行为是不公平的、专断的、违宪的或不能被事实证明。[②]

美国宪法第五修正案规定：未经正当法律程序，不得剥夺任何人的生命、自由和财产。美国宪法第十四修正案规定：凡在合众国出生或归化合众国并受其管辖的人，均为合众国的和他们居住的州的公民。任何一州，都不得制定或实施限制合众国公民的特权或豁免权的任何法律；不经正当法律程序，不得剥夺任何人的生命、自由或财产；对于在其管辖下的任何人，亦不得拒绝给予平等法律保护。

基于美国《联邦行政程序法》和美国宪法第五、第十四修正案的正当程序条款，R公司将总统奥巴马和CFIUS列为共同被告，提出如下诉讼请求：(1) 主张总统和CFIUS的行为违反了美国宪法第五、第十四修正案的正当程序条款和平等保护条款。(2) 澄清R公司投资的风电项目只是普通商业行为，没有也不会威胁美国国家安全，美国总统和CFIUS的禁令违反行政程序。(3) 寻求违宪禁令的合理经济补偿。

3. 哥伦比亚特区联邦上诉法院关于本案管辖权的认定

2013年2月22日，哥伦比亚特区联邦地区法院法官埃米·杰克逊作出裁决，认为法院对R公司就奥巴马以“国家安全”为由要求其停止项目计划的命令提起的诉讼没有管辖权。随后R公司向哥伦比亚特区联邦上诉法院提出上诉。联邦上

① 任鹏. 中国企业在美投资保障研究：以“三一集团罗尔斯公司诉奥巴马”案为视角//郑丽景. 南开法律评论：2013. 天津：南开大学出版社，2013：110-119.

② 韩德利. 行政法原理. 北京：中国书籍出版社，2022：13.

诉法院由3位大法官组成合议庭，就R公司因俄勒冈州风电项目被禁止诉CFIUS和奥巴马总统案进行审理。在长达47页的判决书中，合议庭推翻了哥伦比亚特区联邦地区法院的认定。

上诉法院认为，根据最高法院的实践，只有在有“明确而且令人信服的”证据证明国会明确禁止司法机关进行合宪审查的时候，司法机关才失去管辖权。在外国投资安全审查方面，尽管相关法律规定CFIUS和美国总统的审查决定不受司法审查，但它并不能排斥法院就是否侵犯了公民或法人根据美国宪法第五修正案所享有的权利进行审查。被上诉人还提出，对外国投资的安全审查属于外交和国家安全事务，因此应当免受司法审查。对此，上诉法院不予认可。

4. 哥伦比亚特区联邦上诉法院关于R公司财产权受宪法保护的认定

初审法院认为，尽管R公司已经根据州法律享有对风电项目的财产权，但由于R公司没有在交易完成之前主动申请CFIUS批准，因此已经豁免了其财产保护权。对此，上诉法院不予认可：法律只是规定交易方可以进行主动披露，而披露可以在事前，也可以在事后进行。因此，R公司仍享有宪法保护的对风电项目的财产权。

5. 哥伦比亚特区联邦上诉法院关于美国总统和CFIUS没有履行正当程序的认定

本案中，R公司主张美国总统和CFIUS的禁令违反了正当程序原则。

什么是正当程序？初审法院认为，在审查过程中，CFIUS通知R公司，给予其机会提供相关证据，并举行了听证会，因此已经构成了正当程序。上诉法院认为，正当程序至少应当给予利害关系方一定的官方行动，让其接触据以采取行动的非保密信息，并给予其机会对该证据进行反驳。在本案中，总统令没有根据法律正当程序，剥夺了R公司根据宪法所享有的财产权。因此哥伦比亚特区联邦上诉法院认为，奥巴马总统下达的禁止R公司收购俄勒冈州风电项目的总统令违反程序正义，剥夺了R公司在涉诉风电项目中受宪法保护的财产权。据此，上诉法院指出，美国政府需要向R公司提供相应的程序正义，包括CFIUS和奥巴马总统作出相关决定所依赖的非保密信息和R公司在了解相关信息后回应的机会。与此同时，初审法院应实质审查R公司对CFIUS各项命令的挑战与诉求。

案例4　中国M公司收购美国G公司案

（一）案例导入

中国M公司隶属于中国某互联网电子商务巨头，其旗下品牌X宝是中国国内最为常用的电子支付工具之一。自X宝问世以来，M公司迅速抢占中国国内电子支付市场，并进一步谋求拓展国际业务。G公司成立于1940年，总部位于美国得克萨斯州，是一家以汇款业务为主的公司。其凭借业务快捷、费用低、手续简单和可靠等优势，在全球200多个国家建立了35万个网点和24亿个移动账户，已成为全球第二大汇款机构。

2017年1月26日，中国M公司以8.8亿美元与美国G公司最大股东达成了收购协议，并获得了美国反垄断部门的许可。2017年3月14日，G公司的美国竞争对手E公司也向G公司发出了收购要约，收购价格较M公司上涨了15%，即15.20美元/股。E公司对G公司的收购要约，使G公司将合伙目标转向了E公司。2017年3月底，G公司与E公司签署了一份进一步考虑其收购请求的保密协议，迫使M公司于4月17日宣布上调收购G公司的报价，由原先13.25美元/股的价格上涨至18美元/股，上调幅度达36%，合计收购总额达12.04亿美元。5月16日，G公司股东批准了M公司的新报价，此时距离双方达成交易只差通过CFIUS的批准，而在此之前双方已自愿向CFIUS提出了联合申请。

然而此举却引发了美国政客和军方的担忧。包括共和党参议员在内的部分美国国会议员都致信兼任CFIUS主席的美国财政部部长，表达对M公司收购G公司的担忧。他们认为，此举可能对美国国家安全构成威胁，包括军方人员在内的美国公民的信息可能因此泄露。与此同时，M公司的竞争者E公司为了实现收购目的，公开游说美国立法者，称M公司的提议制造了一个国家安全风险，渲染国家安全危机。

为使项目获得批准，2017年3月—2018年1月，M公司和G公司三次向CFIUS提交联合自愿申请。但CFIUS仍以“M公司有中国国有股东背景”“G公司业务涉及大量美国公民个人及敏感信息”为由，认定并购交易可能会对“美国国家安全产生难以克服的不利影响”。针对CFIUS的质疑，M公司及时一一作出回应：一是M公司为民营企业，既不由中国政府所有，也不由中国政府控制。所有国有股东仅为财务投资人，不担任任何董事或高管职务，且无法查看用户个人信息。二是G公司承诺不向M公司提供任何美国公民个人及敏感信息，且M公司不向G公司调取任何美国公民个人及敏感信息。三是G公司的数据基础设施仍将留在美国，个人信息都将加密，并保存在美国本土的安全设施内。除此之外，M公司提出接受CFIUS指定人士独立监管、剥离G公司涉及美国公民个人及敏感信息的部分业务以及项目完成后接受CFIUS持续审查等一系列解决措施。但CFIUS对此未作任何明确回应，并以涉及美国国家机密为由，拒绝向申报方给出涉及“国家安全风险”的具体原因。

2017年12月，CFIUS告知该项目将无法获批。M公司与G公司遂于2018年1月宣布终止并购交易。M公司由此造成直接经济损失超过4 000万美元，包括向G公司支付的3 000万美元赔偿金及各类交易费用。

“自从我们大约一年前首次宣布与M公司的拟议交易以来，地缘政治环境发生了很大变化。尽管我们尽最大努力与美国政府合作，但现在已经很清楚，

CFIUS 不会批准这一合并。”G 公司 CEO 这样说道。

（二）分析

FIRRMA 进一步扩大了美国外商投资安全审查范围。对于拟收购美国公司的中国资本而言，CFIUS 的审核是一道关卡。本案发生于 2017 年，此时 FIRRMA 正以提案的方式被美国国会讨论（该法案于 2018 年正式生效），对于该法案的讨论势必影响了 M 公司收购 G 公司的安全审查过程。

正式生效的 FIRRMA 在 FINSA 的基础上新增四项安全审查考虑因素，包括：审查外资方母国是否为“特别关注国家”；审查外国投资者的历史背景，包括是否事先遵守美国法律及与美国政府的实体合同；审查交易是否可能泄露美国公民的个人敏感信息；审查交易是否会加剧网络安全漏洞或被用来从事针对美国的恶意网络活动。与此同时，CFIUS 的审查权被进一步加强。

CFIUS 审查的不可预测性显著增加。从该案例可知，CFIUS 在审查流程和结果方面的不可预测性显著增加。根据惯例，CFIUS 会明确给出交易被否决的理由。本案中，CFIUS 认定交易可能会对“美国国家安全产生难以克服的不利影响”，但以涉及国家机密为由，拒绝向申报方给出涉及“国家安全风险”的具体原因。此外，只有在交易双方提出的解决方案可能可行但又无法在法定期限内确定解决方案的情况下，CFIUS 才会同意申报方撤回并重新提交申报。但本案中，尽管 CFIUS 允许双方多次撤回并重新申报，但对申报方提供的解决方案并未作出任何明确回应，使得申报方只能在猜测的情形下反复提交方案，导致了巨大的交易成本。

美国贸易和投资保护主义抬头。2017 年特朗普政府发布其首份《国家安全战略》，将经济安全提升至前所未有的高度。事实上自特朗普上台以后，美国推出了一系列逆全球化政策，包括退出 TPP、《巴黎协定》，重谈北美自由贸易区（NAFTA）等措施。美国政府多次以“危害国家安全”为由，将商业合作政治化。近年来网络数据安全的概念被美国反复提及并重视，这导致美国在数字贸易领域建立起更高的贸易壁垒。

与此同时，本案中的项目在美国相关利益团体的左右下逐渐演化成政治事件，被作了过多的政治解读，这也是收购失败的一个重要原因。

案例 5　北京 A 公司收购美国 B 公司案

（一）案例导入

北京 A 公司是中国一家著名互联网科技公司，主营短视频业务，旗下 a 平台是中国最大的短视频平台之一，其经营范围包括：从事互联网文化活动；出版物零售；广播电视节目制作；人力资源服务；技术开发、推广、应用；计算机系统服务；数据处理；基础软件服务、应用软件服务；设计、制作、代理、发布广告；第二类增值电信业务中的信息服务业务等。B公司是由A公司成员投资创立，并在美国纽约注册的一家独立的互联网公司，其主要业务为经营一个风靡北美的音乐短视频平台b。作为一个主要针对年轻用户的短视频社交产品，b平台超过90%的用户的年龄在21岁以下，日活跃用户数量超2 000万。

2017年，A公司以10亿美元的价格收购了B公司，此次交易在当时并没有引起CFIUS的关注并启动外商投资安全审查程序。考虑到A公司收购B公司本质上是一家中国公司收购另一家中资控股的公司，因此双方并没有向CFIUS主动申报。交易完成后，A公司将b平台合并至自己的短视频平台a，并成立t平台。由于t平台在美国市场广受欢迎，美国监管层开始对a平台掌握的美国数据表示担忧。

2019年美国方面以t平台涉嫌对用户数据进行特殊分析并将其传送至中国为由开展对t平台的安全审查程序，并重启对A公司收购B公司一案的外商投资安全审查。事实上，A公司与B公司是完全独立运营的公司，且t平台的实际运营场所和数据储存位置均在美国，中国政府也从未要求t平台审查政治敏感内容。而美方一方面不断强调对用户信息输出的担忧，另一方面却没有举出任何实质性的证明。2020年8月，CFIUS要求A公司出售t平台业务。同时，美国总统特朗普亦在国务卿蓬佩奥、贸易顾问纳瓦罗等的游说下，依据1976年《全国紧急状态法》及1977年《国际紧急经济权力法》，于2020年8月6日签署行政命令，宣布将在45天后禁止任何美国个人及企业与t平台母公司A公司进行交易，且A公司必须在90天之内出售t平台业务。

（二）分析

本案发生于2019年，CFIUS对t平台的外商投资安全审查的依据是2018年生效的FIRRMA。如案例4中提及的，FIRRMA对于其前身，即2007年的FINSA作了若干修订，除强化了CFIUS的审查权限，增加了对非控股交易的强制审查权限之外，新法案的一大亮点便是强化了对数字产业的投资审查，增加了是否可能泄露美国公民的个人敏感信息、外资方母国是否为“特别关注国家”等四项外商投资安全审查标准。

1. CFIUS对本案进行管辖的法律依据

本案中，A公司是设立在中国境内的中国公司，B公司是设立在美国但其创始人为中国人的美国公司。而t平台的业务范围包括商业推广和营销、自媒体、视听服务等，故对于诸如财务数据、地理位置数据、健康数据等个人数据的收集、存储和处理是其业务开展所必需的且无法避免的。

根据FIRRMA的规定，CFIUS的审查对象包括三类：任何可能致使外国对美国企业形成控制的，由外国人提议或涉及外国人且处于未决状态的合并、收购、接管或合资企业；靠近美国军事设施或美国政府其他财产或设施的不动产交易；涉及特别关注国家的敏感交易。同时，根据 FIRRMA 关于强制申报和主动申报的规定，如果交易涉及“关键技术”，或外国投资者在涉及“关键技术”、“关键基础设施”和“敏感个人数据”的美国业务上持有重大权益，且外国政府持有该外国投资者的重大权益时，交易方在交易时需提交强制性声明，并附上交易信息。如果投资不符合关键技术强制申报的标准，且外国投资者不是外国政府，交易方可自愿进行申报。而根据 FIRRMA 第 308 节，在审查涉及美国公民敏感个人数据的交易时，CFIUS 重点考虑的因素包括：交易是否可能直接或间接地以损害国家安全的方式为利用数据的外国人提供美国公民的敏感个人数据；是否有可能加剧网络安全的脆弱性或使外国政府获取从事恶意针对美国网络行为的新的显著能力，包括采取影响联邦政府选举结果的举动；是否可能将涉及敏感国家安全事项或执行国家安全职责的联邦法律部门的敏感执行信息暴露在未经授权获取该信息的外国人面前。国际社会对数据跨境转移的判定标准主要有两种：一是以 OECD《保护隐私和个人数据跨境流动框架》为代表的“行为论”，即只有数据在物理上发生跨越国境的行为方构成数据跨境移动；二是以美国、澳大利亚等国家为代表的“效果说”，即只要其境内产生的数据可能为境外政府或个人所获取，便构成数据转移。[①]

可见，确定 CFIUS 是否具有审查权限的依据并非收购企业的国籍，而是外国投资者在指定领域对美国业务是否持有重大权益。因此即便 A 公司承诺将掌握的美国用户个人信息与其他地域用户个人信息分离储存，并将美国用户个人信息保存在美国境内，CFIUS 仍可以以保护国家安全为由，认定 t 平台及 A 公司涉嫌“以损害国家安全的方式为利用数据的外国人提供美国公民的敏感个人数据”。

2. CFIUS 对来自“特别关注国家”的企业的特别关注

依据 FIRRMA 的规定，CFIUS 新增的外商投资安全审查标准之一是审查外资方母国是否为“特别关注国家”，即审查对美国国家安全利益构成重大威胁的国家。在关于 FIRRMA 的讨论中，美国国会提出了出具中国对美投资报告的新要求，CFIUS 须每两年向美国国会提交一份有关中国对美投资情况的详细报告。

本案中，由于 t 平台在美用户增长迅速，冲击了 Twitter、Facebook 等美国本土竞争对手的市场份额和利润。由于 t 平台中资企业控制的属性，以及其大量获取美国公民敏感个人信息，故在审查中 CFIUS 非常可能基于“特别关注国家”条款使用更严格的标准。

3. CFIUS 基于 FIRRMA 对本案进行管辖或涉嫌违反国际法

首先，美国对 t 平台的封杀行为违反其在 GATS 下作出的市场开放、国民待

① 王燕. 中资数据处理企业在美国投资面临的安全审查及法律应对：以 TikTok 在美国被封杀为例. 法治社会，2020（5）：45-52.

遇以及最惠国待遇的承诺。根据美国在GATS中有关录音和视听服务市场开放的承诺以及国民待遇承诺，美国在这两项服务的跨境服务提供与商业存在模式上，并未对其市场开放和国民待遇设限，亦未对这两项服务的最惠国待遇提出豁免。

其次，美国涉嫌滥用WTO相关规定的安全例外条款。GATT第21条“安全例外”规定：“本协定不得解释为：……阻止任何缔约国为保护国家基本安全利益对有关下列事项采取其认为必须采取的任何行动……”GATS第14条之二“安全例外”第1款规定：“本协定的任何规定不得解释为：……(b)阻止任何成员采取其认为对保护其根本安全利益所必需的任何行动……”由于对“国家安全”的定义，美国的相关法律没有明确的标准，实践中，美国财政部主张“任何CFIUS成员都有权并应当适用与立法授予其所代表机构的权力相一致的国家安全定义”，拒绝对国家安全利益进行具体、明确的解释。因此对安全例外条款存在着明显的过度援引和适用。

二、类案练习

案例1 J公司收购B集团案

(一) 案例导入

J公司是一家以造纸为主要业务，经营范围包括林业营造、林业产品、各种纸张、纸产品深度加工、化工原料、机械设备等领域的港澳台法人独资企业。H公司是中国一家集纸张的研发、生产、销售于一体的大型股份制企业，B集团是一家主要从事电力、热力生产和供应的企业，实际上为H公司的上游企业，持有H公司28.84%的股权。而在交易前J公司的全资子公司N公司持有H公司20%的股份。

由于市场不景气，H公司的盈利能力下降。2019年12月29日，J公司与B集团实际控制人达成交易意向，交易方案为J公司收购B集团100%股权，双方于12月30日签署“股权转让意向书”，并于2020年1月6日签署了“股权转让协议”。2020年6月25日，国家市场监督管理总局向J公司出具“经营者集中反垄断审查不予禁止决定书”，决定对本次收购不予禁止。至此，J公司成为B集团100%的控股股东，并以合计48.84%的持股比例成为H公司的实际控制人。

2020年7月20日，J公司按照国家发展改革委的要求提交了外商投资安全审查申报材料。2020年8月24日，J公司收到国家发展改革委的通知：“你公司提交的拟并购B集团安全审查申报文件收悉。经研究，根据申报材料，不对该并购进行外商投资安全审查。”

(二) 讨论与分析

(1) 本案发生时，关于外商投资安全审查事项适用何法律?

本案发生于2020年，此时《外商投资安全审查办法》尚未施行，故本案适用《国务院办公厅关于建立外国投资者并购境内企业安全审查制度的通知》《商务部实施外国投资者并购境内企业安全审查制度的规定》《自由贸易试验区外商投资国家安全审查试行办法》等相关法律。

(2) 结合第一问，谈谈为什么国家发展改革委无须对J公司收购B集团进行外商投资安全审查。

本案中并购交易所涉领域主要为造纸行业，根据《国务院办公厅关于建立外国投资者并购境内企业安全审查制度的通知》关于“并购安全审查内容”的规定，由于本次并购交易不会对国防安全、国家经济稳定运行、社会基本生活秩序、国家安全关键技术研发能力造成影响，故不需要启动审查程序。

案例2 中国D公司收购德国F公司案

(一) 案例导入

D公司是中国大型国有电力有限公司，亦是全球最大的电力公司。德国F公司是德国四大高压输电系统运营商之一，主要建设和服务德国北部和东部的电网系统。在并购交易前，F公司由比利时电网运营商E公司和澳大利亚基建基金I公司共同所有，二者分别占有60%和40%的股份。

2018年，D公司先后两次收购I公司持有的F公司一半的股份，均以失败告终。2018年2月，D公司以8亿欧元拟收购I公司持有的F公司一半的股份，即总计20%的股份，该交易于2018年2月底获得德国反垄断机构的批准，却在3月被E公司以优先购买权为由拦截购买。2018年5月，D公司拟再次以10亿欧元价格收购I公司最后20%的股份，仍被E公司以9.76亿欧元购入，随后E公司将这20%的股份直接卖给了德国K银行。德国联邦经济与能源部宣布，德国K银行将暂时接管代售的20%股权。而K银行则声明F公司的参与权由联邦政府行使，银行不承担企业战略责任。

“关键的基础设施必不能出售。出于对安全政策的考量，联邦政府高度重视对关键能源基础设施的保护。”德国社会民主党经济及能源发言人被问到D公司收购F公司的相关事宜时对媒体称。“政府不能左右过程，但照例若有必要可进行谈判……”另一名联邦经济与能源部发言人这样表示。

(二) 讨论与分析

(1) 结合所学的相关知识，谈谈本案是否属于德国的外商投资安全审查范围。

从并购行业的类型上看，本案属于审查范围，但从程度上看，本案未达到启动审查的标准。本案属于德国能源领域的外资并购行为。根据AWV第55条、第60条，按照审查对象的类型，本案属于非军事领域的一般收购审查对象，本案发生在2018年2—5月，此时对于非军事领域的并购行为仅当外国投资者持股比例达到25%以上时才进行审查，本案中的持股比例仅为20%，明显没有达到启动审查的标准。

(2) 若德国政府干预了D公司与I公司的交易，其行为是否合法？D公司能否寻求救济？

本题为开放性问题，若认为合法，可以从本案交易涉及国家关键设施领域，援引WTO相关法律中安全例外条款等方面寻找合法性依据。若认为不合法，可以从实施主体、方式、程序的合法性以及本案是否属于审查范围等方面去思考。D公司可以通过申请东道国当地救济、申请国际仲裁、寻求母国外交手段等方式进行维权。

案例3 英国T公司收购日本J公司案

(一) 案例导入

T公司是英国一家投资公司，也是英国最大的对冲基金，该公司投资了大量的海外业务，以极具侵略性的投资风格在业界著称。J公司是日本唯一一家拥有连接全国地方电力公司的供电网的公司，并且计划修建原子能发电站。从投资战略上看，J公司掌握着日本四大岛的电线联系线，由于日本的关东地区和关西地区的赫兹不同，只有J公司掌握变电的能力，因此，控制J公司就能在相当程度上控制日本的电力布局，甚至可以向日本的其他电力公司发号施令。

T公司原本持有与《外汇外贸法》的管制不相抵触的9.9%的股份。2008年1月，T公司宣布拟将J公司的持股比例提高至20%，根据《外汇外贸法》的相关规定，T公司向日本财务省以及经济产业省提交了申请，日本财务省及经济产业省受理了该申请，并将审查期限延长至5个月。2008年4月11日，日本政府召开“关税、外汇审议会的外资特别例会”，听取T公司方面的阐述和意图。财务省以及经济产业省根据T公司在海外的投资案例等认为：如果承认T公司对股份的增持，则T公司将会对J公司的经营产生一定的影响，这样就会对本国供电网投资以及原子能发电站的建设和运营造成不良影响。2008年4月16日，财务省以及经济产业省以“恐有碍于公共秩序的维持”为由对该笔交易发出中止劝告。T公司认为日本政府没有明确“公共秩序”的具体概念，审查程序不透明，有失公平，因此拒绝该劝告。2008年5月13日，财务省以及经济产业省向T公司发出中止投资的命令，否则将以违反《外汇外贸法》为由对T公司治罪。2008年7月，T公司在新闻发布会上对日本政府的做法表示不满，表示可能采取法律手段，后因诉讼成本及迫于日本政府的压力放弃诉讼。

英国《金融时报》在2008年5月5日引用了一名美国官员的表述，认为T公司增持J公司股份的交易并不涉及日本的国家安全，该文表示一些发达国家在采用各种策略实施投资保护主义。

(二) 讨论与分析

(1) 请结合所学知识，分析日本财务省以及经济产业省规定5个月的审查期限是否合理。

合理。本案涉及日本电力行业的外资并购交易，根据《外汇外贸法》，属于公共秩序行业范畴，适用事前审查程序，如涉及外汇、关税等事项，审查期限最多延长至5个月。

(2) 你认为日本政府的行为是否属于投资保护主义?

本题为开放性问题。由于T公司最终放弃诉讼权利，故无法得知日本法院对该问题的态度。投资保护主义是国际贸易中以限制外资企业、保护国内产业为目的的经济政策体现，违反了国民待遇原则。如果认为日本政府的行为属于投资保护主义，可以从“公共秩序”概念不明确、审查程序不透明等程序性事项谈起。如果认为日本政府的行为不属于投资保护主义，可以根据《外汇外贸法》关于“外国投资者所持上市公司股份比例10%以上需要接受审查”的规定等法律依据，认为日本财务省等相关部门可以根据法律以“妨碍公共秩序维护或者妨碍公共安全保障”为由否决该交易。

知识拓展

一、拓展阅读

1. 习近平. 习近平谈治国理政：第4卷. 北京：外文出版社，2022.

2. 中华全国律师协会.“一带一路”沿线国家法律环境国别报告：第一卷. 北京：北京大学出版社，2017.

3. 中华全国律师协会.“一带一路”沿线国家法律环境国别报告：第二卷. 北京：北京大学出版社，2017.

4. 彼得·弗兰科潘. 丝绸之路：一部全新的世界史. 邵旭东，译. 杭州：浙江大学出版社，2016.

5. 何勤华，马贺，蔡迪，等. 大陆法系. 北京：商务印书馆，2015.

6. 张光. 国家安全审查的国际投资仲裁救济探析. 国际商务研究，2019 (5).

7. 韩冰. BITs与海外投资利益保护：基于中国与“一带一路”国家BITs的分析. 国际经济合作，2017 (8).

8. 祝宁波. 中国海外投资利益保护的法律风险管理模式探讨. 理论导刊，2018 (3).

9. 漆彤. 论外商投资国家安全审查决定的司法审查. 武汉大学学报（哲学社

会科学版)，2020 (3).

10. 张怀岭，邵和平. 对等视阈下外资安全审查的建构逻辑与制度实现. 社会科学，2021 (3).

11. 漆彤，刘嫡琬. 外国投资国家安全审查制度的国际协调：必要性、可行性和合作路径. 国际经济评论，2021 (4).

12. 胡子南. 英法德三国收紧外商投资安全审查监管研究. 国际论坛，2021 (6).

二、毕业论文选题指导

1. “一带一路”共建国家外商投资安全审查机制比较法研究
2. “一带一路”共建国家外商投资安全审查救济机制比较法研究
3. 外商投资安全审查之“安全”内涵研究

第三章 “一带一路”投资合同权益保护法律实务

基础理论

合同是国际投资项目运作的主要载体，也是保障国际投资顺利开展的重要基石。在国际社会中，几乎所有法律体系下的合同都是由两个及两个以上当事方达成的。合同是能够确定当事方之间权利与义务关系，并具有一定的法律拘束力，可保障正当目的的实现的一种相互约定。因此就本章而言，投资合同指的是，在国际投资中，各方通过协商谈判达成的，以管理投资交易及其运作中的相互关系为目的、以权利义务为内容的书面法律文件。在某些情况下，投资合同相对简单，如对公司股票等证券投资的合同；然而，在有些投资项目中，如垃圾发电项目的融资建设与运营，则需要一个较为复杂的合同网络。当前，在共建“一带一路”过程中，可能面临的政治、经济、文化等方面的各种风险会阻碍“一带一路”下的投资建设，而合同是保障具体投资项目顺利启动与开展的关键性因素。因此，加强“一带一路”投资合同权益保护的探讨和学习，对于“一带一路”投资风险的防范控制以及投资项目的发展建设具有重要意义。

一、国际投资中的投资合同的类型及其特点

国际投资往往都是通过合同达成的，国际投资合同是组织和经营任何外国直接投资的内在组成部分。即使一个简单的外国直接投资，如一家美国公司在柬埔寨与当地的一家公司合资生产冰箱，也需要签订一系列的投资合同。投资合同的内容千差万别，因此对世界上各种各样投资项下的合同及其中的不同条款进行分类是困难的，本章将选取四种较为常见的国际投资合同类型进行介绍。

(一) 资产收购协议

资产收购协议是国际投资中主要的投资合同类型，一般产生于全资直接投资活动之中，已经成为跨境投资中应用较多的一类协议。

1. 全资直接投资的形式

全资直接投资是国际投资的一种重要形式，从国际投资实践来看，外国投资者在东道国设立企业的方式主要有两种：一是新设企业，二是兼并或收购现存企业。除此之外，在法律实践中，在外国进行全资直接投资时，投资者会就其投资项目所采用的法律形式提前作出选择决定，即在该投资项目中是设立分支机构，还是设立独立子公司：分支机构是承担投资的公司或实体的组成部分，通常构成该外国公司在东道国投资的存在形式；子公司在法律人格上独立于其母公司，并且作为一个独立实体组织，通常是根据东道国法律具有独立人格的公司。因此，外国投资者在东道国的全资直接投资主要都是以上述的两种形式进行的。①

2. 资产收购协议的概念与特点

在外国进行全资直接投资时，单个投资者（自然人、法人或非法人组织）都需要购买生产性资产并进行控制和运营，以实现盈利。为了获得生产性资产，投资者必须与其他人签订一份或一系列合同，还可能不得不与东道国实体签订协议，以获得经营投资的许可或东道国政府给予的优惠等待遇。因此，资产收购协议是资产收购双方就收购条件和程序达成的一种投资协议。资产收购协议主要具有以下特点：一是资产收购协议的主体是作为买卖双方的两家公司，而不包括公司股东在内，因此，资产收购与一般的控制权收购或股权收购在主体方面存在本质区别；二是资产收购的标的是公司出售的某项特定资产，而不包括该公司的负债；三是资产收购完成后，收购公司与目标公司各自保持自己的独立法律人格；四是资产收购的法律关系虽然较为简单，但也不可避免地产生相应的交易成本。

(二) 国际合资协议

一般来讲，投资者进行海外直接投资，必须提前作好其是独立承担该项目还是与其他投资者联合承担该项目的投资决策。在第二次世界大战之前，外国直接投资通常采用的形式是投资者独立承担投资项目，即投资者在东道国设立全资子公司。但随着战后国际贸易和投资的飞速扩张，外国直接投资越来越多地采用另一种形式，即合资企业形式，在此基础上，国际合资协议随之产生。但是在国际合资风起云涌的前期，投资者对于合资企业的要求没有表现出较大的热情，他们

① Jeswald W. Salacuse. The Three Laws of International Investment. Oxford: Oxford University Press, 2013: 162 - 168.

不愿意与一起合资的本地企业分享具有潜在价值的信息，并且担心合资企业本身的分权管理会带来一定的困难，因此不愿意向可能与他们产生竞争关系的合资方透露有价值的技术和商业秘密。为了更为积极地鼓励外资，许多国家取消或者放宽了合资企业要求，更加积极地寻求外国资本。特别是自 20 世纪 70 年代以后，国际合资企业的数量、规模和地理分布范围呈指数增长趋势。[①] 合资企业成为进行海外直接投资最普遍的方式之一。[②]

1. 国际合资企业

在国际商务领域，“合资企业”一词有多种含义。有学者认为，合资企业意味着项目中的合作伙伴的国籍彼此不同，或与合资企业经营所在国不同。例如，一家法国公司和一家美国公司在加拿大创建的制造设施被视为“国际合资企业”[③]。而对于广大发展中国家来说，这个概念还有另一个含义，即一个或多个外国人和一个或多个来自东道国的当地合作伙伴在东道国的投资项目。在少数发展中国家，合资企业的含义则更为有限，指的是在一个联合投资项目中，至少一个合资伙伴来自国外，并且至少一个其他伙伴是东道国当地的国有企业。本质上讲，国际合资企业是一种经济或金融关系，根据所涉东道国的法律，这种关系可以采用多种法律形式。

为使合资企业正常运作，必须确保其获得各种资源和服务，其中的许多资源和服务将由合资各方自己提供。通常，特定合资伙伴和合资实体之间的单独合同将管理这些资源和服务的提供。为使提供必要资源和服务的合同具有法律上的确定性，合资伙伴通常会在谈判合资协议时准备这些合同，并在合资协议中规定，一旦合资公司成立，合资公司的股东将采取一切适当措施促使合资公司签订这些合同，这些合同通常会作为合资协议的附件。[④] 根据内容不同，合资伙伴间的协议主要包括“合资协议”、“公司成立前合同”或“创始人协议”等。

2. 国际合资协议的概念与特征

合资企业的参与者都会寻求在书面合资合同中体现其相互关系，国际合资协议由此而来。国际合资协议是确定合资各方之间的法律关系、承诺参与方向合资

① Arslan Ahmad. Impacts of Institutional Pressures and the Strength of Market Supporting Institutions in the Host Country on the Ownership Strategy of Multinational Enterprises: Theoretical Discussion and Propositions. Journal of Management & Governance, 2012 (16): 107 - 124.

② Jean-Paul Roy, Christine Olive. International Joint Venture Partner Selection: The Role of the Host Country Legal Environment. Journal of International Business Studies, 2009 (40): 779 - 801.

③ F. Hodge O'Neal, Robert B. Thompson. Close Corp and LLCs: Law and Practice. Eagan: Thomson/West, 2011: 290.

④ Wolfgang G. Friedman, Jean-Pierre Beguin. Joint International Business Ventures in Developing Countries. The International Executive, 1971, 13 (3): 1 - 51.

企业提供商定的资源、确保参与方通过开展合作实现商定的目的和行动的协议。[①]由于当地、外国和国际潜在的合作伙伴的目标和观点存在分歧，国际合资协议的谈判可能需要相当长的一段时间，并要求所有相关方都具备一定的谈判技巧。有时国际合资协议包含在单一文件中，但在许多情况下，它可以包括多个协议——基本合资合同（有时称为“创始人协议”），以及涉及管理服务、专利和商标许可、技术服务、贷款和长期销售安排等事项的单独辅助协议。

总体而言，国际合资协议具有以下几方面特征：一是合资协议中的资本由合资方共同投资，以认股比例为准绳来规定各方的权责；二是投资条件较为苛刻，双方需要共同投资，而且运用统一币值来计算投资比例；三是合资方共享收益、共担风险，根据出资进行分配；四是合资企业生产经营由合资方共同管理，有较为充分的经营权；五是在与东道国合作的合资企业中，即使外国投资者只是贡献了一小部分资本，其通常也能够确保自身合资企业的法律地位。

(三) 项目融资合同

出于战略、民族主义和意识形态等的考虑，许多国家都经历过不允许外国直接投资在本国基础设施发展中发挥重要作用的阶段。当时，这些国家的政府普遍认为，重要的基础设施服务，包括道路、港口、电力、水务、通信等的市场提供者不应含有外国资本的因素，这些服务只能由本国政府及其掌控的实体来提供。尤其对于发展中国家而言，其最为担心的是外国投资者对基础设施的投资会直接导致外国主导其本国的经济，进而使其自身经济的发展和独立性受到干预和影响。然而，20 世纪 80 年代后期，这种限制外国投资者在基础设施开发领域发挥作用的情况发生变化，越来越多的国家制定法律、法规和政策，开始允许外国私人投资者承接本国的各种基础设施建设项目。产生转变的主要原因是，这些国家巨额的财政赤字、沉重的对外债务、低效的政府管理，导致国内公共融资难以满足对本国国民经济发展至关重要的大型基础设施项目建设日益增长的资金需求。因此，政府部门开始对公共部门行业进行私有化改造，同时也逐渐允许外国投资者在传统上由政府或公共部门负责的基础设施项目建设、维护等方面进行投资。

东道国在政策和法制方面的重大变化，为外国投资者通过各种类型的项目模式进入基础设施建设领域创造了机会。由于基础设施建设周期长且需要大量资金，项目融资交易过程中往往不仅涉及股权的投资，还会涉及特定种类的重大债务。项目融资合同是在国际投资中，有关项目融资的一系列各自独立的合同的总称。根据融资模式的不同，项目融资合同主要有以下两种。

① Jeswald W. Salacuse. The Three Laws of International Investment. Oxford: Oxford University Press, 2013: 245.

1. BOT 合同

BOT (Build-Operate-Transfer)，即“建设—经营—转让”，用以表示一种常见的，以政府特许权为依据，通过委托专门机构负责基础设施等公共项目的融资、建设、经营，从而实现私人融资建设基础设施的投资模式。在“一带一路”共建国家或地区中有许多发展中国家，这些国家亟须发展其较为落后的基础设施，却苦于建设资金短缺，采取 BOT 模式能够促进政府和外国私营企业的项目合作，从而加快国内基础设施和公共事业的建设，早日实现互联互通。

(1) BOT 的概念与特征。

一般地，BOT 投资模式的运作先由外国私人投资者与东道国政府签署特许协议，在协议专营期内，该私人投资者通过组建一个项目公司的方式获得东道国境内某一项目的建设经营权，并以该项目的收益清偿贷款，待约定期限届满后，该私人投资者需依据协议的规定，将已完成的基础设施投资项目移交给东道国政府。BOT 模式的实质为国家让渡基础设施的建设经营权而最终获得建设项目所有权的一种交易模式。BOT 模式具有如下特征：第一，BOT 是一种带有明显融资性质，并以一系列承包经营合同体现的新型投资方式。第二，BOT 涵盖一系列的合同安排，其中包括特许经营权合同、合资或联营合同、借贷合同和担保合同等。第三，BOT 中的外国私营企业基于许可，通常可取得由政府部门承担的建设和经营特定基础设施的专营权。第四，在 BOT 规定的期限内，外国私营企业通过其设立的项目公司负责融资建设和经营该基础设施项目，并用以偿还贷款、回收投资和取得利润。第五，BOT 项目体现了基础设施建设经营权和所有权的分离，即在期限未届满时，项目公司无须将基础设施移交给东道国政府。

国际基础设施 BOT 项目融资合同的一方当事人是政府或公共机构，另一方则是私营部门实体。但在实践中，若单个公司无法完成整个项目，对该项目有兴趣的多个私人投资者可能会组建一个合资企业或财团来共同承担该项目任务。通常，东道国政府会要求该私营部门实体在任何情况下都在当地注册，因为东道国政府认为这样可以提高其对项目的控制和征税能力。东道国政府也可以采用要求本国国民拥有项目公司一定比例股份的方式来限制参与项目的外国投资者。对于承包商而言，其无论是否直接参与项目建设，都必须根据东道国的法律获得认证，以承担项目的施工和设备供应。而设施运营商也可以不是项目的发起人，但必须负责基础设施运营和维护各个方面的工作，包括向使用者收费等。

BOT 模式还演化成其他几种形式，包括但不限于：1) BOO (Build-Own-Operate)，即建设—拥有—经营。这一方式与 BOT 的不同之处在于，BOT 未来所有权可能属于项目所在国，但 BOO 未来所有权不转让给项目所在国。2) BOOT (Build-Own-Operate-Transfer)，即建设—拥有—经营—转让，项目公司对所建设的项目有所有权并负责经营，但经过一定期限后需转交给东道国政府。除此之外，还有建设—转让（BT），建设、租赁和转让（BLT），建设、转让和运营（BTO），合同、添加和运营（CAO），开发、运营和转让（DOT），恢复、运营和转让（ROT），恢复、拥有和运营（ROO）等演化形式。尽管名称不同，但这些演化形式具有一定的共性：首先，它们涉及的外国资本或管理层参与的部分，通常被认为是对公共服务基础设施的开发和运营，这些被投资的部门均具有公共敏感性。其次，东道国政府会参与项目或作为所提供服务的监管者。最后，这些模式大都采用项目融资合同形式进行。

(2) BOT 中的特许协议。

正如前文提到的，BOT 项目通常会涉及一系列复杂的合同安排，而其中东道国政府与项目公司签署的特许协议是 BOT 所有合同签署的基石，以此为基础构成了 BOT 伞状形式的合同框架。特许协议确立了投资各方的合法权利和义务，并为项目的建设和运营提供了特别许可。它还将影响到其他类型的协议，如设计施工合同、项目贷款合同、公司章程及项目公司为建设和运营基础设施而必须与第三方谈判的运营合同等。

BOT 特许协议的当事人一方是东道国政府，另一方是外国私人投资者或项目公司。而在 BOT 具体项目中，政府不单单是具有管理职能的一方，也是特许协议的当事方，因此在特许协议中，政府方当事人也需要承担相应的义务。但值得注意的是，在具体的项目建设过程中，东道国政府的职能部门可能有许多，因此在签订具体合同时，要注意哪些部门是能与项目公司签订协议的部门。[①] 对东道国而言，基础设施项目融资存在一定的风险，例如项目融资的有限责任性可能会鼓励投资者以公众的潜在利益为代价追求风险的行为。应注意的是，一些东道国政府可能仅允许外国投资者的投资在 BOT 的基础上进行，如我国对于基础设施投资项目有限制性规定，即禁止外国投资者独家经营和控制与我国人民的日常生活密切相关的基础设施项目；又如在电力行业，我国立法规定，除了 BOT 项目，外国投资者一般不得持有电厂超过 30% 的股权。因此，在进行国际基础设施投资前，要密切注意东道国关于 BOT 模式的法律法规，以免造成不必要的经济损失。

2. 国际融资租赁合同

随着全球化的发展，在国际投资过程中，为了通过全球范围内的资金筹集与资金配置，实现筹资成本最低化、资本收益最大化，更好地控制风险，国际融资应运而生，而其中的国际融资租赁是实现国际融资的重要模式之一。国际融资租赁合同，是指当事人双方约定，一方根据他方对标的物的特定要求和对供货人的

---

① 杨松，高岚君，吴凤君．国际投融资法的新发展：BOT 法律问题研究．北京：法律出版社，2006：101－103.

选择，出资向供货人购买该物，并在一定期限内移转物的使用、收益权于他方，他方给付租金的具有涉外因素的合同。

国际融资租赁合同具有以下特点：一是与国际买卖合同不同，国际融资租赁合同的承租人享有买受人的权利但不承担买受人的义务。二是国际融资租赁合同的出租人不承担租赁物的维修与瑕疵担保义务，但承租人须向出租人履行交付租金义务。三是根据约定及支付的价款数额，国际融资租赁合同的承租人有取得租赁物所有权或返还租赁物的选择权，即承租人如果支付的是租赁物的对价，就可以取得租赁物所有权，若支付的仅为租金，则须于合同期限届满时将租赁物返还出租人。融资租赁期间，承租人与出租人之间是一种借贷关系，因此在一般情况下，国际融资租赁合同届满后，若承租人已向出租人偿付了本息，则租赁物归承租人所有。但如果合同约定，融资租赁合同届满时，租赁标的物归出租人所有，则该标的物应返还给出租人。

(四) 国际贷款合同

国际贷款合同是明确借款人和贷款人之间国际借贷债权债务关系的协议，其内容由当事人双方按照具体的贷款要求协商确定。[①] 国际贷款合同是国际商业贷款中最主要的法律文件。国际贷款合同的特点是涉及面广，几乎涉及债权、物权、信托、外汇、财政、金融、保险、税收、担保等各个部门，往往牵涉不同利益的各方当事人以及不同国家的国内法律制度和国际法律制度。在国际投资领域，银团贷款和项目贷款是国际贷款交易的主要形式。

1. 国际银团贷款合同

在国际投资中，大多采用中长期的国际商业贷款来进行资金的整合，而国际银团则是国际商业银行在其中经常采用的手段。国际银团贷款合同又称为辛迪加贷款合同，是指在牵头行组织下，多家银行参与组成国际性银行集团，并按照各自的承贷份额，依据同样的贷款条件，共同向同一个借款人提供贷款资金融通所形成的书面协议。一般地，国际银团贷款合同是各贷款行直接或者通过其代理行与借款人签订的。国际银团贷款分为直接银团贷款和间接银团贷款两种类型。直接银团贷款是指银团内的成员行委托代理行向借款人发放、回收和统一管理贷款的模式。而间接银团贷款也称参与型银团贷款，通常由一家牵头行单独与借款人签订合同，向借款人贷款，然后由该牵头行将参与贷款权转售给其他愿意提供贷款的银行。国际银团贷款一般以美元为主，但在同一笔贷款中也可采用欧元、日元等其他货币；同时国际银团贷款的汇率计算方式也较为多样，即使同一笔贷款，利率也可不同。

① 张晓君. 国际经济法学. 厦门：厦门大学出版社，2012：121－122.

总的来看，国际银团贷款的特点主要包括：第一，期限较长，金额较大。国际银团贷款的期限少则2～3年，多则可达15年，而且贷款规模受限制较少，可提供较大的资金额。第二，由多家银行共同参与承担贷款风险，贷款风险显著降低。第三，强化了银行间贷款业务合作，可避免同业竞争。第四，贷款不附带其他限制性条件，如将购买贷款国产品作为限制。第五，筹资方式灵活，资金形式多样，资金筹措时间较短且费用较低。因此，以上这些特点使国际银团贷款成为国际资本流动的重要方式。

2. 项目贷款合同

项目贷款是为国际上的大型工程项目筹措资金的一种方式。[①] 其主要是指贷款人向某一特定项目提供借贷资金，以该项目的预期收益为还款的主要来源，以项目的资产包括各种项目合约上的权利为附随担保的一种中长期银团贷款形式，其主要用于油气等自然资源开发和基础设施建设项目。在项目贷款中，贷款人主要依靠项目资产及收入而非项目发起人的信用来还贷，即项目贷款是在无追索权基础上提供的，这意味着对贷款人而言，项目发起人和投资者不承担偿还项目贷款的任何责任。国际商业银行是项目融资交易的主要贷款来源。项目贷款所贷款项可能是项目发起人出资的数倍，因此其资本结构严重依赖债务。[②]

项目贷款合同也称为工程项目筹资贷款合同，其最主要的目标是保障来源于项目本身的资金能够归还贷款。[③] 项目贷款合同具有以下几方面特点：第一，项目贷款以项目产生的收益作为还款资金来源，并将经营该项目的资产和收益作为还款保证。第二，贷款人和投资者共担风险。第三，项目贷款对象是为特定的工程建设而设立的项目公司。[④]

二、“一带一路”投资合同缔结权益的谈判保护

一般地，国际投资合同都是由外国投资者与东道国政府或当地的投资者通过谈判达成的。有些投资合同，如股权投资合同，签订的过程相对较短；但承接大型基础设施项目的投资合同，则可能需要多方进行长时间的谈判，以确保合同项下的项目所需的各项内容均能够满足参与各方的意愿。总之，所有投资都需要相关方通过谈判协商，最终实现合同的缔结。在“一带一路”投资实践中，合同谈判过程中不可避免会遇到风险障碍，有些问题将直接影响到投资合同权益能否实现。因此，本部分将系统剖析“一带一路”投资谈判中可能遇到的问题并明确地给出具体处理方式，为“一带一路”投资合同缔结权益的保护提供指引。

---

① 韩龙. 国际金融法前沿问题. 北京：清华大学出版社，2010：166.

② 郭洪俊. 国际银团贷款中的法律问题研究. 北京：法律出版社，2001：125-127.

③ 韩龙. 国际金融法前沿问题. 北京：清华大学出版社，2010：166.

④ 朱怀念. 国际项目融资法律问题研究. 武汉：武汉大学出版社，2002：200-201.

(一)“一带一路”投资合同谈判面临的问题

国际投资合同的谈判，包括实体和程序两个方面。实体方面的谈判主要与合同中的具体条款有关，例如投资者支付资本金的数额、债务人作出的承诺和保证，以及履行中的特定日期等。程序方面则与各方为达成协议而采取的行为方式有关。有效的国际投资合同谈判需要在实体和程序双重层面都把握好。一般地，国际投资合同谈判可分为三个阶段：第一阶段即所谓的预谈判阶段，主要涉及潜在投资交易各方对是否愿意谈判作出决定，考虑合同即将谈论的内容，以及合同在何时、何地，以何种方式进行谈判；第二阶段即初步共识阶段，各方的目标是就投资中的基本概念或基本原则初步达成一致，该阶段以签署意向书、谅解备忘录或类似文件的形式呈现；第三阶段是具化共识阶段，也是谈判的最后阶段，主要致力于将合同中的商定概念及条款明确化、具体化和细化，通常以签署一份详细的合同作为结束，而该份合同记录了各方对投资交易中各种相关问题的理解。

在国际投资合同谈判过程的三个阶段中，当事方往往会面临各种各样的障碍因素，这些因素可能影响各方在缔结合同中的权益，甚至可能导致国际投资合同难以达成，“一带一路”项下的投资合同谈判也不例外。一般而言，这些因素主要包括以下八种。

1. 谈判环境因素

合同谈判一般处于特定的环境之中，尤其是在国际经贸合同谈判时，谈判环境更是一个可能左右谈判进程的重要因素。国际投资项目谈判一般会选择在投资目的国或第三方国家进行，而不在投资者的本国进行，在国外这种陌生环境中谈判会给参与谈判的外国投资者带来一定的压力，进而可能对缔结合同中的权益产生直接影响。首先，在投资目的国进行谈判时，即便事先了解了当地风土人情，学习了当地语言文化，熟悉了当地商业惯例，也掌握了当地政策法律，但是对于参与谈判的非本地一方而言，生疏的环境会影响到合同谈判者的专注度，进而影响谈判的效率。其次，即使选择在第三方国家谈判不会出现上述情况，也不会给参与谈判的任何一方带来特别的优势或劣势，但这种谈判地点的缺陷是，会限制双方通过谈判实地了解项目所在地及相关基本情况的机会。最后，采用通信手段，即依赖网络技术，用电子邮件、卫星电话或视频会议的方式进行合同谈判，回避了谈判环境因素带来的影响，虽然比较方便和经济，但会使谈判各方失去在谈判桌上尽可能多地了解对方的机会，同时通信手段在非语言信息传递方面效果较差，也会直接影响传递信息的真实性和谈判的效果。

2. 外国法的障碍

外国法障碍是影响国际投资合同谈判的第二大因素。由于投资所在地，即东道国的法律通常与投资者本国的法律不同，因此外国投资者必须花费一定的时间和精力去学习投资目的国的法律。具体而言，谈判中的外国法障碍主要体现在以下三方面：第一，法律法规的缺失。在吸引外商投资或者对外投资过程中，东道国政府缺乏相应的法律法规或者法律规定较为模糊，会严重阻碍国际投资合同的订立。例如在20世纪90年代中期，老挝启动了一项公共企业私有化和吸引外国投资的计划，但由于其国内没有公司法，该项计划最终未能达成。第二，法律或管辖冲突。在国际投资中，同一商事交易可能受到两个或两个以上国家的法律管辖，并受到两个或多个当局的征税。因此，法律的多元化总会带来使谈判和交易本身可能受到多个法律、政府或司法机构挤压的风险。第三，缺乏有力的保障。国际投资合同的顺利执行需要争端解决机制的保障，但是有些国家尚未建立相应的法律机制，如国际投资仲裁与双边投资条约和贸易协定的保护条款相联系的制度，或者建立的相应机制较为陈旧，这也是国际投资合同谈判的一大障碍。

3. 意识形态分歧

国际投资合同谈判的参与者在意识形态认识方面的差异可能会在国际投资合同订立过程中成为障碍。意识形态是一个系统的信仰体系，它解释了社会应该如何运作以及应该遵循什么样的原则和准则。与文化不同，随着时间的推移，同一个社区成员的文化可能会被同化，意识形态则是一套有意识学习的政治理想和信仰。首先，意识形态会使谈判和讨论具有对抗性。意识形态不同可能导致合同谈判者之间产生巨大分歧，不利于共同问题的解决。其次，意识形态常常使谈判者之间的沟通复杂化，例如“支持”、“人权”、“自由企业”甚至“国家”等词对谈判者而言可能有强烈的正面或负面影响。最后，意识形态也可能导致各方采取强硬立场，从而阻碍其在谈判桌上寻求利益的相互妥协。

4. 外部控制因素

在大多数情况下，国际投资谈判其实就是在不同国家的各种组织之间建立起相应的联系。因为尽管谈判会受到参与谈判的当事人的个性、技能与经验的强烈影响，但在实际谈判过程中，谈判方也不能忽略对方所代表的相关外部控制因素的影响，毕竟谈判人员来自不同国家的政府部门、公共机构或商业组织，它们虽然不在谈判会场之中，事实上却是能够掌控谈判全局走向的关键因素。因此，谈判者不仅要关心坐在谈判桌对面的人，还必须不断思考他们背后的组织和机构会如何决定。如果出现事前商谈得很好，但事后相关组织和机构不予批准的尴尬局面，则会对参与投资谈判的当事人造成一定的障碍和困惑。

5. 金融风险障碍

与国内投资不同，国际投资会涉及多种货币的结算和兑换，这会对国际投资合同谈判构成特殊障碍，即参与谈判的人员必须不断思考可能出现的金融风险问题。正如在1994年墨西哥比索危机和1998年亚洲金融危机中所呈现的那样，世界各国货币相对价值的不断变化，会给任何国际投资合同的谈判注入巨大的货币风险。此外，大多数“一带一路”共建国家是发展中国家，这些国家在资源和能源开发利用、交通基础设施建设等方面的资金需求量较大，因此大量的投资往往会集中到这些国家和地区，但由于其本身金融制度不健全、金融市场发展不充分、资金市场缺乏良性循环等因素，以及投资建设中一般存在的融资期限长、未来收益不确定、回报率不高等问题，该区域内的投资极易出现金融风险，进而直接影响到投资合同的谈判缔结。

6. 情势变动问题

在国际投资交易中，各种突发事件所造成的情势变动风险的影响通常远大于国内投资。比较大的变动，如各种战争、国家革命等所导致的禁航禁运、货币贬值和政权更迭均可对国际投资产生难以想象的严重后果。即使是较小的变动，如政府机构或人员变化，事实上也会威胁到合法投资交易。例如，在印度尼西亚的一起案件中，新任命的一位管理保险的部长出于某种政治和商业原因的考量，在认定当地一家合资企业的美方投资者不可接受时，通过施压的方式，要求其在印度尼西亚重新找寻合作伙伴。该案中的行为会严重加剧国际投资的不稳定性，对于国际投资谈判者而言也会成为其心理上的莫大障碍。

此外，经过艰苦谈判正式签署的国际投资合同，往往也会因环境或各方态度的变化而破裂。实际上，只要情势变动导致一方当事人遵守合同的成本远大于放弃合同的成本，其结果通常是当事人选择拒绝履行或重新谈判。因此，尽管国际投资谈判的普遍目标不仅仅是获得“双方同意”，还包括坚持将通过艰辛谈判达成的合同执行下去，但是事实上，国际投资合同的不稳定性已经成为国际投资合作中一个常见的情况。因此，情势变动风险是国际投资合同谈判的一个障碍。

7. 文化差异因素

“一带一路”共建国家众多，不同国家的社会文化不同，投资谈判者之间的文化差异在许多方面都可能阻碍谈判。

首先，文化差异会导致谈判双方在沟通时极易产生误解。谈判实践因文化而异，文化可以影响“谈判风格”，即来自不同文化的人在谈判过程中的行为方式不同。由于历史文化传统的原因，西方人虽然在表达上比较直白，但往往在谈判中偏于理性，主要采用阵地式的谈判模式；而东方人尽管在表达上比较含蓄，但在谈判过程中会更偏向感性，主要采用策略式的谈判模式。这些文化上的差异，就会导致在某些问题的谈判中出现格外明显的沟通障碍。例如，在对谈判中某个分歧较大条款沟通的过程中，若西方人讲出“不可接受”之类的话语，东方人可能就会认为对方这是在表达他们不愿意再在这个条款上“煞费苦心”了。这是因为，从东方人擅长的策略式谈判思维和含蓄的表达方式出发来判断，一方面，对方提出不可接受，他们一定是想借此实施某种计策，而我方干脆将计就计也不接招；而另一方面，既然对方都说了“不可接受”，那我方对此更无须多言了。但事实上，从西方人惯用的阵地式谈判思维角度出发即可以理解，他们所说的“不可接受”实质上是留有余地的，因为他们内心期望的是通过这种表达来逼迫对方在其他方面提出满足其利益的条款以换取他们对该分歧条款的接受，而并非“完全”不可接受。

其次，文化差异也会给谈判双方对谈判行为的理解造成困难。比如，印度和缅甸有严格的种姓制度和等级观念，在与其他国家的人进行谈判时，他们的谈判代表会有意无意间表露出对其他国家谈判人员及其随从的冒犯，如果不从文化差异的角度理解和考量，这些冒犯的行为可能被其他国家的人误解为是他们对于谈判本身的不在意，甚或是对于谈判对象的不重视，从而给谈判的顺利进行造成不利影响。

再次，文化差异也会影响到谈判双方对于国际投资合同内容和履行方式的确定。例如在伊斯兰国家，根据伊斯兰法律，一般禁止对贷款收取利息，因此参与当地投资的谈判者可能有必要将交易中的费用进行重新分配或者将利息定义为“保管费”，以便能够在谈判时获得这些国家的认可。“一带一路”共建国家中有的国家手续复杂，比如哈萨克斯坦、吉尔吉斯斯坦、塔吉克斯坦等国的进口和出口需要数十个文件，完成出口耗费时间长达数月，这种行政和司法文化也会直接影响投资者的谈判。

最后，文化差异也必然要求外国投资者的产品、服务、管理制度和人员在东道国的投资实践中发生变化，因此文化差异除可能影响人们对于谈判本身性质和功能的理解外，在一定意义上也会对外国投资者参与谈判的心理预期造成反作用。

8. 经济安全因素

经济安全是保障投资稳步推进、保障合同权益的重要因素，因此从谈判开始就要重视经济安全因素可能带来的问题。从“一带一路”共建国家的整体经济状况来看，大多数国家仍处于发展中水平，一些地区政治局势不稳，在当前全球经济放缓的情况下，这些国家和地区的宏观经济安全风险加剧，导致许多投资者持谨慎和观望态度，这对共建“一带一路”投资的项目谈判活动产生了较大影响。此外，随着美国单边主义升级，供应链和价值链向外转移的预期也进一步加剧了“一带一路”投资的经济安全风险，势必会对当地投资合同谈判造成许多负面效应。最后，“一带一路”共建国家反垄断和税收政策风险均会成为该区域内投资合同缔结的经济障碍。①

(二)“一带一路”投资合同谈判中问题的处理

1. 谈判环境因素的应对

谈判环境因素对投资合同谈判的影响，主要涉及人员和地域两方面因素。就人员因素而言，在国际投资合同谈判过程中，谈判人员的确非常重要，但往往人

① 孙南申. “一带一路”背景下对外投资风险规避的保障机制. 东方法学，2018 (1): 25.

员方面也会遇到难题，比如在大型基础设施建设投资项目谈判中，参与方可能不仅包括投资方与东道国政府，还包括与该项目有着密切利害关系的当事方，有时还会涉及社会公众、专家及媒体等。在谈判中，谈判人员可能面临不同专业结构和行业领域的拷问，因此谈判团队人员的构成就极为关键。一般而言，派出谈判团队前，就应预先考虑对方人员的组成，并根据预计合理规划所派谈判团队人员的构成，不仅需配备具备专业谈判能力的专家，还要考虑配备法务、财务、税务、技术，甚至公关方面的专业人员。地域因素主要是指谈判地点选择所带来的对谈判的影响。对此，国际投资合同谈判方可在预谈判时或者在开始具体合同谈判之前，根据具体投资项目的情况，分析地点因素的各种优劣，并就谈判地点与对方进行坦诚的交流，以此逐步确定可行的谈判地点，进而降低谈判地域因素对投资合同谈判的不利影响。

2. 外国法障碍的处理

对于国际投资合同谈判中的外国法障碍问题，要注意从两个方面，即投资合同谈判前以及投资合同谈判过程中，去妥善处理。

在国际投资合同谈判之前，一方面，外国投资者要重视和做好包括法律尽职调查在内的前期工作。也就是说，对于拟投资的项目，在投资决策阶段，除了要事先作好经济和技术方面的可行性分析，还应作好东道国投资政策法律环境的调查，对于其国内法治与对外签署投资协定的状况、国内投资保险政策制度、同类外资企业在该国投资的经验和经历等信息都要在收集、整理的基础上作好风险评估，从而制订出一套应对项目海外风险的防范预案。另一方面，投资者还要加强和完善自身内部的风险防控体系，使海外投资业务能充分得到法律层面的审核与帮助，从而降低具体项目的法律风险，更好地维护自身合法权益。

而在国际投资合同谈判过程中，防范和处理外国法可能带来的障碍，最关键的是必须通过投资合同的谈判，使谈判参与方对于该投资项目在东道国国内立法、国际惯例及国际规则之下所具有的合法性，尽可能地给予明确的肯定。简言之，就是要在谈判中明确投资项目的合法性。对此，可从两方面着手处理：其一，要尽可能地确保投资合同谈判的整个过程是非常清晰的，甚至有时候为了透明度还需要在谈判中放弃对于某些敏感内容保密的惯常做法，以换取双方对于投资项目合法性的意见能最大限度地得到交流。其二，在外国投资者与东道国政府进行的投资合同谈判中，过于正式的接洽往往会令双方的互动较为拘谨，导致政府部门无法充分表达其对于项目合法性的意见，因此采用较为缓和的形式，比如请政府部门官员作政策分享并召开讨论会等，将会获得更好的处理效果。

3. 意识形态分歧的对待

由于与国际经贸合作相比，国际投资活动本身更具跨国性，所以发生意识形态分歧从而导致投资谈判破裂的情况更容易发生。对此，应从两个方面加以认真对待：一方面，参与国际投资合同谈判的双方，除应该明确了解自身所持意识形态外，还应通过资料收集或实地考察等方式尽可能了解谈判对方在政策法律、历史人文等方面呈现出的明确的意识形态，认真对待不同意识形态之间的区别，减少用自身的意识形态去构建可能与对方的意识形态相冲突的合同条款。另一方面，在具体谈判过程中，要尽量注重自身对具有意识形态的观念的表达，尽可能绕开意识形态分歧的相关立场或问题；而如果发生了这方面的争议，也要注意不将主要精力放在争论或解决意识形态问题上，否则只会激化矛盾，耽误谈判进程，甚至导致投资落空。

4. 外部控制因素的因应

由于国际投资合同谈判涉及多方当事人，而各方当事人背后又往往存在外部控制因素的决定作用，因此谈判的过程事实上会涉及至少三对独立且关联的关系，即与对方的关系和两个当事方各自内部的关系，而这三对关系中的任何一对都可能影响到整个交易谈判的进行。因此，对于国际投资谈判者而言，一方面，在谈判开始以前，应努力了解与其谈判的对方的背景，充分考察其决策方式，明确判断其他组织参与决策的可能性，以及在可能的情况下，采取最有效的手段接近对方高层或联络与对方有控制或关联关系的组织以获得支持；另一方面，在投资谈判过程中，为防备在谈判协议达成后，谈判者难以说服其单位批准协议的情况发生，谈判当事方应在谈判中涉及在获得内部批准方面彼此协助的办法。

5. 金融风险问题的解决

对于国际投资合同谈判中涉及的金融风险问题的处理涉及以下几方面：首先，对于一些长期项目的汇率波动风险，一方主动接受或将风险交给谈判的另一方分担固然是一种解决方法，但更为可行的处理方式可能是采用适当的手法进行规避，如通过某种形式的保险或采用套期保值、远期结售汇等对冲交易将风险转移给第三方，又如在投资合同中选择波动稳定的币种作为结算货币，采取阶段性调整价格的措施以及设置价格有效的汇率范围等。其次，对于外汇禁兑或货币不可自由兑换所带来的问题，一方面，投资者应在投资谈判开始前即对此予以充分的重视，并在调研基础上作出预判，提出可行的预案，例如采用以生产的商品作为投资收益补偿的交易模式，这样不仅可以回避货币禁兑，而且也能解决投资利润返还的问题；另一方面，在外国投资者与东道国政府的合同谈判中，也要尽可能地考虑利用合法的利益互换作为条件，争取让对方给予货币汇兑的特许权利。最后，当事人也要充分注意运用金融机制降低可能的汇兑损失风险，例如在国际投资交易中，在结算或支付体系中降低不同金融工具的转化应用，将国际通用的汇票或信用证等有价证券作为工具，这有时也会减少当事人之间的交易风险和成本。

6. 情势变动风险的预防

对于情势变动风险的处理，一般可以通过投保国内的海外投资保险或利用多边投资担保机构担保服务等方式来转移潜在的国家政治风险，也可以利用东道国政府或银行提供的担保来规避一定的商业风险。在国际投资合同谈判之前及谈判过程中，投资者也应做好以下几方面的工作：首先，在谈判之前，投资者应确定投资项目所在国是否是与其本国已经签署双边投资协定（BIT）的国家，或者该国与其本国是否都参加了涉及投资保护的区域一体化协定，并依此来决定是否前往该国进行投资谈判，因为这些共同订立或参加的协定，虽不能直接维护当事人的合同权益，却是采取前述转移或规避情势变动风险的方式的前提条件。其次，在谈判投资合同时，投资者也应注意充分有效地利用非保险类境外投资风险转移手段，以及选择灵活经营合作的投资策略，比如采用与当地企业合营的形式而不是独资形式，通过多方参与合同谈判的方式将部分或全部风险转移给多个其他参与者。最后，要充分利用投资合同谈判阶段，根据投资项目具体情况制定风险损失控制方案，详细调查和密切关注投资所在国及周边状况，发现存在局势不稳定等因素，及时停止投资计划。

7. 文化差异因素的处置

文化差异始终是国际经贸合作谈判中难以回避的问题，因此对于这一问题的处理，应给予充分的重视，并应非常谨慎和小心。首先，在国际投资合同谈判前，投资者不仅应做足功课，对于东道国的历史宗教、礼仪文化等国情要充分学习，在言行上还要做到入乡随俗，以此赢得对方在谈判中对于己方的尊重和包容，而且要在谈判人员的配备上尽量做到多元化，从而有利于准确沟通和及时应对突发情况。其次，在国际投资合同谈判过程中，对于因文化差异过大而可能导致谈判破裂的合同条款问题，可以采用共同信任的律师事务所起草的协议条款，或利用国际公认的或者东道国官方提供的投资合同范本等，尽可能避免谈判僵局的产生或双方矛盾的加剧。最后，对于因法律文化差异导致的投资合同谈判中的法律适用分歧，投资者应尽量借助国际规则或者双边及区域协定，而不是国内规则，这样既有利于化解双方对此问题的争执，也使合同的救济途径有了着落。

8. 经济安全因素的防备

对于经济安全因素，投资者应在企业经营管理中、投资谈判前以及谈判的过程中，在以下几个方面作好应对准备：首先，在日常经营管理中，投资企业应立足自身条件和情况，一方面构建全方位的企业投资管理机制，包括科学的决策程序、敏锐的监控体系和严厉的追责制度；另一方面，要专门制定切实可行的投资目标，明确海外市场的定位，为对外投资合同谈判奠定好内部基础。其次，在具体投资项目谈判前，投资者要通过自身考察或者第三方咨询机构的帮助，充分研究投资目的国内外部的宏观经济状况及相关政策和政治环境，分析有用的政策法律工具和手段，并根据对历史、经验和现实的分析，对投资项目未来发展作出科学合理的预判，实现对投资前经济安全风险的系统性评估。再次，在投资谈判过程中，谈判者要充分了解东道国对于特定投资事项的立场和看法，寻求可行渠道与东道国政府有效沟通，以获取东道国政府尽可能的支持，最大限度消除其顾虑，减少政府经济政策的可能影响。最后，投资者应选择恰当的投资合同类型，比如采取合资合同或者项目融资等形式，可以有效减少东道国的顾虑，进而减少反垄断审查等宏观经济安全风险。

三、“一带一路”投资合同未来权益的条款保护

“一带一路”共建国家情况复杂，绝大多数国家是发展中国家，这使“一带一路”区域在蕴藏着巨大市场的同时，也隐含着较高的投资风险。该区域内大多数国家政府权力架构不完善，亟待引入资金，国内法律缺乏稳定性和连续性，这使此类国家中带有管理职能的公司倾向于在收益不明确的情况下便与海外投资者订立投资合同，这就意味着，投资者在这些国家进行国际投资活动具有极大的风险。在国际投资合同中明晰未来权益保护条款并将其在投资合同中予以明示，实质上是将这些条款作为合同双方必须遵守的法律承诺，投资者可以基于这些条款在必要时寻求法律救济或国际仲裁以维护自身权益，这对于保护投资者投资权益、净化投资环境、提高投资者投资需求无疑有重要价值。

(一) 一般保护性条款

在“一带一路”投资过程中，经常会涉及不同的国际投资合同类型，而不同类型的合同，其保护性条款的内容亦存在差距。

1. 资产收购合同与国际合资协议

资产收购合同和国际合资协议由包含当事人基本信息的一般条款、序言和陈述条款、组织和资本条款、控制管理条款、收购或合资企业成立前的费用条款、财务政策条款、担保条款、股份转让条款、违约条款和终止条款等主要条款内容组成，上述条款共同构成了资产收购合同和国际合资协议的投资合同权益保障条款。

2. 国际基础设施投资合同

正如前文所言，国际基础设施投资合同的当事方是政府机构和私营部门实体，且由于基础设施项目大多涉及一国的公共安全，因此该类项目投资合同的签订需要以政府批准为前提。国际基础设施投资的法律框架包括东道国相关立法、东道国政府与项目公司之间的特许经营合同或照付不议合同等其他合同。其中，特许经营合同条款是国际基础设施投资合同的核心和关键性条款，且大都来源于

东道国的法律法规。例如，东道国国内法规定基础设施项目享有某些特权和保障，并为履行合同义务提供框架。一般而言，特许经营合同条款通常包含以下几个方面的内容：特许权利和义务的规定、项目公司的资质和其他财务要求、时间安排、土地征用、费用条款、设施运营和维护条款以及合同的终止条款等。这些条款内容共同构成了国际基础设施投资合同中的一般保护性条款，对于“一带一路”投资合同未来权益的保障具有重要作用。

3. 国际贷款合同

一般而言，国际贷款合同的内容包括约首、正文和结尾三部分。约首通常包括主体条款和鉴于条款，用来指明当事人、双方订约的目的和所依据的原则。鉴于条款一般为英美法系中的合同约定的内容，具有合同解释依据和合同原则的效力。正文包括国际贷款合同的主要内容，主要包括陈述和保证条款、先决条件、违约事件、利率、贷款偿还、税收条款等。结尾通常为合同签章和附录。除此之外，国际贷款合同还包括一系列限制借款人行为的条款内容。

(1) 消极担保条款（negative pledge）。

消极担保条款是借款人向贷款人承诺，在偿还贷款之前，借款人将不在其资产和收入上再行设定任何抵押权、质权、留置权和其他担保权，同时将按约处置其他已到期的原有担保。消极担保条款的作用在于防止借款人以其资产或收入为其他债权人的利益设定担保债务，影响贷款人的受偿顺序，限制借款人以担保之债的方式发生新债。

(2) 平等位次条款（pari passu）。

平等位次条款是指借款人承诺在贷款合同有效期间，保证无担保权益的贷款人在清偿债务时处于不劣于其他无担保权益人的平等受偿地位。该条款与消极担保条款具有相同的目的，均是要维护贷款人的地位不使其因新债权人的出现而遭到歧视。在国际融资实践中，这两种条款通常是同时使用的。两者的差别在于：消极担保条款的目的在于防止贷款人的债权处于劣于新设的有担保债权的受偿地位，而平等位次条款则意在防止贷款人的债权处于劣于新设的无担保债权的受偿地位。

(3) 财务约定条款（financial covenant）。

根据财务约定条款内容，一方面，借款人有义务向贷款人定期或者按照要求提供财务报表和财务信息；另一方面，借款人要保证遵守约定的某些财务状况标准。

除上述条款外，国际贷款合同中还包括主体同一性条款和保持资产条款等保护投资合同的条款。

(二) 普遍保护性条款

在国际投资合同条款中，准据法条款（法律适用条款）、稳定性条款以及争端解决条款是最为常见的合同条款，该类条款一般主要位于国际投资合同尾部，这三类条款的选择与适用能够为海外投资者提供最初的合同条款法律保障，同时也能够在一定程度上提供及时有效的海外投资风险预防方案。本部分将主要围绕准据法条款和稳定性条款进行分析，争端解决条款将在第七章进行详细阐述。

1. 准据法条款

合同准据法通常被用来解决合同内容的合法性、合同的解释与效力、合同义务的履行与消灭等问题。对东道国和投资者来说，关于争端解决的协议的法律适用经常被认为是最敏感的法律问题。东道国将从对其国家主权有利的角度出发审查所有的领域。投资者会优先选择一个提供稳定的、可预测的法律环境的法律秩序，并选择一个争端解决中排除偏见和政治影响的法庭。由于双方的商讨能力和谈判技巧不同，在准据法选择中会出现很多可能性，其范围从仅仅选择东道国法律到单独选择国际法规则。在这极端的两者间，法律的一般原则、习惯甚至更少适用的自然正义或公正的规则都会被选择。在通常情况下，谈判最终会选择一个折中的方法，将国家法律和国际法相结合作为准据法。

准据法的选择也会由国际法在东道国国内秩序中的地位来决定。如果国际法能够实施，那么对于投资者而言，仅仅依据东道国的宪法或立法措施来参考国内法，并非难以接受。然而，这些宪法或法律条文中的规定是基于东道国的意愿制定的，因此存在单方面对投资者不利的潜在风险。

准据法条款可能需要多种方法来解释。涉及法律一般原则或贸易习惯的条款的含义可能无法在每个案例中都得到自证。国际法的规则或原则本身也可能引起解释的问题。因此，在“一带一路”投资合同谈判过程中，要注重准据法条款的协商，以此更好地保障投资合同的稳定性与长期性。

2. 稳定性条款

国际投资合同是由投资者和东道国就双方之间的特殊规则进行谈判达成的，与东道国的一般立法不同。原则上，双方都愿意建立一个法律体系，从项目开始持续到结束。对于投资者来说，其始终不变的一个关注点就是确保合同的稳定性。东道国与投资者母国之间的条约可能会提供一些规则来确保或促进合同关系的稳定性，例如保护伞条款或者公平公正待遇条款。然而这些规则常常不能恰到好处地适用，或者它们并没有投资者所期待的那么明确。因此，投资者与东道国之间的投资合同不断地发展成为稳定的条款，形成了稳定性条款（stabilization clause），即一国通过合同或国家立法，向外国私人投资者作出承诺，保证外国投资者的合法权益不因该国法律或政策的改变而受到不利影响。

对于东道国来说，一个稳定性条款可能比一个条约更加具有吸引力，因为后者需要漫长的国际谈判和正式的批准程序。一些国家已经出台明确的立法，授权行政部门制定一个专门用于稳定化处理现行协议的“法律稳定协议”（LSA）。稳定性条款最早出现于中东国家，如1935年盎格鲁-波斯石油公司与波斯国王签署的特许协议、1948年科威特与美国独立石油公司的特许协议等就包含稳定性条款。现代意义上的稳定性条款主要存在于发展中国家与外国投资者订立的自然资源开发合同以及重大基础设施建设合同之中。从稳定性条款的发展历程来看，它经历了一个从单纯强调契约稳定性到稳定性与灵活性并重的转变过程。在早期实践中，稳定性条款中的冻结条款的使用较为频繁，但因为涉及限制东道国的主权行使，遇到较大抵触，已经越来越少见了。而经济平衡条款和混合条款更侧重于从风险分配的角度来解决法律稳定性问题，实践中应用较多。稳定性条款并不是孤立地发挥作用，往往还与艰难条款、重新协商与谈判条款等挂钩，允许双方在立约条件发生根本变化时通过谈判与协商对合同进行调整。在当前的国际投资中，投资者纷纷寻求谈判稳定性条款，尤其是与一些政治和法律制度在过去一直频繁变动或波动的国家，这些国家为吸引外资可能有理由同意签订这样的条款。

依照条款效力来源的不同，稳定性条款可分为法定稳定性条款和约定稳定性条款。前者指东道国以国家立法的形式排除法律变更给投资者带来的不利影响，后者指东道国在国际投资合同中作出承诺，保证外国当事人的合法权益不因法律变更而受到不利影响。依照对投资者保护方式的不同，稳定性条款可分为以下三类：冻结条款，指冻结东道国有关投资项目的国内法，排除东道国新法对投资合同适用的条款。经济平衡条款，规定投资者必须遵守新法，但东道国应补偿投资者因遵守新法遭受的损失。混合条款，兼具冻结条款和经济平衡条款的特点，它并不必然排除新法的适用，而是规定一旦投资者因遵守新法而利益可能受损，则可豁免其新法义务或者获得补偿。由此可见，稳定性条款是保障投资合同未来权益的重要条款，因此，在“一带一路”投资合同的签署中投资者要注重稳定性条款在投资合同中的作用，更好地保障其投资权益。

(三) 投资合同的重新谈判

国际投资合同谈判不仅以达成共识协议为基本目的，更重要的是要保证协议的规定得到严格执行。尽管谈判耗时，但在签署合同之时，国际投资参与方还会回到谈判桌，“重新谈判”其协议。20世纪后半叶出现了国际投资合同重新谈判的例子，如20世纪60年代至70年代矿物和石油协议的重新谈判，经常面临东道国国有化和没收的威胁①，又如许多发展中国家债务危机后在20世纪80年代进行的贷款“重新安排”，以及20世纪90年代末亚洲金融危机后的项目协议和融资

① A. Kolo, T. W. Walde. Renegotiation and Contract Adaptation in International Investment Projects. Journal of World Investment & Trade, 2000, 1; D. F. Vagts. Coercion and Foreign Investment Rearrangements. American Journal of International Law, 1978, 72: 36.

的“重组”。[①] 这种情况肯定还会继续下去。投资合同的重新谈判是国际商业环境中经常出现的现象。基础交易合同的不完善，以及签署合同后情况的变化是导致国际投资过程中合同进行重新谈判的主要原因，因此，在该情境下，为保障合同的未来权益得以实现，有必要对合同进行重新谈判。合同的重新谈判可分为以下几种情况：履行合同后的重新谈判、合同履行期内的重新谈判、附加合同的重新谈判。

1. 履行合同后的重新谈判

履行合同后的重新谈判是指合同到期后合同参与方以重新建立合同法律关系为目标的谈判。例如，一家项目公司在某国建立发电站，并与该国的国家公用事业单位签订了为期20年的电力供应合同。20年后，在双方的法律关系终结之时，该项目公司和公用事业单位开始商讨第二份长期供电合同，对投资合同进行重新谈判。虽然该重新谈判与最初合同的谈判相似，但重新谈判的策略和结果会有所不同。

2. 合同履行期内的重新谈判

这种类型的重新谈判产生于既有投资合同建立的法律框架内。合同本身明示或暗示规定，在其有效期内的特定时间或在特定事件发生时，各方可以重新谈判或重新审查既有合同的某些条款。例如，上述20年的电力供应合同可能包含要求在燃料成本发生巨大变化时重新协商定价的条款。

3. 附加合同的重新谈判

附加合同的重新谈判是指投资合同当事人在明显违反合同或在未授权重新谈判的情况下进行的重新谈判。这类谈判发生在既有合同的框架之外。20世纪60年代至70年代的矿产特许权合同的重新谈判、20世纪80年代初第三世界债务危机后重新安排贷款的谈判以及20世纪90年代后期亚洲金融危机之后的有关基础设施建设的金融合同的重新谈判都属于该种重新谈判的类别，上述谈判均是在没有任何法律依据之时进行的重新谈判。例如，如果国家公用事业单位在合同中没有提供正当理由的情况下，坚持谈判以降低其根据合同承诺支付的电价，则此类谈判就属于附加合同的重新谈判，因为该谈判是在既有合同的法律框架之外进行的谈判。

四、“一带一路”投资合同权益的外部保护

风险是国际投资的固有属性，国际投资面临的风险可分为商业风险和政治风险两类。商业风险是与正常的经济活动相关的风险，例如商品价格波动，新技术

① R. M. Lastra. Central Banks as Lenders of Last Resort: Lessons from the Asian Contagion. The International and Comparative Law Quarterly, 1999, 48 (2): 340-361.

未能按预期发挥作用，以及新的竞争产品的出现使投资者的产品过时。国际投资法中的投资保护通常是针对非商业风险或者政治风险提供的保护和保险。政治风险是由政府行为或政治变动引起的风险。[①] 当投资者进行国际投资之时，其投资标的就会受到东道国政府的管辖，投资者的投资很可能面临东道国的立法以及征用、国有化征收等行政行为的影响。在“一带一路”建设中，政治风险是影响投资合同顺利签署或实施的核心风险，因此，要不断加强对“一带一路”投资中政治风险的规制，更好地保障“一带一路”投资合同权益。而私人投资保险、海外投资保险计划和多边投资担保机构则是“一带一路”投资合同权益的外部保护机制，可有效减少投资者在他国投资面临政治风险时的损失。

（一）私人投资保险

私人投资保险也可被称为私人商事投资保险，是保障私人投资者海外投资利益的手段之一。私人投资保险主要承保范围为商业风险。私人投资保险主要来源于传统的海上保险，私人保险公司通过与其他公司的合作和再保险业务来分散自己的风险。该类保险具备的优势是可以对个别公司的定制产品进行保险。该类保险可以出于商业考虑进行定价，接受或拒绝风险，运行更为灵活。私人保险公司和公共保险公司之间最大的差异在于保险期限：公共保险公司的保险期限较长，而私人保险公司的保险期限较短。

（二）海外投资保险计划

为保证私人海外投资顺利进行，许多国家通过建立一定的国内制度来保障本国私人投资者的利益，海外投资保险计划便是向海外私人投资者提供各种类型的保险，以实现对本国私人投资者海外投资的保护。海外投资保险是指保险人同意以投保人约定支付保费的方式，对被保险人因特定风险发生而对特定标的造成的损失进行赔偿，政治风险是海外投资保险计划保障的具体风险项目。海外投资保险计划的特征如下：第一，海外投资保险是由政府机构或公营公司承保的、以保护投资为目的的非营利性保险。第二，海外投资保险的对象只限于海外私人直接投资，且该投资必须符合特定的条件。第三，海外投资保险的范围只限于政治风险。第四，海外投资保险计划大多体现在以保护投资为目的的双边投资协定之中。

当前，美国、欧盟国家等主要资本输出国都为其国民在其他国家的投资提供政治风险保险以实现对其投资的保护。此外，一些发展中大国，如中国、印度和

---

① 多边投资担保机构对于政治风险的定义是：因政府采取的行动而直接或间接地导致的投资者无法充分行使其对资产的使用权或受益权，以及由于战争、革命、政府征收或没收财产，实施限制国内利润或收入汇出的措施，致使公司价值贬损的一系列风险。

南非通过单一的投资政治风险保险或者将投资政治风险保险与出口信用保险相结合的方式为其国民的海外投资提供海外投资保险计划。[①] 该计划不仅可以增加这些国家海外投资经济发展成果，而且会促进这些国家自身经济实力的提升，亦会帮助其国内相关产业经济的发展，并可在政治上提升投资国与被投资国之间的外交关系。

政治风险保险通过以下四种方式提供：(1) 通过由政府经常预算资助的政府部门；(2) 通过一个独立的、自筹资金的机构，但该机构在有关政府的充分信任和信誉下运作；(3) 通过国有的公共有限公司；(4) 通过公开赞助的私人公司。

尽管结构不同，但各种海外投资保险计划往往涵盖四种基本政治风险：禁兑险、征收险、战乱险、政府违约险。投资者可以选择在一段时间内为其投资投保一项或多项针对此类风险的保险，海外私人投资公司提供保险的最长期限可达20年。投资者为此类保险支付的保费取决于所投保风险的性质及投资者希望获得保险的时间长度。承保对象通常仅限于提供保险的国家的国民和公司投资者或与该国关系密切的投资者。在任何情况下，受保投资者必须签订受保险提供者国家法律管辖的正式保险合同。保险合同可以对被保险人的投资管理规定一定的义务，以便被保险人在发生保险风险的情况下获得赔偿。该类合同的具体条款通常由适用的法律法规确定，保险人与被保险人之间就其适用发生争议的解决方法也由法律法规确定。

(三) 多边投资担保机构

多边投资担保机构（Multilateral Investment Guarantee Agency，简称 MIGA 或“机构”）设立在世界银行总部，是一个具有完全国际法人资格的独立国际组织。MIGA 是全球最大、最重要的公众投资担保机构。MIGA 成立于 1988 年，其建立遵循了海外私人投资公司的建立模式，在形式、预期功能和运作模式等方面都与海外私人投资公司相似。

1. MIGA 的机构组成和投票机制

MIGA 根据《建立多边投资担保机构公约》（Convention Establishing the Multilateral Investment Guarantee Agency，也称《汉城公约》）而建立，其目的是鼓励机构成员国之间的国际投资，特别是向发展中成员国的生产性投资，以补充国际复兴开发银行、国际金融公司和其他国际开发金融机构的活动。其担保业务仅限于非商业性的投资风险，这意味着担保提供方鼓励向发展中国家投资。

(1) 机构组成：作为世界银行集团中的一员，MIGA 由理事会、董事会和总裁、职员组成。理事会是最高权力机关，决定董事的任命；董事会负责机构的一

---

① OECD. OECD Investment Policy Perspectives 2008：91－122.

般业务，并且为履行这一职责，可以采取《汉城公约》所要求或允许的任何行动；总裁在董事会的监督下处理机构的日常事务，负责职员的组织、任命和辞退。

（2）投票机制：与国际货币基金组织和世界银行一样，MIGA 采取的是能反映成员国不同经济地位的“加权投票制”。每个成员国都有 177 票的基本投票权，加权投票权根据各成员国所缴份额每份增加一票。各成员国所享份额基于其经济规模，因此，富裕的国家拥有更多的投票权。

2. 政治险政策

MIGA 的担保政策使适格的投资者扩展到了所有成员国的投资者，包括它们在任何发展中东道国进行的有计划的投资或者在发展中成员国的领土范围内进行的投资。该政策的时间范围是 3～15 年（如果申请延长时间的理由合适，也可以延长至 20 年），并且涵盖了共同保险需求。风险的类型也包括其他提供商覆盖的相同风险。MIGA“承保的风险”规定在《汉城公约》第 11 条，具体包括：

（1）货币汇兑险。

货币汇兑险指的是东道国政府采取新的措施，限制其货币兑换成可自由使用货币或被保险人可接受的另一种货币，及汇出东道国境外，包括东道国政府未能在合理的时间内对该被保险人提出的此类汇兑申请作出行动。应投资者与东道国的联合申请，董事会经特别多数票通过，可将担保范围扩大到货币汇兑险以外的其他的非商业性风险。但在任何情况下都不包括货币的贬值或降值。

（2）征收和类似措施险。

征收和类似措施险指的是东道国政府采取立法或行政措施，或懈怠行为，实际上剥夺了被保险人对其投资的所有权或控制权，或其应从该投资中得到的大量收益。但政府为管理其境内的经济活动而通常采取的普遍适用的非歧视性措施不在此列。对于征收，MIGA 对间接征收的范围进行了明确，即政府通常采取的管理经济活动的措施，包括税收、环保和劳动立法以及为维护公众安全的正常措施，排除在征收和类似措施险的条款之外，除非政府的该种行为对被保险人构成歧视。

（3）政府违约险。

政府违约险指的是东道国政府不履行或违反与被保险人签订的合同，并且被保险人无法求助于司法或仲裁机关对其提出的有关诉讼作出裁决，或该司法或仲裁机关未能在担保合同根据机构的条例规定的合理期限内作出裁决，或虽有这样的裁决但未能执行。合同的违约也仅仅在赔偿请求人没有其他救济可能性时才适用，如果存在法庭程序，东道国没有实行不合理的拖延或者没有拒绝支付合同规定的费用，MIGA 就会拒绝提出索赔。

（4）战争和内乱险。

战争和内乱指的是东道国境内任何地区的任何军事行动或内乱。战争和内乱一般不包括发生在东道国境内的恐怖主义行为，恐怖主义带来的损害可能属于其他非商业风险，但若董事会达成一致，也可将担保范围扩大至恐怖主义带来的损害。

MIGA 在非商业风险方面的担保有几点特殊之处：其一，担保仅限于开始的投资，这通常表示投资是在合同订立之后开始的，即投保人提出申请之后才开始执行的投资项目。[①] 此类投资同时包括使现有项目更新、扩大或发展所进行的投资，以及为了协助投资东道国的经济调整所进行的投资，如购买投资东道国国有资产的股份等。[②] 其二，MIGA 只对在发展中国家成员国境内所作的投资予以担保，所提出的投资获得了东道国的批准并且有助于实现东道国的发展目标。其三，MIGA 明确投资项目必须在能够得到公正、平等待遇和法律保护的发展中国家。

3. MIGA 的争端解决规定

MIGA 对于争端有不同的解决方式，而每一种方式都会有不同的规制程序。首先，作为一个国际机构，根据惯例，MIGA 为其成员国和机构之间的争端提供了解决的方法，这种争端缘于一成员国不同意机构的解释或者行动，在此情形下，由董事会裁决。必要时，可先按董事会的裁决执行。其次，有关投保人或分保分出人的争端，有关各方必须依据担保合同或者分保合同中规定或提及的规则提交仲裁进行最终裁决。最后，机构与 MIGA 成员国之间发生争端，应首先通过谈判的方式解决，若争端各方在要求谈判之日起的 120 天内无法达成协议，可通过调解或者仲裁解决纠纷，由此作出的仲裁裁决不能上诉、撤销和更改。[③]

案例分析

案例 1 Kehinde 诉公司注册官案[④]

(一) 案例导入

为促进本国经济发展，鼓励和保护本土企业成长，并让本国国民更好地控制本国的经济资源，尼日利亚政府于 1977 年通过了修订后的《尼日利亚企业促进法》(以下简称 NEP 法)，该法要求尼日利亚人在某些类型企业中的持股比例不低于 60%。而同时期的《尼日利亚公司法》也赋予了公司注册较大的合同自由，当事人可以根据自身的意愿分配公司的股份和决策权。在 NEP 法通过后不久，一些本地的投资者与一家日本公司在尼日利亚合资设立了一家组装厂。根据该合资

① 参见《建立多边投资担保机构公约》第 12 条。

② 张晓君. 国际经济法学. 厦门：厦门大学出版社，2012：135.

③ 如果一方当事人对裁决不服，可以申请对裁决的解释，但裁决仍应执行。

④ Oserheimen A. Osunbor. Nigeria's Investment Laws and the State's Control of Multinationals, ICSID Review-Foreign Investment Law Journal, 1988, 3 (1): 55 - 56.

企业章程的规定，公司法定资本分为“A”和“B”两类，其中“A”类股份占全部资本的70%，将由尼日利亚投资者持有，“B”类股份则属于日本合资方。

由于提供关键技术和日常管理的日方希望能够影响（但不是完全控制）合资企业作出的重要决策，因此企业章程第62条规定，公司的每一项决议都必须得到出席会议的持有每一类股份的多数股东的支持，这意味着尽管尼日利亚股东持股占70%的多数，但任何决议都不能由其单独通过，除非得到日本合资方的同意。此外，企业章程第95条进一步规定，对于常务董事和助理常务董事的任命和服务条件等“特殊事项”的决议，持有“A”类股份的尼日利亚投资方董事每人有一票，而持有“B”类股份的日本合资方董事每人有三票，且公司的每项决议都必须得到持有每个类别股份的多数人的支持。因此，日方尽管拥有少数股权，但对合资企业的行动具有有效的否决权。

虽然通过合资合同与企业章程，投资双方为合资企业创建了一个最符合他们各自利益的控制结构，但合资企业根据《尼日利亚公司法》的规定，即创建新公司的文件必须由尼日利亚公司注册部门批准和记录，将企业章程以及合资备忘录一起提交给公司注册部门时却被告知拒绝注册。理由是，经过审查认定，企业章程与合资备忘录条款与NEP法的立法意图冲突。对此，合资备忘录的尼日利亚方发起和签署人向法院起诉公司注册部门，要求其履行义务。

法院经审理裁定，这家由尼日利亚投资者拥有70%股权的合资企业所达成的新的控股结构的合资协议，符合NEP法中规定的注册新合资公司的法律要求，尼日利亚公司注册官应予以重新注册。因此，法院指示公司注册部门对该新合资公司予以重新注册。

（二）分析

初审法官认为，企业章程第95条是“规避NEP法要求的一个聪明手段”。事实上，它使得NEP法规定的有利于尼日利亚人的多数股权成为徒劳。但法官仍然决定，公司注册部门依法不能拒绝注册该公司，因此批准履行公司注册的命令。

案例2　顾某春与李某东合同纠纷案①

（一）案例导入

南京普洛生生物医学科技有限公司（以下简称“普洛生公司”）系一家中外合资企业，注册资本为830万元。英国籍人顾某春是该公司的股东之一。2015年7月31日，顾某春与李某东签订了一份“委托投资及股权代持协议”。根据该协议，股权结构如下：顾某春出资100万元，占12.05%的股权；南京铸信工贸有

①　参见陕西省西安市中级人民法院（2019）陕01民初1195号民事判决书，陕西省高级人民法院（2020）陕民终567号民事判决书。

限公司（以下简称“铸信公司”）出资380万元，占45.78%的股权；南京市板桥农工商总公司出资200万元，占24.10%的股权；南京紫金雨花创业投资基金有限公司出资150万元，占18.07%的股权。鉴于铸信公司拟对外转让其在普洛生公司380万元注册资本出资，李某东作为出资方拟与顾某春共同受让该出资，同时李某东作为出资方拟与顾某春对普洛生公司增加注册资本出资120万元。此外，李某东需向顾某春转款500万元用于投资普洛生公司。

然而，早在2015年7月9日，普洛生公司各出资方已经签署了一份“股权转让协议”，约定将铸信公司所持有的45.78%的股权转让给顾某春。在这次股权转让后，顾某春的出资额增至480万元，占注册资本的57.83%。随后，南京市投资促进委员会和南京市人民政府分别出具了批复和批准证书，确认了这次股权变更。

2016年3月1日，普洛生公司各出资方再次签署了一份“股权转让协议”，约定将南京紫金雨花创业投资基金有限公司和南京市板桥农工商总公司所持有的股权分别转让给顾某春和西安隆仁生物科技有限公司，并且普洛生公司新增注册资本120万元，由西安隆仁生物科技有限公司全额缴付。在这次股权变更和增资后，普洛生公司的注册资本增至950万元，股权架构变为：顾某春出资630万元，占66.32%的股权；西安隆仁生物科技有限公司出资320万元，占33.68%的股权。

在2015年7月31日协议约定的股权转让及增资完成后，李某东与顾某春合计持有普洛生公司63.16%的股权，其中李某东持有33.16%的股权，这部分股权由顾某春代为持有。因为普洛生公司为中外合资企业，根据当时法律的规定，李某东作为中方投资人，不能直接持有股权，故委托顾某春代持。

但李某东称，其最初按协议向顾某春转款的500万元并未用于收购铸信公司的股权，而是全部转给了普洛生公司。后来，他发现自己作为中外合资企业投资人的身份不合法，于是成立了个人独资企业西安隆仁生物科技有限公司，并以该公司的名义向普洛生公司转款120万元作为入资款。然而，顾某春从未履行过“委托投资及股权代持协议”，因此李某东要求顾某春退还剩余的180万元出资款。

本案在一审和二审中的焦点问题在于双方签署的“委托投资及股权代持协议”的性质及有效性。一审法院判决支持了李某东主张的协议无效的诉讼请求，但二审法院撤销了一审判决，认定该协议并未违反现行生效法律的强制性规定。

（二）分析

1. 一审裁判的理由

当事人订立、履行合同，应当遵守法律、行政法规，合同的主体、内容、形式、目的均不能违反法律、行政法规的强制性规定。中外合资经营企业是指中国合营者与外国合营者依照中国法律的规定，在中国境内共同投资、共同经营，并按投资比例分享利润、分担风险及亏损的企业。根据《中外合资经营企业法》的规定，中外合资经营企业的一方主体为中国的公司、企业或其他经济组织，另一方主体为外国的公司、企业、其他经济组织或个人。本案中，普洛生公司系中外合资经营企业，中国自然人不能成为该公司的股东，李某东与顾某春为规避《中外合资经营企业法》关于中外合资经营企业主体的法律规定，签订“委托投资及股权代持协议”，李某东与顾某春签订协议时均知晓中国自然人不能作为中外合资经营企业股东的相关规定，且协议中载明因普洛生公司为中外合资企业，李某东委托顾某春代持其普洛生公司股权，故该“委托投资及股权代持协议”并非委托投资协议，而是李某东与顾某春为规避法律强制性规定所签协议。且在签订该协议之前，铸信公司已将其持有的普洛生公司的股权出让给顾某春，该协议内容与当时普洛生公司实际股权持有情况不符，故李某东主张该协议无效的诉讼请求应得到支持。

一审法院指出，虽然《中外合资经营企业法》已于 2020 年 1 月 1 日起废止，但涉案“委托投资及股权代持协议”和围绕该协议发生的账务往来及普洛生公司的股权变更均发生在 2020 年 1 月 1 日之前，且 2020 年 1 月 1 日起施行的《外商投资法》第 4 条规定：“国家对外商投资实行准入前国民待遇加负面清单管理制度。前款所称准入前国民待遇，是指在投资准入阶段给予外国投资者及其投资不低于本国投资者及其投资的待遇；所称负面清单，是指国家规定在特定领域对外商投资实施的准入特别管理措施。国家对负面清单之外的外商投资，给予国民待遇。负面清单由国务院发布或者批准发布……”《最高人民法院关于适用〈中华人民共和国外商投资法〉若干问题的解释》第 2 条规定：“对外商投资法第四条所指的外商投资准入负面清单之外的领域形成的投资合同，当事人以合同未经有关行政主管部门批准、登记为由主张合同无效或者未生效的，人民法院不予支持。前款规定的投资合同签订于外商投资法施行前，但人民法院在外商投资法施行时尚未作出生效裁判的，适用前款规定认定合同的效力。”本案中，李某东并非以协议未经有关行政主管部门批准、登记为由主张协议无效，涉案协议的效力不属于该条款规定的内容，顾某春主张“委托投资及股权代持协议”有效，不予认可。

2. 二审驳回的理由

二审法院认为，李某东主张“委托投资及股权代持协议”违反《中外合资经营企业法》的强制性规定，请求确认协议无效并退还出资款 180 万元，但其依据的《中外合资经营企业法》在一审判决作出时已经废止。虽然《中外合资经营企业法》没有规定中国自然人可以成为中外合资经营企业的一方主体，但《外商投资法》已经废止了该法律，因此中国自然人不能成为中外合资经营企业主体的限制已经被取消。新颁布的《外商投资法》并没有禁止中国自然人作为中外合资经营企业的投资主体。因此，从现行生效的法律规定看，本案“委托投资及股权代持协议”并没有违反现行生效法律的强制性规定。

《最高人民法院关于适用〈中华人民共和国外商投资法〉若干问题的解释》第 2 条规定：“对外商投资法第四条所指的外商投资准入负面清单之外的领域形成的投资合同，当事人以合同未经有关行政主管部门批准、登记为由主张合同无效或者未生效的，人民法院不予支持。前款规定的投资合同签订于外商投资法施行前，但人民法院在外商投资法施行时尚未作出生效裁判的，适用前款规定认定合同的效力。”本案虽系外商投资领域国内主体的准入资格问题，并非该条司法解释规定的投资领域范围的准入资格问题，但是二者本质上都属于市场准入问题，处理的法律原则应当是一致的。从上述司法解释的规定可知，新颁布的《外商投资法》确定的“负面清单”制度秉承的法律精神是“法无禁止皆可为”。根据上述现行《外商投资法》及其司法解释的规定精神，比照类推适用，《中外合资经营企业法》没有授权的中国自然人签署的投资协议在该法已经被废除、新法没有禁止的情况下应当被认定为有效。根据 2019 年最高人民法院《全国法院民商事审判工作会议纪要》的规定精神，合同的内容违法，表明该行为是法律、行政法规所要禁止的；但如果仅仅是主体资格违法，则表明法律、行政法规并不禁止该法律行为本身，原则上不应认定合同无效。从《外商投资法》的立法精神看，除负面清单领域外，授予外国投资者与本国投资者相同的法律待遇，因此，在外国自然人可以成为投资主体的情况下，反而以中国自然人无权成为投资主体为由认定协议无效，有悖于《外商投资法》的立法精神。本案中，当事人已经按照“委托投资及股权代持协议”履行了相关股份收购及代持事项，实际取得了普洛生公司的股权，上述投资及代持股权行为持续至《外商投资法》生效之时，依据《外商投资法》认定协议有效既有利于交易秩序的稳定，也符合民法的诚实信用原则。综上所述，李某东以双方签订的“委托投资及股权代持协议”无效为由主张退回投资款的诉讼请求依法不能成立，应予驳回。

案例 3 美国独立石油公司诉科威特政府案
（1982 年 3 月 24 日，21 ILM 976（1982））

（一）案例导入

美国独立石油公司（AMINOIL）是一家美国公司，被科威特国授予在沙特阿拉伯—科威特中立区勘探、开采石油与天然气的特许权。双方于 1948 年签订了特许权协议，后于 1961 年签订了一项补充协议修正了 1948 年的协议。1973 年，双方又对以前的协议进行修正，这些修正载于协议草案中。1974 年，欧佩克国家通过了“阿布扎比规则”，对 AMINOIL 生产的石油提高了税收。AMINOIL

对这一变化表示反对。1977 年，科威特政府颁布了第 124 号法令，终止了对 AMINOIL 的特许权，并将 AMINOIL 的资产收归国有。AMINOIL 提起特别仲裁，声称科威特政府的行为违反了 1948 年特许权协议中的稳定性条款。

（二）分析

仲裁庭认为，特许权协议的第 17 条为稳定性条款，即：“除第 11 条规定的情况外，科威特政府不得通过一般或特别立法、行政措施或任何其他行为使本协议无效。科威特政府或 AMINOIL 均不得修改本协议的条款，除非双方一致同意，为了双方的利益，对本协议进行某些修改、删除或补充。”鉴于特许权协议中包括稳定性条款，仲裁庭决定根据该条款及科威特相关法律审查国有化是否确实合法。

除引用稳定性条款外，仲裁庭还提到了 1948 年协议的第 1 条和 1961 年补充协议的第 7（g）条。1948 年特许权协议第 1 条规定：“本协议的期限为自签署之日起 60 年。”1961 年补充协议第 7（g）条规定删除了 1948 年协议第 11 条，并相应规定了第 11 条的新版本。新版本第 11（b）条规定：“除上述情况外，本协议不得在第 1 条规定的期限届满前终止，除非按照第 12 条的规定解约或公司根据第 18 条的仲裁规定出现违约。”

仲裁庭表示，上述条款共同构成了协议的稳定性条款，AMINOIL 认为，这些稳定性条款禁止任何国有化，但科威特政府认为这些条款并没有阻止国有化，并辩称：“稳定性条款最初是有效的，但由于 1962 年《科威特宪法》或构成科威特法律一部分的国际公法规则等后续因素的出现而归于无效。”仲裁庭驳回了这些观点，认为宪法的规定没有以任何方式阻止国家通过协议提供稳定保证，此外，国家有义务通知其协议伙伴宪法修改对当前协议生效的情况。

关于自然资源的永久主权和强制法规则问题，仲裁庭表示：在国际公法方面，有人认为，对自然资源的永久主权已成为强行法的一项强制性规则，禁止国家通过协议或条约提供任何形式的保证，以阻止在所有与自然财富有关的事项上行使公共权力。这一主张缺乏任何依据。1962 年通过的联合国大会第 1803（XVII）号决议，因其通过的情况而被认为反映了当时的国际法状况，但后来的决议并非如此，这些决议没有同样程度的权威。即使它们的某些规定可被视为反映了国际惯例的编纂规则，也不可能由此推断出存在一条禁止一国承诺在一段有限的时间内不实行国有化的国际法规则。如果东道国愿意，其能够保证在一段有限的时间内不对特定的外国企业实行国有化，这的确是非常有益的；而且没有任何国际法规则阻止它们这样做。因此，仲裁庭认为，任何国际法规则都不会阻止各国承诺在一段有限的时间内不实行国有化，如果它们想这样做的话。然而，根本问题是稳定性条款是否可以禁止任何国有化。仲裁庭表示，对一国行使国有化权利予以合同限制在法律上是可能的，但这所涉及的是一个特别重要的承诺，必须予以明确规定，并在有关缔结国家合同的条例的规定范围内；而且可以预期，它应该只涵盖一个相对有限的时期。

在此基础上，仲裁庭认为国有化没有被禁止，因为“特许权协议的稳定性条款肯定没有明确规定国有化的情况”。仲裁庭因此认为，不能将上述第 17 条、第 7（g）条以及经修订的第 11 条解释为绝对禁止国有化，事实上，这些条款远未因此而失去所有价值和效力，因为它们隐含地要求国有化不应具有任何没收性质，从而加强了适当赔偿作为实行国有化条件之一的必要性。

仲裁庭还补充表示，即使稳定性条款最初禁止国有化，但由于 1977 年特许权的性质发生了很大的变化，稳定性条款不再具有以前的绝对性质，因此不再禁止国有化。最后，仲裁庭得出结论：“1977 年对 AMINOIL 的接管并不违背特许权协议，只要国有化不具有任何没收性质。”

综上所述，该案讨论了稳定性条款的价值，仲裁庭认为如果没有明确禁止，对稳定性条款的违反并不会导致国有化的非法性。

案例 4 MIGA 的第一个索赔案例：安然公司在印度尼西亚东爪哇岛的电力项目案[①]

（一）案例导入

20 世纪 90 年代，印度尼西亚国有电力公司（PLN）在东爪哇岛帕苏鲁安建造并拥有一座燃气发电厂。1994 年，安然公司就建设发电厂项目的基本条件与 PLN 进行了谈判。安然公司在投资前，从 MIGA 购买了对印度尼西亚东爪哇岛电力项目政治风险的保险。

1997 年，受经济危机的影响，印度尼西亚政府暂停了该项目。安然公司称，尽管该项目还未开始施工，但在该项目的筹备过程中已经花费了 1 500 万美元。因此，安然公司向 MIGA 要求，根据其与 MIGA 的保险合同，向其赔偿 1 500 万美元及利息。MIGA 虽然承诺会进行赔付，但由于赔付金额巨大，便对安然公司提出延长赔付期限的要求，以便能够尝试找到一种替代解决方案，但解决方案均未能得到安然公司的同意。

2000 年 6 月，MIGA 向安然公司支付了 1 500 万美元外加利息。由于 MIGA 的保单包含了与美国海外私人投资公司（OPIC）贿赂条款类似的腐败条款，实际上 MIGA 本可控诉安然公司与其合作伙伴的协议（股权换贷款协议）构成了腐败，违反了印度尼西亚法律。但根据 MIGA 内部官员所言，由于是 MIGA 支付的第一笔索赔，出于证明 MIGA 保险诚信的考量，最终 MIGA 还是进行了赔付。但实际上，这笔赔付不会让 MIGA 付出任何代价，因为 MIGA 通过其所规定的

① Louis T. Wells, Rafiq Ahmed. Making Foreign Investment Safe Property Rights and National Sovereignty. Oxford: Oxford University Press, 2007: 248 - 253.

代位权，可要求印度尼西亚政府偿还该笔赔付。MIGA 很快就向印度尼西亚政府寻求追偿，印度尼西亚政府于 2003 年前偿还了 MIGA 1 500 万美元及利息。

(二) 分析

从表面上看，印度尼西亚国有电力公司（PLN）与安然公司燃气发电厂项目因经济危机暂停，导致安然公司向 MIGA 索赔，MIGA 最终支付赔偿并向印度尼西亚政府追偿的一系列连锁事件似乎反映了与受监管的 OPIC 保险相同的“道德风险”。由于保险承保范围覆盖了安然公司大部分投资，且安然公司对继续进行该项目或类似项目几乎没有兴趣，因此转而向保险公司求偿。同样，MIGA 也并无理由对该主张质疑。事实上，它可能会迫使印度尼西亚政府偿还债务，这造成了另一种形式的道德风险。与此同时，调查表明，MIGA 的付款决定在很大程度上是由于在面临第一笔索赔时，MIGA 不希望被潜在投保客户看出困难。MIGA 和印度尼西亚政府截然不同。当然，所涉金额的巨大差异是二者产生不同的根本原因。但无论出于何种原因，MIGA 与印度尼西亚政府之间的谈判仍然很友好。

事实上，我们对 MIGA 为什么要发放保险感到疑惑。MIGA 的官员解释，因 MIGA 在扩大业务方面承受着巨大压力，因此在明知电力公司经营状况不佳的情况下依旧决定发放保险。除非 MIGA 和 OPIC 等保险机构在确定投资投保方面态度变得强硬，否则安然公司的索赔可能会继续。

案例 5　涉及中国投资者的外国政府违约案例

(一) 案例导入

1. 缅甸密松水电站项目

2009 年 3 月，中缅两国政府签署了《关于合作开发缅甸水电资源的框架协议》。密松水电站是中缅两国政府签署的伊洛瓦底江上游水电开发项目中最大的水电站。该水电站装机容量 600 万千瓦，总投资 36 亿美元，并于 2009 年 12 月开工建设。然而，2011 年 9 月 30 日，缅甸总统突然宣布暂时停止该水电项目，理由是“人民的意愿”。由于项目暂停，中国投资者面临供应商、施工单位和其他相关方的巨额违约索赔。

2. 墨西哥高速铁路项目

2014 年 11 月 4 日，墨西哥交通部宣布，中国公司领导的国际财团中标了墨西哥的高速铁路项目，这是中国公司在海外建造的第一条完全采用中国标准的高速铁路。然而，11 月 7 日，墨西哥总统宣布撤销中标并重新启动招标程序。2015 年 1 月 14 日，墨西哥交通部宣布恢复高铁项目招标。截至 1 月 23 日，它已确认包括中国公司在内的五家公司参与了竞标。1 月 28 日，墨西哥交通部宣布，将推迟发布定于 1 月 29 日发布的高铁项目的官方招标信息，理由是将从外部收集更多建议，并改进招标信息。1 月 30 日，墨西哥财政和公共信贷部在其网站上宣布，将调整联邦公共行政支出，改善目前的预算状况，在国际油价低迷和美国利率上升的情况下，在投资方面，将减少约181亿比索的投资项目，包括无限期暂停墨西哥城和克雷塔罗之间的高速铁路项目。

3. 斯里兰卡港口城项目

斯里兰卡港口城项目位于斯里兰卡首都科伦坡，是中国企业投资的大型填海造地综合一级开发项目，也是“一带一路”建设的重点项目。该项目于2014年9月17日正式开工，一期投资14亿美元。港口城位于科伦坡中央商务区旁边，科伦坡南港以北，由招商局运营，规划和建设规模超过500万平方米，将建设集商业、商务（金融）、旅游、生活等功能于一体的高端城市发展项目，并在斯里兰卡创造83 000多个就业机会。2015年，执政的自由党总书记迈特里帕拉·西里塞纳（Maithripala Sirisena）作为反对派的共同候选人参选，击败时任总统马欣达·拉贾帕克萨（Mahinda Rajapaksa）成为新总统。西里塞纳上任后誓言要改变前政府在外交上的“亲中国、轻印度”政策。因此，新政府暂停了港口城项目，理由是“需要重新评估环境影响”和“缺乏相关审批程序”。中国投资者因此受损严重。

4. 马来西亚东海岸铁路项目

2018年初，马来西亚举行大选，马哈蒂尔上任后宣布暂停东海岸铁路和两条输油管道的建设项目。在2018年8月中旬访问中国期间，马哈蒂尔在记者会上承认，他已同意暂停上述三个项目，这些项目将被长期搁置。

（二）分析

以上四个案例，都是典型的政府违约。墨西哥高铁项目处于项目前期，并未正式签约，企业损失主要为前期的各项费用，另外三个项目均处于建设期。虽然媒体披露马来西亚高铁项目协议中约定了各种违约补偿条款，且数额巨大，看似对企业有利，但从马来西亚政府的表态看，中资企业在马来西亚铁路项目中很难获得满意的赔偿。因此，中国企业在对外投资过程中应该注重MIGA等合同风险权益保护机构或机制的作用，提升“一带一路”投资合同权益风险的外部保护水平，以此更好地保障自身利益。

知识拓展

一、拓展阅读

（一）专著

1. 张庆麟. 国际投资法问题专论. 武汉：武汉大学出版社，2007.

2. 余劲松. 跨国公司法律问题专论. 北京：法律出版社，2008.

3. 王贵国. 国际投资法. 2 版. 北京：法律出版社，2008.

4.《国际经济法学》编写组. 国际经济法学. 北京：高等教育出版社，2016.

5. 郭洪俊. 国际银团贷款中的法律问题研究. 北京：法律出版社，2001.

6. 韩龙. 国际金融法前沿问题. 北京：清华大学出版社，2010.

7. 张晓君. 国际经济法学. 厦门：厦门大学出版社，2012.

8. 唐青阳. 国际经济法. 厦门：厦门大学出版社，2008.

9. 陈安. 国际经济法学刊. 北京：北京大学出版社，2004.

10. 刘笋. 国际投资保护的国际法制：若干重要法律问题研究. 北京：法律出版社，2002.

11. 白远. 国际商务谈判：理论、案例分析与实践. 4 版. 北京：中国人民大学出版社，2015.

12. 弗洛里安・韦. 谈判的逻辑. 全栎，译. 成都：四川人民出版社，2022.

13. 杨畔，杨大楷. 国际投资学. 5 版. 上海：上海财经大学出版社，2015.

14. 全英. 国际商务谈判. 北京：清华大学出版社，北京交通大学出版社，2010.

15. 中国社会科学院国家全球战略智库国家风险评级项目组，中国社会科学院世界经济与政治研究所国际投资研究室. 中国海外投资国家风险评级报告（2021）. 北京：中国社会科学出版社，2021.

16. Jeswald W. Salacuse. The Three Laws of International Investments. Oxford：Oxford University Press，2013.

17. Rudolf Dolzer，Christoph Schreuer. Principles of International Investment Law. Oxford：Oxford University Press，2012.

18. Krista Nadakavukaren Schefer. International Investment Law：Text，Cases and Materials. [S. l.]：Edward Elgar Publishing，2016.

19. Aikaterini Titi. The Right to Regulate in International Investment Law. Baden：Nomos，2022.

（二）论文

1. 张水波，高颖. 国际 BOT 项目合同框架分析以及风险防范. 国际经济与合作，2010（1）.

2. 孔庆江，郑大好. 我国《外商投资法》下的外商投资保护制度. 国际贸易，2019（5）.

3. 陈虎.“一带一路”背景下海外投资保险制度的构建. 湘潭大学学报（哲学社会科学版），2017（4）.

4. 瞿霞，葛顺奇. 多边投资担保机制的价值及中国企业的应用建议. 国际贸易，2021 (10).

5. 栾平平. 论我国海外投资保险制度的构建. 政法论丛，2012 (2).

6. 徐崇利. “保护伞条款”的适用范围之争与我国的对策. 华东政法大学学报，2008 (4).

7. 赵红梅. 投资条约保护伞条款的解释及其启示：结合晚近投资仲裁实践的分析. 法商研究，2014 (1).

8. 王彦志. 投资条约保护伞条款的实践及其基本内涵. 当代法学，2008 (5).

9. 刘笋. 国际法的人本化趋势与国际投资法的革新. 法学研究，2011 (4).

10. 白力，王明生. “一带一路”国家政治风险影响中国对外投资的实证研究. 南京社会科学，2022 (5).

11. 郭建宏. 中国的对外直接投资风险及对策建议. 国际商务研究，2017 (1).

12. 朱明新. 国际投资仲裁平行程序的根源、风险以及预防：以国际投资协定相关条款为中心. 当代法学，2012 (2).

13. 王军杰. 论“一带一路”沿线投资政治风险的法律应对. 现代法学，2018 (3).

(三) 网址

1. https://scholarbank. nus. edu. sg/handle/10635/150729.

2. https://icsid. worldbank. org/.

3. https://academic. oup. com/icsidreview/article/29/2/315/2732604?login=true.

4. http://www. npc. gov. cn/npc/c30834/201903/121916e4943f416b8b0ea12e0714d683. shtml.

5. https://icsid. worldbank. org/cases/case-database/case-detail?CaseNo=ARB/14/30.

6. http://www. mofcom. gov. cn/.

7. http://www3. fmprc. gov. cn/.

8. https://www. un. org/.

9. https://legal. thomsonreuters. com/en/westlaw.

(四) 案例

1. AGIP S. P. A. v. People's Republic of the Congo, ICSID Case No. ARB/77/1. Award, 30 November 1979, ICSID Reports 306.

2. LETCO v. Liberia, ICSID Case No. ARB/83/2.

3. American Independent Oil Company v. Kuwait, Award, Ad hoc Arbitral Tribunal, BIICL. 2008.

4. Amoco International Finance Corporation, Claimant v. The government of the Islamic Republic of Iran, Award No. 310 - 56 - 3, 14 July 1987, 27 ILM 1314 (1988).

二、毕业论文选题指导

1. “一带一路”倡议下跨国投资合同权益保护的法律问题研究
2. 国际投资仲裁在“一带一路”合同权益保护中的作用与挑战
3. 中国企业海外投资合同权益保护研究
4. “一带一路”倡议下跨国投资合同权益保护的机制研究

第四章 “一带一路”投资的知识产权保护法律实务

基础理论

随着我国“一带一路”倡议的实施以及我国企业在海外扩张市场、拓展业务，“一带一路”倡议下的国际知识产权保护不仅是推进我国经济高质量发展、建设创新型国家的内在要求，更是我国企业进入国际市场的重大机遇。习近平强调：“加强知识产权保护工作顶层设计”，“提高知识产权保护工作法治化水平”，“强化知识产权全链条保护”，“深化知识产权保护工作体制机制改革”①。知识产权保护事关国际经贸领域的法律秩序，也是本国创新发展的制度基础。② 中国企业和产业通过“一带一路”倡议等平台“走出去”和“走上去”，都离不开知识产权保护。

一、“一带一路”投资的知识产权保护基本知识

随着共建“一带一路”各国科学技术和文化交流的日益密切、知识产品国际市场的不断发展，知识产权必然要在共建“一带一路”各国受到法律保护。“一带一路”投资的知识产权保护法律并不是随着相关知识产权制度的产生而产生的，而是“一带一路”国际经济贸易关系不断发展的结果，也是知识产权制度不断发展与变革的结果，现已成为共建“一带一路”各国经济、文化、科技、贸易领域中的一种法律秩序。党的二十大提出，要推进高水平对外开放，稳步扩大规则、规制、管理、标准等制度型开放，加快建设贸易强国，推动共建“一带一

① 习近平. 全面加强知识产权保护工作 激发创新活力推动构建新发展格局. 求是，2021 (3).

② 吴汉东. 新时代中国知识产权制度建设的思想纲领和行动指南：试论习近平关于知识产权的重要论述. 法律科学，2019 (4)：31-39.

路”高质量发展，维护多元稳定的国际经济格局和经贸关系。因此，加强“一带一路”投资的知识产权保护法律实务的研究，不仅具有重要的理论和现实意义，而且具有时代紧迫性。

(一)“一带一路”投资的知识产权保护概述

知识产权是人们对于自己的智力活动创造的成果和经营管理活动中的标记、信誉所依法享有的专有权利。[①] 知识产权具有独占性、地域性和时间性的特点，其客体是知识产品。广义的知识产权包括著作权、邻接权、商标权、商号权、商业秘密权、地理标记权、专利权、植物新品种权、集成电路布图设计权等各种权利。狭义的知识产权，即传统意义上的知识产权，包括著作权（含邻接权）、专利权、商标权。一般来说，狭义的知识产权可以分为两类：一类是文学产权，包括著作权和与著作权有关的邻接权，是文学、艺术、科学作品的创作者和传播者所享有的权利。另一类是工业产权，主要是专利权和商标权，是工业、商业、农业、林业和其他产业中具有实用经济意义的一种无形财产权。文学产权（或称著作权）与工业产权的区分是知识产权传统的基本分类。

自20世纪60年代起，由于著作权（版权）与工业产权长期渗透和交叉，又出现了给予工业产品类似著作权保护的新型知识产权，即工业版权。随着科技的进步与社会的发展，具有经济意义的创造性劳动成果已经远远超出了上述范围，原本局限于文学艺术领域的作品范畴也扩大到了与产业相关的软件等客体上，导致文学产权与工业产权的分类方式难以维系。因此，有学者提出广义的无形财产权体系。无形财产权（或无体财产）是知识产权的另一称谓。法律制度意义上的无形财产权可以包括以下三类，以涵盖日益增多的知识产权类型：一是创造性成果权，包括著作权、专利权、商业秘密权、集成电路布图设计权、植物新品种权等。该类权利保护的对象都是人们智力活动创造的成果，一般产生于科学技术、文化艺术等知识领域，其客体具有一定程度的创造性是其取得法律保护的必要条件。二是经营性标记权，包括商标权、商号权、地理标记权、其他与制止不正当竞争有关的识别性标记权等。该类权利保护的对象为标示产品来源和厂家特定人格的区别标记，主要作用于工商经营活动之中。三是经营性资信权，包括特许经营权、信用权、商誉权等。该类权利保护的对象系工商企业所获得的优势及信誉，这种专营优势与商业信誉形成了特定主体高于同行业其他一般企业获利水平的超额盈利能力。

在当代信息社会，知识产权的范围有向“信息产权”扩充的趋势。以网络技术、生物和基因技术为主流的新技术革命，将人类社会推进到一个信息化时代，

① 吴汉东. 知识产权法学. 8版. 北京：北京大学出版社，2022：4.

信息本身成为促进经济、技术及社会发展的重要资源，也成为人们不可或缺的无形财产。知识产权所涉及的对象可被视为非物质形态的知识信息，这种对信息财产的保护已经突破了传统的知识产权制度框架，代表着理论和实务界的最新研究动向。

(二)“一带一路”投资的知识产权保护原则

“一带一路”投资的知识产权保护作为知识产权国际保护的重要内容，应遵循知识产权国际保护制度的基本原则，包括国民待遇原则、最低保护标准原则和公共利益原则等重要原则。

1. 国民待遇原则

国民待遇原则是众多知识产权公约所确认的首要原则，是指在知识产权保护方面，各缔约国之间相互给予平等待遇，使缔约国国民与本国国民享受同等待遇。所谓国民待遇，包含各缔约国依本国法已经或今后可能给予其本国国民的待遇，以及各该条约所规定的特别权利，即各该条约规定的最低保护标准。

TRIPs 协议第 3 条规定了国民待遇原则，即每一成员给予其他成员国民的待遇不得低于给予本国国民的待遇。根据 TRIPs 协议的规定，享受国民待遇的其他成员的国民之范围，应根据知识产权的不同类型，分别依《巴黎公约》《伯尔尼公约》《罗马公约》等规定的固定的资格标准来确定。归纳起来，国际公约主要采取了以下三种标准：(1) 国籍标准，即任一缔约国的国民（其国籍属于该缔约国），在公约所规定的某一种知识产权或几种知识产权方面都可以在其他缔约国享有国民待遇。TRIPs 协议、《巴黎公约》等多数公约都规定了这一标准。(2) 居住地标准，即以任一缔约国的国民的“住所”和“惯常居所”为标准，确认其享有国民待遇的资格。《巴黎公约》《华盛顿公约》采取的是“住所”标准，而《伯尔尼公约》规定了“惯常居所”标准。(3) 实际联系标准，即以特定外国人或其行为与某一缔约国之间的某种联系为标准，以此确定其享有国民待遇的资格。如《罗马公约》关于确认唱片制作者国民待遇的录制标准等就属于此类。

国民待遇原则已为各国立法所接受，但在实施过程中存在一些变化：一是国民待遇原则的延伸，国际公约要求各缔约国相关立法必须对外国作品给予特殊保护以达到公约要求的最低保护标准，这易导致本国人与外国人所享有的待遇“内外有别”。二是对国民待遇原则的限制。一方面，这种限制来自互惠原则，即针对缔约国之间保护水平的悬殊，实行“利益均衡对等”，在某些方面不适用国民待遇原则。[①] 另一方面，保留条款的出现，实际影响了国民待遇原则的适用。三

① 曹新明. 试析国际著作权公约中的国民待遇原则. 法商研究，1995 (1).

是国民待遇原则的冲突。[①] 以特别的立法形式规避国民待遇原则的适用，是相关国家为了规避国际保护义务而采取的实用主义性质的保护方式，在一定程度上构成了对国民待遇原则的挑战。

2. 最低保护标准原则

最低保护标准原则是对国民待遇原则的重要补充，是指各缔约国依据本国法对该条约缔约国国民的知识产权保护不能低于该条约规定的最低标准，这些标准包括权利保护对象、权利取得方式、权利内容及限制、权利保护期限等。该原则基于各国经济、文化、科技发展不平衡的现状，承认各国知识产权制度的差异，旨在促使缔约国在知识产权保护水平方面统一标准，从而保证知识产权制度国际协调的广泛性和普遍性。如 TRIPs 协议第 1 条规定了各成员必须履行的义务。《伯尔尼公约》第 6～18 条，列举了作者享有的各种精神权利和经济权利，以及权利保护期限、保护方法等。

在知识产权保护标准问题上，国际公约采取了“可就高不就低”的做法，即各缔约国必须遵从“最低保护标准”，但是否超出最低标准，各缔约国可自行选择。超国际标准保护有两条途径：一是由缔约国的国内法自行决定，即单方保护模式；二是缔约国之间进行双边协商，即双边条约保护。[②] 这种超国际标准的例外规定，是对最低保护标准原则的重要补充。

最低保护标准原则与国民待遇原则在知识产权制度国际协调体系中既有区别，又相互统一。区别在于，国民待遇原则是对各条约的缔约国的知识产权立法自主权的尊重，而最低保护标准原则是对这种立法自主权的限制。两者的统一性表现在：接受知识产权保护的最低标准，正是各国行使知识产权立法自主权的表现。遵守上述两项原则，是知识产权国际公约缔约国必须履行的基本义务。换言之，上述两项原则对公约的缔约国有直接适用的效力，不属于缔约国可以声明保留的条款。

3. 公共利益原则

公共利益原则是知识产权保护制度的重要原则，体现了知识产权制度的最高价值目标，是指知识产权的保护和权利行使，不得违反社会公共利益，应保持公共利益和权利人利益之间的平衡。它包括两方面的内容：一是利益平衡的法律观念，即当事人之间、权利主体与义务主体之间、个人与社会之间的利益应当符合公平的价值理念，实现公共利益目标；二是权利限制与利用的法律制度，即出于公共利益的考虑，对权利人的专有权利予以必要的限制，以保证社会公众对知识产品的合理利用。

---

① 吴汉东. 知识产权法. 北京：法律出版社，2021：110.

② 杨翰辉，胡刚，陈三坤. WTO 与中国知识产权制度的冲突与规避. 北京：中国城市出版社，2001：43-44.

公共利益原则的实现，涉及权利人利益与社会公共利益的平衡，它与前述国民待遇原则、最低保护标准原则有着密切的关联性。如果说最低保护标准原则在确定的标准范围内统一了缔约国的国内立法，从而对体现国民待遇原则的立法自主权构成限制，那么公共利益原则则限定了缔约国国内立法的范围，以例外规定的方式对最低保护标准原则构成反限制。

（三）“一带一路”投资的知识产权保护前沿问题

知识产权保护已经成为当今国际经贸投资领域的标配，但在TRIPs协议实施20多年后，国际知识产权保护逐渐形成了两种不同主张：一是以美国为代表，以TPP、《跨大西洋贸易与投资伙伴关系协定》（TTIP）为标志，强调更高标准的知识产权保护，构建区域保护协议；二是以广大发展中国家为代表，主张更公平的知识产权保护模式，构建知识产权命运共同体。发展中国家在无法摆脱既有TRIPs协议控制的前提下，需要在TRIPs协议之外寻求解决之道，即发展中国家通过条约协商、立法创新等手段，脱离TRIPs协议体制下的规制方法，进而另起炉灶，形成一种对自己有利的规则体系。从现有进程来看，发展中国家试图将知识产权国际立法从传统的世界知识产权组织和TRIPs协议转向生物多样性、基因资源、公共健康与人权等诸多方面。[①] 发展中国家推行的知识产权国际保护体制转换，在一定程度上取得了积极的效果。发展中国家，特别是在既有知识产权体制中被忽略的国家有了表达自己利益诉求的机会，不仅获得了发展自身优势产业的平台，也能够依靠新知识产权体制的保护，在一个相对友好的社会与制度环境中进行政策设计。这一国际形势要求我们在“一带一路”倡议中围绕知识产权保护提出中国主张，贡献中国力量，秉承“一带一路”倡议的共商、共建、共享原则，处理好个体利益与共同利益、竞争与合作，以及战略合作与垄断规制之间的关系。

二、“一带一路”投资的知识产权保护的重点和难点

“一带一路”投资的知识产权保护是一个复杂而关键的议题，由于“一带一路”共建国家经济发展水平、政治制度和文化传统的不同，其融入国际知识产权保护体系的程度有显著差异，发展水平也存在很大差别，涉及多国合作与法律协调。

（一）“一带一路”投资的知识产权保护的重点

1. 法律框架的差异和协调

共建“一带一路”各国的知识产权法律差异较大，知识产权法律体系各异，

① 吴汉东. 知识产权法学. 8版. 北京：北京大学出版社，2022：532-533.

需推动各国知识产权法律框架的协调，确保投资和贸易中的知识产权保护标准一致。要加强国际合作与协调，“一带一路”共建国家并未都加入保护知识产权的基本国际公约，重点要推动更多国家加入《巴黎公约》《伯尔尼公约》等国际条约，通过双边协议或多边框架促进各国在知识产权保护上的协作，统一标准并建立互信机制。在提升知识产权保护的国际化水平的前提下，必须面对各国国内基础制度迥异的现状，熟悉并遵守各国的具体规定，维护好中国知识产权权利人的利益，是中国国际经贸活动参与者普遍关切的重点问题。

2. 知识产权注册与维护

要及时在目标市场申请专利、商标等，防止被抢注，并及时缴纳年费、续展费等维护费用，确保权利持续有效。

(1) 商标保护。投资者应及时在投资目标国进行商标注册，以防止商标被抢注。同时，要加强对商标使用的管理和监督，确保商标的使用符合当地法律规定，维护商标的显著性和识别性。一些中国企业在进入“一带一路”共建国家市场前，会先进行商标布局，提前注册相关商标，避免自己的商标被他人恶意抢注。

(2) 专利保护。投资者对于其核心技术和创新成果，要通过申请专利进行保护。在“一带一路”投资中，推动专利审查高速路（PPH）合作等，可以加快专利审查速度，提高专利保护的效率。例如，中国与俄罗斯、新加坡、波兰等17个“一带一路”合作伙伴开展了专利审查高速路合作，方便了投资企业的专利获权。

(3) 地理标志保护。加强“一带一路”共建国家的地理标志互认互保合作，可以保护各国特色产品的地理标志知识产权。如特色农产品、传统手工艺品等，通过地理标志保护，可以提升产品的市场竞争力和附加值。

3. 技术转让与保护

要加强风险评估与管理，投资者需健全防止技术被非法复制或盗用的机制，对投资目标国进行详尽的风险分析，制定策略，如通过合同条款和保险措施来应对潜在风险。在“一带一路”国家的技术转让和许可协议中，要在合同条款中明确知识产权归属和双方权利义务，确保双方权益，防止侵权纠纷。同时要注意部分国家要求技术转让合同需政府批准，这会增加技术转让与许可的复杂性。

4. 执法机制和执法力度的强化

在跨境执法上，加强共建“一带一路”各国在知识产权执法上的合作，打击跨国侵权行为。同时，由于各国执法力度不同，在推动共建国家健全知识产权法律体系的前提下，需要不断提供技术支持和培训，提升共建国家执法能力，以减少侵权行为。要建立高效的仲裁或调解机构，确保争议能够迅速、公正地解决，减少时间和成本的消耗。要加强边境保护，利用海关等措施防止侵权商品进出口。投资者应更多选择执法严格的国家进行投资。

5. 提升知识产权保护意识

“一带一路”共建国家的知识产权保护经验和执法水平参差不齐，一些国家知识产权保护意识和执法力度相对较弱，要加强“一带一路”国家的知识产权保护的宣传教育，提升企业和公众的保护意识。为企业和政府提供相关培训，增强知识产权管理能力，及时制止和惩处侵权行为。

(二)“一带一路”投资的知识产权保护的难点

1. 法律差异

“一带一路”共建国家的法律体系复杂多样，知识产权制度差异大，导致法律环境复杂，加之部分国家知识产权法律不健全、不完善，且修订频繁，协调难度大，导致投资者需适应不同的规则体系，增加了合规和维权难度。同时部分国家虽有相关法律，但执行力度不够，执法不严，司法程序冗长，司法效率较低，影响了知识产权保护效果和维权效率。

2. 文化差异

部分国家对知识产权保护意识不足，侵权行为较为普遍，影响知识产权保护效果和市场环境。同时文化差异可能导致信息不对称和沟通障碍，投资者对投资目标国知识产权制度、法律程序等信息了解不足，且缺乏畅通的信息渠道，容易造成投资合作中的误解，增加了投资风险和不确定性。同时，语言障碍也增加了投资者获取信息和与当地相关机构沟通的难度，影响知识产权保护工作的开展。

3. 技术挑战与利益冲突

新兴科技领域的知识产权保护规定因各国技术发展程度和利益诉求不同而差异巨大，部分“一带一路”共建国家的技术更新迅速，但法律和执法手段未能跟上，同时互联网使得侵权行为变得隐蔽，打击难度加大。且“一带一路”共建国家之间也存在经济利益冲突，技术转让和知识产权保护可能引发利益分配争议。某些国家可能偏袒本地企业，存在地方保护主义，这些国家需要在市场竞争、技术引进和保护之间找到平衡。

4. 政治环境不稳定

部分“一带一路”共建国家的政治环境存在不稳定因素，部分国家的政局变动、经济政策调整以及地缘政治和国际关系变化等，可能导致外国投资企业面临较大的资本转移风险，影响知识产权保护的稳定性、连续性。一旦东道国出现问题，外国投资企业难以安全、顺利地将与知识产权相关的本金、利润等资金退出。

5. 专业人才匮乏

“一带一路”投资背景下的知识产权保护涉及多个领域，需要具备国际化思维、深厚专业功底、熟练操作能力以及多语种能力的复合型人才。但目前这类专业人才相对短缺，制约了“一带一路”投资知识产权保护工作的质量和效率。

总之，“一带一路”投资中的知识产权保护涉及复杂的法律和文化问题，需各国共同努力，通过法律协调、执法合作、技术支持和意识提升，克服法律、文化、技术和政治等方面的差异带来的挑战。投资者需通过充分调研、专业咨询和合同保护等措施降低风险，确保投资和贸易的顺利进行。把握好“一带一路”投资的知识产权保护的重点和难点问题，有利于扩大我国在“一带一路”投资知识产权保护方面的话语权，促进“一带一路”共建国家的知识产权标准互认合作、纠纷国际合作协调、风险应急预警、规则主导制定等，以形成互利共赢的投资环境。

三、“一带一路”投资的知识产权保护相关立法综述

（一）知识产权法概述

知识产权法是调整因知识产品而产生的各种社会关系的法律规范的总和，它是国际上通行的确认、保护和利用著作权、工业产权以及其他智力成果专有权利的一种专门法律制度。知识产权法是近代商品经济、科学技术发展以及法治进步的产物，根据智力劳动成果和社会关系性质的不同，各国立法者建立了专利法、著作权法、商标法等一系列法律制度。这些法律规范相互配合，构成了调整有关知识产品的财产关系和人身关系的法律规范体系——知识产权法。

（二）知识产权国际保护制度

知识产权国际保护问题已成为国际贸易的一个重要方面。知识产权的国际保护制度是指以多边国际公约为基本形式，以政府间国际组织为协调机构，通过对各国国内知识产权法律进行协调而形成的相对统一的国际法律制度。[①] 这一制度先后经历了巴黎联盟与伯尔尼联盟时期、世界知识产权组织时期、世界贸易组织时期，其主要公约包括《巴黎公约》、《伯尔尼公约》、TRIPs协议等。

1. 巴黎联盟与伯尔尼联盟时期：知识产权国际保护制度的形成

知识产权国际保护制度的建立，始于1883年的《巴黎公约》与1886年的《伯尔尼公约》。两大公约生效后，《巴黎公约》的缔约国组成巴黎联盟，《伯尔尼公约》的缔约国组成伯尔尼联盟。两个联盟分别设有自己的执行机构，被称为“国际局”。两个国际局各自管理相应的国际公约，并被置于瑞士联邦政府的监督之下。1893年，两个联盟的国际局合并，成立保护知识产权联合国际局（BIRPI）。

---

① 吴汉东．知识产权法学．8版．北京：北京大学出版社，2022．

2. 世界知识产权组织时期：知识产权国际保护制度的发展

世界知识产权组织的建立，意味着知识产权国际保护制度进入新的发展阶段。1967年，《巴黎公约》和《伯尔尼公约》的缔约国在瑞典斯德哥尔摩签订了《成立世界知识产权组织公约》；1970年，世界知识产权组织成立，并设立“知识产权国际局”，取代原两大联盟的保护知识产权联合国际局；1974年，总部设在瑞士日内瓦的世界知识产权组织成为联合国组织系统的特别机构之一。知识产权国际局成为联合国的专门机构。创设者认为这可能有两个好处：“一是世界知识产权组织的特权和任务是处理知识产权的事实可以得到全世界的承认，二是世界知识产权组织可能或多或少有与联合国一样多的成员，尤其是许多发展中国家会参加该组织。”①

3. 世界贸易组织时期：知识产权国际保护制度的变革

世界贸易组织的建立与TRIPs协议的形成，标志着知识产权国际保护制度进入一个高水平保护、一体化保护的新的历史时期。1994年4月15日，关税及贸易总协定发起的“乌拉圭回合”谈判的最后文件在摩洛哥的马拉喀什签署。“乌拉圭回合”谈判的“一揽子”协定有两项主要成果：一是宣布建立世界贸易组织，结束了GATT的临时适用状态；二是达成包括TRIPs协议在内的“一揽子”协定，并由世界贸易组织管辖。

4. 后TRIPs协议时代：知识产权国际保护制度的推进

随着全球化时代国际竞争的升级，后TRIPs协议时代的知识产权国际保护制度与国际贸易的关联度也日益提高。为了更好地维护和发挥本国核心竞争力，发达国家不断推进各种超出TRIPs协议标准的多边协定，主要旨在提高国际知识产权执法水平，其中最为重要的成果就是已签署的《反假冒贸易协定》（ACTA）和TPP。TPP现已为CPTPP所取代。

同时，发展中国家在无法摆脱既有的TRIPs协议控制的前提下，开始在TRIPs协议之外寻求解决之道，即发展中国家通过条约协商、立法创新等手段，试图脱离TRIPs协议体制下的规制方法，进而另起炉灶，形成一种对自己有利的规则体系。从现有进程来看，发展中国家试图将知识产权国际立法从传统的世界知识产权组织和TRIPs协议转向生物多样性、基因资源、公共健康与人权等诸多方面。

（三）“一带一路”投资的知识产权保护的相关立法及现状

1. 中国的知识产权法律制度发展

在当今世界，一个国家知识产品的生产数量和国际占有量，往往成为衡量这个国家经济、文化、科技水平高低的标志之一。中国作为“一带一路”倡议的提

① 汤宗舜. 知识产权的国际保护. 北京：人民法院出版社，1999：27.

出国，始终坚持积极建立和健全国内知识产权法律制度。

改革开放后，我国颁布了一系列知识产权法律法规，迅速建立了知识产权的法律体系，在知识产权保护方面取得了举世瞩目的成就。我国先后颁布了《商标法》《专利法》《著作权法》《反不正当竞争法》《植物新品种保护条例》《集成电路布图设计保护条例》，并不断对这些法律法规进行修正。《民法通则》专节规定了知识产权，《民法总则》在民事权利部分专门规定了知识产权的对象。

2020年5月28日，我国颁布了《民法典》，自2021年1月1日起施行。为建设创新型国家，《民法典》总则编对知识产权作了概括性规定，以统领各个单行的知识产权法律；合同编中规定的有关知识产权的内容包括商业秘密的保密义务与赔偿责任、买卖合同中的知识产权归属、技术合同与知识产权等；婚姻家庭编规定，婚姻关系存续期间的知识产权收益为夫妻共同财产；侵权责任编增加了侵害知识产权的惩罚性赔偿规定，以加强对知识产权的保护，提高侵权违法成本；等等。《民法典》的实施，进一步加强了对知识产权的保护。

此外，我国还加入了《成立世界知识产权组织公约》《巴黎公约》《马德里协定》《关于集成电路的知识产权条约》《伯尔尼公约》《世界版权公约》《保护唱片制作者防止唱片被擅自复制公约》《专利合作条约》等。2001年12月11日，我国正式加入世界贸易组织，并成为TRIPs协议的缔约方。在这之后又加入了《视听表演北京条约》和《TRIPs协议和公共健康多哈宣言》。

中国知识产权制度的建设虽然起步较晚，但是，从20世纪70年代末至今的短短四十多年间，中国做了大量卓有成效的工作，走过了发达国家通常需要几十年甚至上百年时间才能完成的立法路程，建立起了比较完整的知识产权法律体系。总体而言，我国知识产权发展历史短暂，但成效不小，已基本形成与TRIPs协议要求基本一致的包括著作权法、专利法、商标法等法律制度的知识产权法律、法规和条例，符合世界贸易组织基本要求。中国在完善本国知识产权保护制度的同时，作为知识产权国际规则的坚定维护者、重要参与者和积极建设者，还应积极贡献中国智慧和中国方案，最终形成完整的、可操作的知识产权多边协调机制，助力“一带一路”倡议参与国的发展，实现共同繁荣。

2. “一带一路”共建国家的知识产权法律制度状况

“一带一路”所涉国家基本都已建立起国内知识产权保护制度，但发展水平存在很大差异。[①] 其大致可分为三种类型：第一种类型是知识产权国内保护水平较高且积极参与或主导知识产权国际保护规则制定的国家，如俄罗斯、新加坡等。第二种类型是知识产权国内制度比较完善且积极融入知识产权国际制度的发展中国家，如马来西亚、泰国等。第三种类型是知识产权国内制度不完善且尚未

① 李晓鸣，翟全军. “一带一路”建设的知识产权司法保护. 云南社会科学，2019（5）：45－51.

充分融入知识产权国际保护体系的发展中国家，如巴基斯坦。

(1) 俄罗斯。

从1992年起，俄罗斯的政治和法律体制发生了激烈的变化。为了适应国际化发展趋势，1992—1993年间，俄罗斯通过了一系列有关知识产权的单行法律，重新建立起较为完善的知识产权法律体系。这些法律构成了俄罗斯知识产权法的主要来源。1993年，俄罗斯申请加入世界贸易组织。为了成为世界贸易组织成员，俄罗斯进一步修改和补充已制定的诸多知识产权法律。2006年12月18日，俄罗斯联邦总统签署了第230号“关于《俄罗斯联邦民法典》第四部分生效”的联邦法律，宣布自2008年1月1日起，废除知识产权领域原有的一系列单行法，这使得俄罗斯成为当时世界上唯一将知识产权法律制度完全民法典化的国家。2014年3月12日，俄罗斯联邦总统签署了第35号联邦法律，对《俄罗斯联邦民法典》第四部分作了多项重大修改。大部分内容的更改于2014年10月1日生效，适用于俄罗斯联邦境内包括专利权、实用新型、工业品外观设计、专有技术、商标、许可和侵权责任在内的多种类型的知识产权权利。

(2) 东南亚。

东南亚各国的知识产权保护发展水平差异较大，如从专利法立法来看，新加坡只保护发明专利，不保护实用新型专利，而外观设计专利则另行立法保护；菲律宾和越南将专利保护的规则置于统一的知识产权法典中，提供发明专利、实用新型专利和外观设计专利的保护；印度尼西亚和马来西亚的专利法只保护发明专利和实用新型专利，外观设计专利另行立法保护；柬埔寨和老挝的专利法保护发明专利、实用新型专利和外观设计专利；文莱则延伸注册已经在英国、马来西亚和新加坡注册的专利。

东南亚各国的知识产权司法保护机制也有不同，如新加坡知识产权局于2014年4月1日起与世界知识产权组织仲裁调解中心合作，为新加坡的专利争端提供了一个新的解决方案；泰国设国家专利委员会进行专利管理，由商务部副部长担任主席，不超过12名的委员由内阁任命，来自泰国的科学、工程、工业等领域；越南的各级法院、调查局、市场管理办公室、海关办公室、警察机关和人民委员会都负有处理知识产权侵权行为的职责。

(3) 中东欧。

中东欧有8个国家的知识产权制度已达到TRIPs协议的要求。这8个国家中，波兰、捷克、斯洛伐克、匈牙利、保加利亚、罗马尼亚已经加入欧盟。波兰警察和海关内部设有专利等知识产权执法服务机构，重视知识产权边境执法措施；海关总署设立专门的知识产权部；与周边国家合作每3个月组织一次联合检查；海关官员主动或应权利人申请扣押侵权物。捷克的海关边境措施、消费者权益保护、刑事监控与民事程序共同发挥知识产权保护作用。匈牙利的所有知识产权单行法都提供海关边境救济措施，使得海关具备最有效的知识产权执法方式。

3. 中国与“一带一路”共建国家知识产权保护国际合作的主要情况

目前，中国主要致力于区域及双边的知识产权保护合作，截至 2023 年，中国已经与 29 个国家或地区签订了自由贸易协定（FTA）。中国签订的 FTA 可以分为两个阶段：在 2012 年之前，中国签订的 FTA 对于知识产权问题采取消极态度，要么回避相关议题，要么采取 TRIPs 协议的最低标准，如中国与新加坡、巴基斯坦的 FTA 未涉及知识产权条款。在 2012 年后，中国开始在 FTA 中关注知识产权问题，其中出现大量超 TRIPs 协议标准的知识产权保护条款，中国与澳大利亚、韩国的 FTA 尤为明显。

其中，中国与东南亚国家合作的深度和广度尤其突出，中国与东盟及其成员国建立了良好的合作平台，在双边层面中国与东南亚多个国家签署了合作协议，多边层面签署了 RCEP。随着 RCEP 的生效实施，在 WTO 基础上将创造更广泛深入的市场开放，有助于各成员国及地区经济范围的拓展延伸，并为域内企业带来更多的商业机遇。RCEP 的全文内容由序言、20 个章节、4 个市场准入承诺表附件所组成。其中，知识产权章节包含 83 个条款以及过渡期安排、技术援助等 2 个附件，是 RCEP 内容最多、篇幅最长的章节，也是中国迄今签署的自由贸易协定中纳入内容最全面的知识产权章节。[①]

除此之外，中国与俄罗斯、蒙古国建立了三边知识产权合作机制，签署了合作协议，三方定期轮流举办局长级会议并召开知识产权研讨会。在与南亚国家的合作中，中国仅与巴基斯坦签署了合作协议，与印度的合作仍在磋商和起步阶段。在与中东欧地区的合作中，中国与维谢格拉德集团成员国的双边合作和与该组织的小多边合作开展得比较好。在与西亚、中东地区的合作中，中国与海湾阿拉伯国家合作委员会（GCC）建立起了比较好的合作关系，承担了 GCC 专利局部分专利申请的代审服务工作，与埃及、土耳其、以色列的合作关系也比较紧密。2017 年，中国与格鲁吉亚签订中格自贸协定，体现出中国和格鲁吉亚的共同利益点和价值取向，协定体例上包括一般规定、实体标准、执行措施和合作规则，共计 18 个条款，内容较为完整丰富。

总体看来，中国与“一带一路”共建国家的合作层次和合作力度仍然有待提高，与一些有影响力的大国尚未正式建立合作关系，重点区域也没有实现完全覆盖，还有很大的潜力有待挖掘。

4. “一带一路”共建国家的知识产权合作组织

“一带一路”共建国家的知识产权合作组织主要有欧洲专利组织、欧亚专利组织和东盟知识产权合作组织。

① 胡刚. RCEP 框架下的知识产权协调保护. 中国对外贸易，2022（7）：45－47.

（1）欧洲专利组织。

欧洲经济共同体在1957年首次提出“欧洲专利”概念，该组织在1973年签订了《欧洲专利公约》，根据该公约授予的专利被称为欧洲专利。《欧洲专利公约》设立了由欧洲专利局和行政理事会组成的欧洲专利组织，欧洲专利局统一受理和审批授予在所有指定国都生效的专利，采用实质审查制对专利申请进行审查。截至2023年，欧洲专利局的成员国共有39个，覆盖了整个欧盟地区及欧盟以外的12个国家。欧洲的专利申请还可以根据申请人的要求延伸，目前已有41个国家承认欧洲专利作为本国专利。“一带一路”的中东欧16国中，14国已经加入《欧洲专利公约》，另外2个国家是欧洲专利延伸国。欧洲专利并没有取代成员国国家专利，而是与之并存，申请人仍然可以通过国家专利局的程序申请成员国国家专利。

（2）欧亚专利组织。

苏联解体后，经过三年的筹划和运作，《欧亚专利公约》应运而生。《欧亚专利公约》于1994年9月9日在莫斯科的独联体政府首脑理事会会议上正式签署。该公约自1995年8月12日生效，其成员是土库曼斯坦、白俄罗斯、塔吉克斯坦、俄罗斯、阿塞拜疆、哈萨克斯坦、吉尔吉斯斯坦、亚美尼亚和摩尔多瓦等9个独联体国家。后摩尔多瓦于2012年正式退出该公约，其余8个国家都是“一带一路”共建国家。《欧亚专利公约》的独特性在于，它所授予的专利不是国家专利，而是在所有成员国都有效力的单一的统一专利，其申请、审查、授予和公开都使用一种语言。侵权以及专利有效性的争端由各成员国法院来解决，法院判决只在该国有效。《欧亚专利公约》从体制上根本解决了地区范围内的专利统一问题，即建立了在各成员国统一受理、使用统一文字、统一授权、统一有效的专利制度。

（3）东盟知识产权合作组织。

东盟知识产权合作组织是东盟的一个地区性知识产权合作平台，旨在培育良好的知识产权环境，建立一体化的东盟知识产权制度，促进东南亚地区经济发展。受经济全球化不断加深的影响，1995年，东盟各国签订了《知识产权合作框架协议》，提出了东盟各国在知识产权领域进行合作的构想。此后，该组织举行了多次富有成效的会议并制定了众多建设性措施。如在2004年万象峰会上，东盟成员国通过了《东盟知识产权行动计划》，为区域知识产权合作提供了具体指导。2013年，东盟知识产权合作组织会议推出了东盟知识产权门户网站（ASEAN IP Portal），为公众提供知识产权信息和服务。2015年，东盟知识产权合作组织会议通过了《东盟知识产权战略（2016—2025）》，致力于加强区域知识产权保护、促进创新和经济发展。

案例分析

一、典型案例

案例1　诺基亚公司诉OPPO公司案

(一) 案例导入

标准必要专利（Standard Essential Patent，SEP）是指实施标准必须使用或很可能使用的专利。[①] 自2018年7月1日起，OPPO公司通过与诺基亚公司交叉许可的方式获得诺基亚公司的SEP许可，2021年6月30日到期。许可到期前，诺基亚公司与OPPO公司协商，试图将许可期限延长，同时将许可范围扩大至5G专利，但最终未达成协议，双方产生纠纷。

2021年7月1日，原许可合同期限届满后，诺基亚公司旗下两家公司——诺基亚技术有限公司、诺基亚解决方案与网络公司以侵害其三件英国SEP专利权为由，立即向英国法院起诉OPPO公司系的七家公司——深圳市万普拉斯科技有限公司、万普拉斯有限公司、OPPO广东移动通信有限公司、OPPO移动英国公司、安迅国际贸易有限公司、深圳市锐尔觅移动有限公司、安迅重庆移动通信有限公司，请求法院认定此三件英国专利为相关标准的必要专利和有效专利，并请求法院确定其所持有的标准必要专利包的全球许可条件，以及向OPPO公司颁发禁令。

为反制诺基亚公司的起诉行为，2021年7月13日，OPPO公司向重庆市第一中级人民法院提起两项诉讼：第一是请求中国法院认定诺基亚公司在许可谈判期间的做法不符合FRAND原则[②]，并且违背了诚实信用原则；第二是请求法院确定诺基亚公司SEP的全球FRAND许可条款。诺基亚公司方面旋即在德国、印度、印度尼西亚对OPPO公司发起SEP侵权之诉，请求法院向OPPO公司颁发禁令，以此向OPPO公司施压。同时，诺基亚公司还在英国、法国、德国、西班牙、印度和俄罗斯对OPPO公司发起非SEP侵权之诉，请求法院阻止OPPO公司的侵权行为。

为应对诺基亚公司在英国法院提起的SEP侵权禁令之诉，OPPO公司提出了针对英国法院的管辖权异议。OPPO公司认为，经英国最高法院对“无限星球

① 朱翔华. 标准中纳入专利的现状分析及对策研究. 中国标准化，2011 (10)：62-64.

② 大多数标准制定组织（Standard Setting Organisation，SSO）均要求SEP权利人作出承诺，保证将以SSO在其知识产权政策中所列明的公平、合理、无歧视（Fair，Reasonable and Non-Discriminatory，FRAND）条款为指导，向所有标准使用者授予实施许可。该承诺在法律上的性质如何尚无定论。

(UP) 诉华为”“康文森诉华为、中兴”联合上诉案作出的管辖权异议终审裁定确认，即使当事双方不同意，英国法院仍可以对SEP权利人的SEP全球专利行使FRAND全球授权许可条件的管辖权。然而本案与上述案件相比已出现两个变化：一是中国最高人民法院在“OPPO公司诉夏普”案中裁定，即便在双方未达成合意的情况下，中国法院仍有权对全球FRAND许可条件行使管辖权。二是欧盟法律不再适用于英国，尤其是经重订的《布鲁塞尔条例》。上述变化改变了英国法院裁决全球FRAND许可条件的管辖权。根据第一个变化，重庆市第一中级人民法院已受理OPPO公司与诺基亚公司之间的全球许可条件纠纷，因此重庆市第一中级人民法院更适合处理该纠纷，OPPO公司愿意按照中国法院裁定的FRAND许可条款寻求全球许可。鉴于此，非英国OPPO公司方对英国法院提出管辖权异议，OPPO公司英国方面被告则以英国法院不是裁定相应诉讼请求的适合法院为由，请求在重庆市第一中级人民法院对案件作出最终决定前对本案中止审理。根据第二个变化，英国法院不是裁决双方全球许可条件的方便法院，英国法院无权对住所地不在英国的五个被告行使管辖权，并应中止对住所地在英国的其他两个被告的诉讼。

为回应OPPO公司提出的管辖权异议，英国法院提出，在“康文森诉华为、中兴”案的管辖权异议中英国最高法院在一项判决中称，英国法院是方便管辖法院的前提是没有证据表明有其他可以审理争议的法院，至少在未经双方同意的情况下，中国法院无权对FRAND全球许可条款进行裁决。但中国最高人民法院在“OPPO公司诉夏普”案中根据五个因素确定了对SEP全球许可条款行使管辖权。因此，在本案中存在一个可以裁决SEP全球许可条件的中国法院。被告已经突破英国最高法院在裁定“康文森诉华为、中兴”案管辖权异议中确定的“必须有一个可替代的司法管辖权”这一障碍的限制。

OPPO公司还请求英国法院中止涉案的FRAND程序，并提出了以下几点主张：中国法院平行诉讼正在对本案进行审理，如不中止诉讼，英国法院需要3～4周审理FRAND问题，且有可能与中国法院作出的判决相矛盾。相对应的，中国法院裁决FRAND全球许可条款，审理效率更高，会更快得出结论。诺基亚公司可以申请拆分审理许可争议，使英国法院能够继续在英国专利范围内审理FRAND诉讼。此外，争议焦点与中国联系更为密切，拟授予的设备在中国销售量占50%以上，在英国却不超过0.5%。如果不中止诉讼，诺基亚公司就会一直选择SEP侵权诉讼的司法辖区来裁决FRAND条款，这种潜在的诉讼倾向对实施人显失公平。

诺基亚公司提出了以下观点进行反驳：重庆市第一中级人民法院的裁决未涉及OPPO公司授予诺基亚公司的交叉许可问题。诺基亚公司授予的许可不限于适用于OPPO品牌的设备。从这两点来看，在任何情况下，应在英国司法辖区内审理FRAND问题。如果英国和中国法院的判决涵盖了同样的问题，两国的判决不一定是不可调和的，因为在“UP 诉华为”案中，英国法院表示不止一组条款符合 FRAND 原则。诺基亚公司可能会因中国法院设定的许可费率低于英国法院设定的许可费率而遭受损失。重庆市第一中级人民法院裁定 FRAND 许可费率时会适用中国法律，而裁决 FRAND 许可条款必须依据法国法，诺基亚公司有权让执行法国法律的法院来裁决。如果重庆市第一中级人民法院裁决 FRAND 条款，诺基亚公司就要被迫基于这些条款向 OPPO 公司提供许可，否则就会被处以罚款或其他法律制裁，那么就不应要求诺基亚公司基于特定司法辖区的制裁（如重庆市第一中级人民法院的裁决）来处理 FRAND 争议。诺基亚公司根据代理其重庆市第一中级人民法院诉讼的北京某律师事务所的一名合伙人提供的证据，证明中国法院基于案情实质作出判决的时间要比英国法院晚两年。英国法院的诉讼程序使用英语很方便。重庆市第一中级人民法院从未审理过 FRAND 案件，而英国法院具备裁决 FRAND 争议和适用法国法的经验。

英国法院对 OPPO 公司和诺基亚公司的上述观点均未被采纳。

(二) 分析

英国法院对本案被告行使管辖权的权源来自经重订的《布鲁塞尔条例》第 4.1 条的规定：对居住在某一成员国的人士提起诉讼的，应向该成员国的法院提起诉讼，无须考虑被诉人士的国籍。在“康文森诉华为、中兴”案中，英国上诉法院认为，由于英国被告必须在英国被起诉，因此避免将案件分拆审理更为合理，如果对非英国被告的起诉案件由英国法院审理可以避免将案件分拆，那么这是方便法院评估中需要考虑的因素。在《布鲁塞尔条例》及其后续公约生效期间，方便法院原则继续适用于英国法律。将 FRAND 问题从 SEP 侵权、有效性问题中剥离出来，可能会引发不同的观点之争。本案中，诺基亚公司的主张与“康文森诉华为、中兴”案中康文森的主张及案件争议定性方式完全相同，由于本案中的争议以同样的方式被恰当定性，就方便法院原则而言，英国法院是该争议的合理诉讼地法院。

而对于是否中止审理 FRAND 程序的争议，只有在他国正在进行平行诉讼，并有充分的理由确定中止诉讼可以节省成本且具有极大便利性时，中止审理才可能被纳入考虑范围。本案中双方当事人提出的观点不存在倾向于中止或不中止的理由，因此，即使重庆市第一中级人民法院在审理 SEP 全球许可条款期间，也不会批准中止本案诉讼。本案中英国法院通过裁定驳回 OPPO 公司提出的管辖权异议和中止诉讼的申请，重申其“裁决全球许可条款+禁令”的管辖规则。我国法院应提高审判效率，促使诺基亚公司和 OPPO 公司重新回到谈判桌前，尽快达成 SEP 全球许可协议，为积极参与 SEP 纠纷的全球治理提供中国的裁判经验和裁判规则。

案例2 中国阿里巴巴公司诉迪拜阿里巴巴基金会商标侵权案

（一）案例导入

迪拜阿里巴巴基金会（Alibaba coin Foundation，ABBC）通过发行加密货币“阿里巴巴币”（Alibaba coins）集资超过三百万美元，中国阿里巴巴集团控股有限公司（以下简称“中国阿里巴巴公司”）认为迪拜阿里巴巴基金会的上述行为涉嫌侵犯其商标权，于是在2018年4月将迪拜阿里巴巴基金会诉至美国纽约曼哈顿联邦地方法院，要求迪拜阿里巴巴基金会停止侵权行为，并对违反美国联邦法律和纽约地方法律的行为作出相应赔偿和补偿。迪拜阿里巴巴基金会不承认中国阿里巴巴公司向法院提出的其具有商标侵权行为的指控，并以公开声明的方式提出，基金会的主观目的在于追求合法商业利益，其商业行为既没有侵犯任一中国阿里巴巴公司电子商务网站的知识产权，也没有通过建立电子商务网站来影响中国阿里巴巴公司的知识产权利益，且其行为没有引起其他与中国阿里巴巴公司商业行为的冲突。声明进一步补充道，迪拜阿里巴巴基金会线上发行的加密货币“阿里巴巴币”与中国阿里巴巴公司的电子商务不存在关联性。在迪拜，仅通过互联网搜索引擎即可查到十几家以“阿里巴巴”作为名称的企业，这是因为“阿里巴巴”作为中东民间故事《阿里巴巴和四十大盗》的主角名字在中东地区家喻户晓，阿里巴巴的传说可以使人们将其与魔法、金币、咒语、财富等相联系。迪拜阿里巴巴基金会完全有权利使用该词语的另外含义，主张中国阿里巴巴公司未曾使用或至少已经放弃使用该词语含有的魔法和金币的含义。中国阿里巴巴公司要求迪拜阿里巴巴基金会关闭所有业务，并以其他名称重新营业。对于一个中东企业而言，要求其禁止使用源自中东的用语，而去保护一个中国企业，是既不合理也不符合比例原则的，原告中国阿里巴巴公司提出的主张在中东地区缺乏说服力。

2018年5月1日，美国联邦法官驳回中国阿里巴巴公司提出的下达临时禁制令的要求。美国纽约曼哈顿联邦地方法院表示，中国阿里巴巴公司没有表明其有管辖权，未能确定一个“合理的可能性”，即迪拜阿里巴巴基金会的互动网站被用来与纽约的客户进行交易。

（二）分析

2002年《阿拉伯联合酋长国商标保护法》第2条规定，商标是指任何能够区分商品或服务来源的标志，包括但不限于名称、词语、签名、字母、数字、图形、符号、地址、印章、图画、浮雕、广告、包装、颜色组合，以及任何其他具有显著性的标志或组合。该法第3条第7款则规定，他人的姓名、照片或标志（除非继承人已同意使用）不可以注册为商标或作为商标组成部分。因此，“姓名”在阿联酋是不允许被作为商标注册的。

在本案中，原告中国阿里巴巴公司主张被告迪拜阿里巴巴基金会存在特定针对、不间断使用与故意混淆中国阿里巴巴公司商标的行为，其目的在于使消费者认为被告的“阿里巴巴币”与中国阿里巴巴公司具有关联性。“阿里巴巴币”出现后，就有外国媒体误以为这是中国阿里巴巴公司发行的数字货币。就实际情况来看（中国不允许发行加密货币），中国阿里巴巴公司在提出要求纠正后，还必须实施必要的保护行为，否则将难以避免此种混淆继续发生。中国阿里巴巴公司在美国提起诉讼的目的在于进一步阻止迪拜阿里巴巴基金会的侵权，以及请求因其涉嫌违反美国联邦和纽约州法律的损害赔偿。虽然中国阿里巴巴公司对迪拜阿里巴巴基金会发起的商标权诉讼被美国法院驳回，但中国阿里巴巴公司在美国而不在阿联酋打官司的目的是希望通过国际媒体报道本案，让所有人知道“阿里巴巴币不是中国阿里巴巴公司发行的，中国阿里巴巴公司和阿里巴巴币完全没有关系”。从这个出发点来说，本案不管输赢，中国阿里巴巴公司通过国际媒体对本案进行新闻报道的目的都达到了。

案例3　IM全球有限责任公司申请承认和执行美国独立电影电视联盟国际仲裁院仲裁裁决案

(一) 案例导入

2016年5月，案外人孙某以天津B电影集团有限公司的名义与注册地在美国的IM全球有限责任公司商讨引进电影版权事宜。双方经协商签署了交易备忘录，该备忘录中约定：由B公司引进美国、阿联酋等国的电影公司制作，IM全球有限责任公司等公司发行的电影《圆圈》(*THE CIRCLE*)，在中国电影院线、电视、互联网等媒介上放映，同时约定了保证金的支付方式、支付期限及违约责任。对于争议的处理方式，交易备忘录约定，在其项下产生的任何争议均排他性地接受美国独立电影电视联盟国际仲裁院按照该仲裁院有效的仲裁规则在洛杉矶仲裁。在交易备忘录签订后，孙某未按约定支付款项，IM全球有限责任公司向美国独立电影电视联盟国际仲裁院申请仲裁。2017年4月，美国独立电影电视联盟国际仲裁院作出17—01号裁决书，裁决天津B电影集团有限公司向IM全球有限责任公司支付损害赔偿、资金利息及律师费用等共计100余万美元。随后，IM全球有限责任公司向天津市第一中级人民法院申请承认和执行该裁决。

(二) 分析

天津市第一中级人民法院认为，我国是《承认及执行外国仲裁裁决公约》(《纽约公约》)的成员国，故本案应适用《纽约公约》的相关规定进行审查。依照《纽约公约》第5条第1款甲项的规定，孙某以天津B电影集团有限公司名义与IM全球有限责任公司签订合同，但孙某既非天津B电影集团有限公司的法定代表人或者工作人员，亦未持有天津B电影集团有限公司的授权委托书等材料。依照天津B电影集团有限公司注册地中国法律，孙某无权代表天津B电影集团有限公司签订交易备忘录；依照备忘录签订地法国法律，孙某亦无权代理天津B电影集团有限公司签订交易备忘录，且IM全球有限责任公司无法提供证据证明存在表见代理的情形。此外本案仲裁裁决符合《纽约公约》第5条第1款（乙）项规定的情形，其送达程序存在瑕疵，且因此致使天津B电影集团有限公司未能申辩。本案中，天津B电影集团有限公司提出的涉案仲裁裁决符合《纽约公约》第5条第1款（乙）项规定情形的主张成立。因此，天津市第一中级人民法院裁定，不予承认并执行涉案美国独立电影电视联盟国际仲裁院的裁决。

《纽约公约》系外国仲裁裁决司法审查领域的基础性公约，第5条为该公约的核心条款，在外国仲裁裁决司法审查案件中具有基础性的意义。该公约第5条第1款（甲）项规定，“协定之当事人依对其适用之法律有某种无行为能力情形者”，应拒予承认及执行相关仲裁裁决。此处的“无行为能力”（under some incapacity）与我国国内法的“无行为能力”的意义并不完全相同，此处的“无行为能力”应理解为“缺乏契约能力”（lacking the power to contract），本案中表现为行为人孙某无权代表或代理天津B电影集团有限公司签订交易备忘录。同时公约第5条第1款（乙）项规定，“受裁决援用之一造未接获关于指派仲裁员或仲裁程序之适当通知，或因他故，致未能申辩者”，应“拒予承认及执行”相关仲裁裁决，这也为法院认定仲裁裁决应当被拒绝承认并执行提供了条件指引。天津市第一中级人民法院准确适用《纽约公约》第5条的有关规定，体现出我国法院服务更高水平对外开放格局的能力，对提升中国司法的国际影响力具有积极意义。

二、类案练习

案例1 上海A商贸有限公司诉B食品和销售公共有限公司、广东C食品贸易有限公司、D公司案

（一）案例导入

原告上海A商贸有限公司（以下简称“A公司”）是一家中国公司，受让了案外人E公司于1997年核准注册的“小老板”商标，核定使用在第29类干制蔬菜、腌制蔬菜上。被告B食品和销售公共有限公司（以下简称“B公司”）是一家泰国公司，于2010年在泰国申请注册了“小老板”图文商标，核定使用在第29类脆炸海苔商品上。B公司生产销售的“小老板”海苔在泰国及中国市场上均具有一定的知名度，在报刊、网络等媒体上有大量介绍，其创始人的创业经历还被拍成了电影。为了打开中国市场，B公司从2006年起先后向中国商标局申请注册了“小老板”图文、人偶图形等商标，核准使用在第29类海菜、干蔬菜、紫菜等商品上。被告B公司还以连续3年不使用为由申请撤销原告的“小老板”注册商标，但未获支持。被告广东C食品贸易有限公司（以下简称“C公司”）系B公司在中国的代理商之一，负责向中国国内进口销售涉案“小老板”海苔商品。

被告D公司是涉案商品的零售商。

A公司分别向C公司、D公司发出律师函，称两公司上架销售的“小老板”海苔构成了对其注册商标专用权的侵害。随后，C公司在其淘宝专卖店中发布知会函，称其为了更好地迎合中国市场，将“小老板”紫菜系列正式改名为“老板仔”海苔系列。B公司通过C公司的淘宝专卖店也发布知会函，称其在中国的标志为“小老板”，由于处于商标局注册审核程序中，为避免错失商业机会，其已经发布“老板仔”商标，直到完成最后的法律程序。随后A公司向上海海关申请查扣被告C公司从泰国进口的“小老板”海苔21 920箱，并向上海市浦东新区人民法院提起诉讼。后该批货被退回泰国。A公司认为，被告的行为构成商标侵权和虚假宣传的不正当竞争行为，请求判令三被告立即停止侵权，并共同赔偿原告经济损失及制止侵权的合理开支共计人民币2 517万元。

本案中，被告B公司多年来在中国销售涉案海苔获得的利益不是利用了原告的商誉，并非搭便车，原告也未因被告B公司的侵权行为而遭受直接经济损失。

(二) 讨论与分析

被告方生产销售的涉案商品上所使用的标识是否侵犯了原告的注册商标专用权，继而构成商标侵权?

一方面，自2009年6月24日起，被告B公司即开始以自己的名义向商标局申请撤销原告商标，案外人E公司及原告早就知道被告B公司生产、销售“小老板”海苔的行为，但从未提起过诉讼，也未发函警告过被告B公司。

另一方面，首先，涉案商品在中文标签上及网络销售店铺中使用的被控侵权标识为“小老板”，与原告的“小老板”注册商标的文字完全相同，构成相同商标，且涉案被控侵权图文标识与原告的“小老板”注册商标构成近似。其次，原告注册商标核定使用的商品“干制蔬菜、腌制蔬菜”与涉案商品“调味海苔”构成类似商品。最后，涉案被控海苔产品取名“小老板”有其特定的背景和渊源，被告B公司未攀附原告商誉。故虽然B公司的行为侵害了原告的注册商标专用权，但B公司销售涉案商品所获得的经济利益与原告不存在关联性，被告B公司也未损害原告在酱腌菜市场上的份额。

案例2 爱立信公司诉TCL公司案

(一) 案例导入

在上诉人瑞典爱立信有限公司、爱立信（中国）有限公司（以下统称“爱立信公司”）与被上诉人TCL集团股份有限公司、TCL通讯科技控股有限公司、TCL通讯（深圳）有限公司、惠州TCL移动通信有限公司（以下统称“TCL公司”）滥用市场支配地位纠纷管辖权异议上诉案中，爱立信公司认为广东省深圳市中级人民法院作为一审法院没有管辖权，请求驳回TCL公司的起诉，或将本案移送北京知识产权法院进行审理。

一审法院认为，TCL公司提交的初步证据表明，爱立信公司声称其拥有无线通信领域的2G、3G、4G标准必要专利，其中包括中国专利。TCL公司与爱立信公司曾就涉案标准必要专利许可问题进行谈判，但未就许可费达成一致意见。TCL公司主张爱立信公司滥用市场支配地位的行为已经构成垄断侵权，可能会对TCL公司的市场竞争行为产生排除、限制的影响，因此一审法院作为侵权结果发生地法院对本案享有管辖权。

爱立信公司不服，向中国最高人民法院提起上诉，主张被诉侵权行为的侵权结果发生地与深圳市无涉，不应单从原告受损这一主张推定原告住所地为侵权结果发生地。TCL公司所举证的为应对和制止被诉垄断行为所支付的费用发生于境外。TCL公司主张可能存在的排除、限制竞争的影响与TCL通讯（深圳）有限公司无关。因此爱立信公司请求撤销原审裁定，驳回TCL公司的起诉，或者将本案移送北京知识产权法院管辖。

（二）讨论与分析

原审法院对本案是否具有管辖权？

我国关于反垄断法域外适用的原则为：我国境外的垄断行为对境内市场竞争产生排除、限制影响的，即可适用我国的反垄断法。上述原则表明，垄断纠纷案件的管辖可以被诉垄断行为产生排除、限制竞争影响的结果地作为管辖连结点。此外，垄断民事纠纷案件的地域管辖，根据案件的具体情况，需依照民事诉讼法及相关司法解释中有关侵权纠纷、合同纠纷等的管辖来确定。本案中，TCL公司起诉主张爱立信公司存在实施不公平过高定价、歧视性定价及滥用禁令请求权等垄断民事侵权行为，对TCL公司在中国市场产生排除、限制竞争的效果并造成经济损失，因此原审法院对本案具有管辖权。

案例3 奥克塔公司申请承认与执行仲裁裁决案

（一）案例导入

申请人奥克塔系统有限公司（以下简称“奥克塔公司”）是一家设计、制造和销售一种混凝土成型系统及墙面和天花板衬垫系统的加拿大公司。2011年8月31日，奥克塔公司与被申请人华浚塑料建材有限公司（以下简称“华浚公司”）签订“采购所有货物和服务的条款和条件”（以下简称“供应协议”），该协议第24条载明：凡因本协议或与本协议有关的或关于本协议的违反、终止或无效而产生的任何争议、纠纷或索赔，均须根据不列颠哥伦比亚国际商事仲裁中心（BCICAC）的规则以仲裁方式最终解决；指定的仲裁机构为不列颠哥伦比亚国际商事仲裁中心；案件应由其按照《不列颠哥伦比亚国际商事仲裁中心案件程序规则》进行审理；仲裁地为加拿大不列颠哥伦比亚省温哥华，仲裁以英文进行。后该供应协议经协商一致得以续期，延长至2015年6月30日。在合同履行过程中，双方就该供应协议发生纠纷，申请人奥克塔公司依据供应协议第24条于2016年将该争议提交至不列颠哥伦比亚国际商事仲裁中心，请求确认被申请人：（1）未尽协议的通知条款义务，单方面停止供应异型材模板和快线面板产品；（2）违反供应协议第29条关于保密义务的约定，使用申请人LQL18快线面板产品的设计尺寸制造和委托制造模具并销售42/38设计尺寸的16英寸快线面板；（3）支付未能交付申请人16英寸快线面板模具产生的利润损失43 545.62加元；（4）使用申请人18英寸图纸，存在不当得利；（5）诱导申请人员工约翰斯顿辞职并销售被申请人制造的竞争产品；（6）被申请人扣留了应属于申请人的模具；（7）违反保密义务的救济；（8）支付未及时返还模具造成的损害赔偿（另行购买模具费用及预期利润损失）；（9）支付向5家公司销售不合格产品产生的损失。

2019年4月16日，不列颠哥伦比亚国际商事仲裁中心作出终局裁决，裁定被申请人应：（1）为未能交付16号模具支付20 000加元；（2）返还105 000美元的利润；（3）支付新模具费用94 400美元；（4）就未能返还模具支付175 000加元；（5）为第9项仲裁请求中的不合格产品支付14 867美元；（6）为第11项仲裁请求中的不合格产品支付48 404.39美元；（7）为第12项仲裁请求中的不合格产品支付1 486.47美元；（8）支付仲裁费用513 488.10加元；（9）支付加元款项裁决作出前发生的利息26 966.75加元；（10）支付美元款项裁决作出前发生的利息34 034.36美元；（11）支付加元裁决（含仲裁费用）和美元裁决作出后发生的利息，按照5%计算，分别为每日97.05加元和36.19美元。2019年8月1日，申请人奥克塔公司向浙江省湖州市中级人民法院申请承认和执行上述仲裁裁决。

（二）讨论与分析

仲裁申请数额未明确，是否必然导致仲裁裁决不能被承认和执行？

我国和加拿大均为《纽约公约》成员国，是否承认和执行涉案仲裁裁决，应当依照《纽约公约》的相关规定予以审查，即申请人除需提交经公证认证及翻译的适格文件外，还应不存在《纽约公约》第5条规定的几类情形[①]，只有这样，

① 《纽约公约》第5条规定：“一、裁决唯有于受裁决援用之一造向声请承认及执行地之主管机关提具证据证明有下列情形之一时，始得依该造之请求，拒予承认及执行：（甲）第二条所称协定之当事人依对其适用之法律有某种无行为能力情形者，或该项协定依当事人作为协定准据之法律系属无效，或未指明以何法律为准时，依裁决地所在国法律系属无效者；（乙）受裁决援用之一造未接获关于指派仲裁员或仲裁程序之适当通知，或因他故，致未能申辩者；（丙）裁决所处理之争议非为交付仲裁之标的或不在其条款之列，或裁决载有关于交付仲裁范围以外事项之决定者，但交付仲裁事项之决定可与未交付仲裁之事项划分时，裁决中关于交付仲裁事项之决定部分得予承认及执行；（丁）仲裁机关之组成或仲裁程序与各造间之协议不符，或无协议而与仲裁地所在国法律不符者；（戊）裁决对各造尚无拘束力，或业经裁决地所在国或裁决所依据法律之国家之主管机关撤销或停止执行者。二、倘声请承认及执行地所在国之主管机关认定有下列情形之一，亦得拒不承认及执行仲裁裁决：（甲）依该国法律，争议事项系不能以仲裁解决者；（乙）承认或执行裁决有违该国公共政策者。”

仲裁裁决方能被承认和执行。

因此，被申请人不得仅以“仲裁请求金额未明确，仲裁裁决得不予承认及执行”的理由进行抗辩，而应分析这种情况是否构成《纽约公约》第5条所列情形之一。本案中，被申请人华浚公司即提出，奥克塔公司自始至终并未提交明确的仲裁请求，违反双方协议及仲裁规则的规定，符合《纽约公约》第5条第1款（丁）项规定之情形，因此仲裁裁决不应予以承认。

奥克塔公司未明确其仲裁请求金额的行为是否违背《不列颠哥伦比亚国际商事仲裁中心案件程序规则》?

《不列颠哥伦比亚国际商事仲裁中心案件程序规则》第17条第3款规定了仲裁申请书应包含的事项，如果仲裁规则明确要求提供争议金额，而奥克塔公司未提供且无合理理由，则可能构成程序性瑕疵。但如果仲裁规则允许在无法明确金额的情况下提交申请，则不构成违反规则。即如果仲裁规则仅要求“如可明确”争议金额，而奥克塔公司因客观原因无法明确金额，则不构成违反规则。在实践中，即使申请人未明确争议金额，仲裁庭通常会根据案件具体情况灵活处理，要求申请人补充相关信息，而不会因此直接驳回仲裁申请。故仲裁规则本身并未要求申请人起先就提供确切数额的仲裁请求，申请人提交的仲裁请求书及2017年7月5日的索赔声明无明确的数额并无不当。

因此，本案并不存在《纽约公约》第5条第1款（丁）项规定之情形，虽然仲裁请求数额未明确，但仲裁裁决仍可能被承认和执行。

知识拓展

一、拓展阅读

1. 中华全国律师协会.“一带一路”沿线国家法律环境国别报告：第一卷. 北京：北京大学出版社，2017.

2. 中华全国律师协会.“一带一路”沿线国家法律环境国别报告：第二卷. 北京：北京大学出版社，2017.

3. 中华全国律师协会.“一带一路”沿线国家法律环境国别报告：第三卷. 北京：北京大学出版社，2017.

4. 中华全国律师协会.“一带一路”沿线国家法律环境国别报告：第四卷. 北京：北京大学出版社，2017.

5. 林秀芹.“一带一路”著作权法律制度研究. 北京：知识产权出版社，2019.

6. 林秀芹.“一带一路”专利法律制度研究. 北京：知识产权出版社，2018.

7. 林秀芹.“一带一路”商标法律制度研究. 北京：知识产权出版社，2018.

8. 重庆知识产权保护协同创新中心，西南政法大学知识产权研究中心.“一带一路”国家知识产权法律译丛：第一辑. 北京：知识产权出版社，2018.

9. 重庆知识产权保护协同创新中心，西南政法大学知识产权研究中心.“一带一路”国家知识产权法律译丛：第二辑. 北京：知识产权出版社，2018.

10. 重庆知识产权保护协同创新中心，西南政法大学知识产权研究中心.“一带一路”国家知识产权法律译丛：第三辑. 北京：知识产权出版社，2021.

11. 重庆知识产权保护协同创新中心，西南政法大学知识产权研究中心.“一带一路”国家知识产权法律译丛：第四辑. 北京：知识产权出版社，2021.

12. 重庆知识产权保护协同创新中心，西南政法大学知识产权研究中心.“一带一路”国家知识产权法律译丛：第五辑. 北京：知识产权出版社，2023.

13. 重庆知识产权保护协同创新中心，西南政法大学知识产权研究中心.“一带一路”国家知识产权法律译丛：第六辑. 北京：知识产权出版社，2023.

14. 管育鹰.“一带一路”沿线国家知识产权法律制度研究：中亚、中东欧、中东篇. 北京：法律出版社，2017.

15. 唐新华，邱房贵.“一带一路”背景下海外投资的知识产权保护战略思考：以中国企业投资东盟为例. 改革与战略，2016（12）.

16. 文海漪.“一带一路”背景下中国—东盟自贸区知识产权风险防范及对策研究. 改革与战略，2021（4）.

17. 李晓鸣，翟全军.“一带一路”建设的知识产权司法保护. 云南社会科学，2019（5）.

18. 蒋慧. RCEP 背景下中国—东盟知识产权争议仲裁解决机制构建. 江海学刊，2021（6）.

19. 唐立，苏育安. 检察视野下“一带一路”建设中的知识产权司法保护. 人民检察，2021（14）.

20. 彭思彬. 涉外知识产权侵权法律适用规范释义与完善. 武大国际法评论，2020（4）.

21. 高兰英，宋志国. 试论国际商事仲裁制度与中国—东盟知识产权争议解决的契合. 法学杂志，2012（4）.

22. 马忠法，王悦玥.“一带一路”倡议下的知识产权国际协调法律制度. 上海财经大学学报，2022（2）.

二、毕业论文选题指导

1. 我国与“一带一路”共建国家之间的知识产权相关判决的承认和执行

2. 我国与“一带一路”共建国家之间知识产权纠纷解决机制的建构

第五章　“一带一路”投资的劳工权益保护法律实务

基础理论

随着“一带一路”建设进入高质量发展的新阶段，劳工权益保护问题正成为“一带一路”背景下跨境投资项目实现可持续发展的重要指标，是实现“共商、共建、共享”原则的核心要素。一方面，共建“一带一路”各国正在强化本国劳动法中对于外资企业的各项规定，涉及最低工资标准、劳动时间、社保缴纳、安全保障等环节。忽视劳工权益保护问题，可能会使外资企业面临经营难、发展难的困境。另一方面，“一带一路”作为我国倡导的合作发展项目，重视劳工权益保护问题是对以 ESG（环境—社会—治理）为代表的国际社会新型发展理念的有效回应，彰显了我国始终秉持的以人为本理念，有助于塑造我国良好的国际形象，增强共建各国人民对“一带一路”投资建设项目的认同感与获得感。随着“一带一路”建设的推进，中国与老挝、越南之间的经济贸易与投资活动日益频繁。2023 年，中老双边贸易额 70.8 亿美元，同比增长 26.6%，是东盟中唯一实现正增长的国家，而中国则是老挝最大的外国直接投资来源地。[①] 越南是中国在东盟第一大贸易伙伴、全球第六大贸易伙伴。截至 2023 年底，中国对越投资累计协议总额 274.8 亿美元，位居世界第六位；2024 年上半年，中国继续保持越南外商直接投资项目数量首位，协议金额近 13 亿美元。[②]

---

① 商务部对外投资和经济合作司，商务部国际贸易经济合作研究院，中国驻老挝大使馆经济商务处. 对外投资合作国别（地区）指南：老挝（2024 年版）. https://www.mofcom.gov.cn/dl/gbdqzn/upload/laowo.pdf.

② 商务部对外投资和经济合作司，商务部国际贸易经济合作研究院，中国驻越南大使馆经济商务处. 对外投资合作国别（地区）指南：越南（2024 年版）. https://www.mofcom.gov.cn/dl/gbdqzn/upload/yuenan.pdf.

在老挝、越南投资的中国企业只有认真了解、遵守劳动管理的相关制度，才能确保企业实现持续稳定健康的发展。因此，如何防范中国企业在老挝、越南投资过程中的各项劳工法律风险，已成为现阶段需要关注的重要问题。

一、跨国投资中的劳工权益风险

（一）劳工权益风险

有学者认为，作为国际投资中的一项风险，劳工权益风险是一种新型的政治风险。它与传统的政治风险既有联系，又有区别。① 传统政治风险是指与投资东道国主权行为相联系而经营者又不能控制的风险。例如，在一些发展中国家，政局不稳定，政权更迭频繁，甚至爆发国家内乱和出现国家分裂，这些都是投资者无法控制的政治风险。劳工权益风险与传统政治风险之间的差别主要表现在以下几个方面：

第一，实施主体不同。传统政治风险主要表现为政府行为的直接实施，国家意志比较明显；而劳工权益风险多表现为工会行使集体劳工权利，其与严格意义上的传统政治风险要求的纯粹的政府行为，存在着明显差别。

第二，表现方式不同。传统政治风险表现方式较激烈，如没收、征收和国有化，多为对财产的剥夺；而劳工权益风险，多表现为限制性的措施，例如，有的东道国明令禁止外资企业解雇工人，或者要求工人参与企业利润的分享，这会对企业的正常经营产生不利影响。

第三，产生原因不同。传统政治风险中政治的不稳定性是关键性因素，以政府的主权行为造成的影响来判定风险。然而，在政治稳定的情况下，同样会出现劳工权益风险。东道国政府与企业、工会等社会团体的关系，会对东道国的政治环境产生影响，一国劳动政策的波动、法律政策的不确定性，也会产生风险。

第四，多边投资担保机构是否承保不同。多边投资担保机构主要承保四种险别，即货币汇兑险、征收和类似措施险、违约险、战争和内乱险。其规定，为促进工人、学生或其他特别利益所采取的行动以及针对被保险人的恐怖行为、绑架或类似行为，不能作为内乱险被承保。美国海外私人投资公司对其承保的骚乱风险的内容也作了限制性的解释，即只限于个人或集团主要为了实现某种政治目的而采取的破坏活动所造成的损失，而以实现劳工目的或学生目的为主的行动不在承保之列，即不包括一般的劳资纠纷、经济矛盾所引起的骚乱、冲突的风险。可见，对属于新型政治风险的劳工权益风险，多边投资担保机构还未将其纳入承保范围。

① 杨羽. 国际投资中的劳工权保护问题研究. 复旦大学，2009.

（二）劳工权益风险的表现形式

违反东道国的劳动与社会保障法律制度，侵害劳动者的合法权益，是企业面临的劳工权益风险的主要表现形式。具体包括如下几个方面：（1）侵害合法休息休假权益。体现为雇主故意延长或变相延长工作时间，侵害劳工的合法休息休假权益。（2）侵害工资收益权。雇主拖欠、克扣工资或福利，并且不按规定给予补假和支付加班工资。（3）侵害劳动保护权益。雇主提供不符合法律规定的、不符合安全标准的、恶劣的工作环境、工作条件，甚至工作环境、工作条件存在重大安全隐患，直接有害于劳工身心健康，存在工伤事故风险。（4）侵害获得社会保险的权益。雇主为了减轻负担、节省费用，侵害劳工获得社会保险的权益或对该类权益采取歧视性待遇，使劳工并未受到相关社会保险的有效保护。（5）侵害接受职业教育权利。实践中大量存在着雇主为节省费用，不愿为劳工花费教育培训费用的情况，这使得劳工的专业知识和技能得不到继续教育和训练，限制其进一步发展的权利和可能。（6）侵害人格尊严、人身自由以及依法参加社会活动等权利。具体可能体现为强制劳动、虐待、性骚扰、使用童工、医疗救治条件不足等。

除跨国经营者直接违反东道国劳动法律制度、侵害劳工权益的行为外，投资者与当地工会之间的紧张关系，也是劳工权益风险的重要表现形式。

二、劳工权益保护制度

（一）关于劳工权益保护的国际条约

1930年《强迫劳动公约》、1948年《结社自由和保护组织权利公约》、1949年《组织权利和集体谈判权利公约》、1951年《男女工人同工同酬公约》、1957年《废除强迫劳动公约》、1958年《就业和职业歧视公约》、1973年《最低就业年龄公约》、1999年《最恶劣形式童工劳动公约》是国际劳工组织的八项核心国际劳工公约，其主题涉及劳工权益保护的根本性原则和权利（fundamental principles and rights at work），包括结社自由和有效承认集体谈判的权利，消除一切形式的强迫劳动或强制劳动，有效废除童工制度以及消除就业歧视和职业歧视。如表5-1所示，以上八项核心公约中，仅1948年《结社自由和保护组织权利公约》在越南未获批准，其余七项在越南均已生效。此外，越南还批准加入了1919年《（工业）未成年人夜间工作公约》、1921年《每周休息（工业）公约》、1935年《井下工作（妇女）公约》、1948年《就业服务公约》、1965年《（井下作业）未成年人体格检查公约》、1976年《三方协商（国际劳工标准）公约》、1983年《职业康复和就业（残疾人）公约》、1990年《夜间工作公约》、2006年《海事劳工公约》等劳工保护国际公约。如表5-2所示，以上八项核心公约中，老挝未批准加入1948年《结社自由和保护组织权利公约》、1949年《组织权利和集体谈判权利公约》、1957年《废除强迫劳动公约》。此外，老挝还批准加入了1919年《（工业）未成年人夜间工作公约》、1921年《白铅（油漆）公约》、1976年《三方协商（国际劳工标准）公约》等劳工保护国际公约，1981年《职业安全和卫生公约》、2006年《关于促进职业安全与卫生框架的公约》也于2023年7月4日对老挝正式生效。

表5-1　越南关于劳工保护国际公约的批准情况

已批准生效的八项核心公约	其他已批准生效的公约
1930年《强迫劳动公约》	1919年《（工业）未成年人夜间工作公约》
1949年《组织权利和集体谈判权利公约》	1921年《每周休息（工业）公约》
1951年《男女工人同工同酬公约》	1935年《井下工作（妇女）公约》
1957年《废除强迫劳动公约》	1948年《就业服务公约》
1958年《就业和职业歧视公约》	1965年《（井下作业）未成年人体格检查公约》
1973年《最低就业年龄公约》	1976年《三方协商（国际劳工标准）公约》
1999年《最恶劣形式童工劳动公约》	1983年《职业康复和就业（残疾人）公约》
	1990年《夜间工作公约》
	2006年《海事劳工公约》

表5-2　老挝关于劳工保护国际公约的批准情况

已批准生效的八项核心公约	其他已批准生效的公约
1930年《强迫劳动公约》	1919年《（工业）未成年人夜间工作公约》
1951年《男女工人同工同酬公约》	1921年《白铅（油漆）公约》
1958年《就业和职业歧视公约》	1976年《三方协商（国际劳工标准）公约》
1973年《最低就业年龄公约》	1981年《职业安全和卫生公约》
1999年《最恶劣形式童工劳动公约》	2006年《关于促进职业安全与卫生框架的公约》

（二）劳工权益保护的国内法规定

1. 宪法

老挝《宪法》第40条规定：劳动者有休息的权利，在生病时有权获得治疗，在失去工作能力或残疾、年老时以及在法律规定的其他情况下，有获得援助的权利。老挝国内立法中有关劳工权益保护的法律文件，大致可以分为三类：老挝劳工国内就业的权益保护法律文件、外籍劳工来老挝工作的相关法律文件、老挝劳工海外权益保护的法律文件。

越南《宪法》第55条规定：工作是公民的权利，也是义务。国家和社会制定计划，为工人创造更多的就业机会。第12条则申明，所有对国家利益和集体、公民个人的合法权利和利益的侵犯，都要依法受到惩罚。

2. 劳动法

老挝现行《劳动法》为2013年修正实施的版本，该法确定了有关行政管理、监督、劳动技能发展、招聘和劳动保护的原则、规则和措施，旨在提高社会工作的质量和生产力，从而确保向现代化和工业化转变，以保障雇员和雇主的权利和合法利益以及他们的生计不断改善，同时促进投资、国家社会经济发展以及区域和国际联系。

越南的劳动就业法规主要为国会2019年修改、于2021年1月1日起正式实施的《劳动法》。该部法律的内容有：劳工标准（如结社与集体谈判权、禁止强迫劳动、禁止就业歧视，以及劳动者的工资水平、工作时间和工作条件），在劳动关系上的劳动者以及在非雇佣关系基础上工作的劳动者和用人单位的权利、义务和责任，基层劳动者的代表组织、用人单位的代表组织，国家对劳动的管理，等等。

关于两国劳动法的具体制度规定，后文将详细展开，此处不赘述。

3. 打击人口贩运法

老挝的《打击贩卖人口法》，对劳工权益保护主要有以下规定。第4条解释性说明条款指出了“劳动剥削”的具体内涵：劳动剥削意味着强迫劳动、过度工作或超时工作，没有报酬或者没有按照协议支付足够的报酬；援助受害者意味着为其提供临时安全住所和日常使用的必要物品、医疗、法律援助、教育和职业培训、经济支助和重返社会服务。第36条规定：受害人或者民事原告在刑事诉讼中有权要求民事赔偿。除民事赔偿外，有关组织应当按照本法第44条的规定并根据法院判决，向受害人提供必要的保护和援助。第44条规定：人口贩运受害人应有权获得下列必要援助：临时庇护所、法律援助、医疗、教育和职业培训、经济支援、重返社会。

越南的《预防和打击人口贩运法》第2条第3款规定：强迫劳动，是指以武力、威胁使用武力或者其他手段强迫他人违心劳动的行为。第32条规定：永久居住在越南的越南公民或无国籍人士的受害者，依照本法第33条至第38条规定的情形，享受下列制度：满足基本需要和旅费的支持；医疗援助；心理帮助；法律援助；一般教育和职业培训的支持；最初困难津贴、贷款借款帮助。

4. 关于特定群体的特别保护法令

老挝的《残疾人权利法令》第五、六节对残疾人职业培训机构及其人员、场所、工具、课程作出了规定，以帮助残疾人在适合自己能力和就业市场需要的工作方面接受指导。其第25条规定：残疾人，不论其残疾的原因，都有权在所有国家部门和私营部门，在与其他人平等的基础上，根据自己的能力工作，不受任何歧视，如享有申请就业、录用、工资、职级晋升、补偿、确定工作、提高技能的权利等。国家采取减税、免税等办法，促进私营部门在国家规定的残疾人人数以上录用残疾人。第 27 条规定：国家和社会促进残疾人就业，并考虑优先录用符合条件的残疾人，每年由有关单位确定工作岗位。如果无法接受残疾人在有关部门工作，应当向残疾人发展基金支付相当于《劳动法》规定的最低工资数额的金钱。

此外，老挝的《防止和打击对妇女儿童的暴力行为法》对妇女、儿童作为劳工时的权益进行了特别保护。第 11 条规定：在工作场所由非家庭成员的个体或群体，包括当局和工作人员在内的主体，对妇女和儿童造成身体、心理痛苦的任何行为可被视作他人对妇女和儿童的暴力。第 16 条规定：支付较低的劳动力工资或实行与男性不平等的政策，阻止妇女和儿童参与或从事任何工作、活动，即使妇女和儿童有能力和条件这样做，此情形属于财产的经济暴力的一种表现形式。第 20 条规定：国家为妇女意识到自己的权利并行使自己的权利创造条件，包括通过教育、职业培训、劳动技能发展和必要的财政资源，改善妇女的经济状况，使妇女有工作机会和良好的生活条件。

越南的《儿童法》第 26 条规定：儿童有权受到各种形式的保护，以免遭劳动剥削；不得未达法定年龄劳动、超时劳动或从事法律规定的繁重、有毒、危险的工作；不得被安排对儿童的人格和全面发展产生不良影响的工作或工作场所。该法第六章还以专章形式规定了国家机关、组织、家庭、教育机构等主体有义务采取有效措施，保障儿童权利得到实现。

此外，越南的《职业安全与健康法》规定了雇主应当采取的保障职业安全与健康的措施以及对职业事故和疾病受害者的赔偿。该法第 16 条第 3 款规定：雇主有义务为从事有危险因素和有害因素的工作的员工提供足够的个人防护装备；工作场所应配备职业安全卫生设备。第 7 款规定：雇主需要就职业安全卫生法规、规章和程序，预防和控制危险因素的措施，以及与雇员所分配工作或任务有关的工作场所的危险因素和有害因素，向雇员提供信息、沟通或培训。第 21 条第 1 款规定：雇主每年为雇员至少进行一次健康检查；从事重、有害、危险职业或极重、极度有害、极度危险职业或工作的雇员，残疾雇员，未成年雇员和老年雇员应当至少每六个月接受一次健康检查。第 2 款规定：女职工按照本条第 1 款规定进行健康检查时，应当进行产科检查；在有可能引起职业病的环境中工作的人，有权接受体格检查，以查明职业病。第 38 条规定：雇主对职业事故和职业病的受害者负有下列责任：对发生职业事故的劳动者及时实施急救、紧急护理，为职业事故或者职业病的受害者垫付急救、紧急护理和医疗费用；支付职业事故和职业病受害者的急救、紧急护理和医疗费用，直至其健康状况稳定为止。

5. 社会保障法

老挝的《社会保障法》第 22 条规定：工伤和职业病获取福利的资格条件如下：(1) 曾被聘为公务员、军人或警察；(2) 因医疗和康复、丧失劳动能力或者精神障碍、工伤或者职业病造成的人体器官或者肢体丧失而停止工作的。如果被保险人有意造成这种工伤或职业病，则无权获得这种福利。第 24 条规定：获得产假福利的资格条件如下：女性公务员、军人和警察，或者公务员、军人和警察的妻子，怀孕 2 个月或以上，在分娩、流产或致命死亡期间，应获得生育补助金和正常工资，但需提供医疗证明。如发生非法流产或人工流产，不得享受此种福利。第 26 条规定：领取疾病津贴的资格条件如下：(1) 有相关机构的停薪证明，公务员还需有民政部门的停薪证明；(2) 有医疗证明。第 28 条规定：丧失劳动能力者获得津贴的资格条件如下：(1) 因工伤或者职业病造成的丧失劳动能力，精神障碍，器官、肢体丧失或者其他事故、疾病的；(2) 具有有关法规规定的丧失工作能力的评估和分类证明。在成为公务员、军人或警察之前的残疾不属于享受该福利的资格条件。

越南的《社会保险法》第 18 条规定雇员享有以下权利：

(1) 依照本法参加社会保险，享受社会保险。

(2) 办理和管理社会保险账簿。

(3) 以下列形式之一，及时足额领取养老金和社会保险津贴：

1) 直接从社会保险经办机构或者经社会保险经办机构授权的服务机构领取；

2) 通过其在银行开立的存款账户领取；

3) 通过雇主领取。

(4) 在下列情况下享受医疗保险：

1) 领取养恤金；

2) 为生育或收养儿童而享受生育津贴；

3) 享受每月工伤或职业病津贴；

4) 享受疾病津贴的雇员，其疾病列于卫生部印发的需要长期治疗的疾病清单上。

(5) 有本法第 45 条第 1 款第 2 项所列情形的，对其工作能力下降进行医学鉴定，并保留其社会保险费缴纳期限；符合社会保险条件的，不缴纳医疗鉴定费用。

(6) 授权他人领取养老金或者社会保险津贴。

(7) 每 6 个月由用人单位提供社会保险费缴纳情况；每年缴纳社会保险费，经社会保险经办机构认证；要求用人单位和社会保险经办机构提供缴纳社会保险费和享受社会保险的情况。

(8) 依法就社会保险问题提出申诉、检举或者提起诉讼。

(三)“一带一路”投资中的劳工权益风险

1. 劳动工时及休假

老挝《劳动法》对劳动者的劳动工时进行了详细的规定：一般而言，正常工作时间为每周不超过6天，每天不超过8小时，每周不超过48小时。从事危险工作的劳动者享有每天不超过6小时或每周不超过36小时的更短工作时间。加班的条件以及时间受到严格限制：首先，雇主须事先征得工会、工人代表或大多数劳动者的同意，才可要求劳动者加班；其次，加班时间每月不得超过45小时，每天不得超过3小时，禁止连续加班4天以上，除非发生抗击自然灾害等紧急情况，或者发生对劳动单位造成重大损失的事故。如果在某一个月内需要加班超过45小时，用人单位必须首先向劳动行政机关申请许可，并得到工会、工人代表或者本单位大多数劳动者的许可。

越南2019年《劳动法》不仅规定了正常条件下的最长工作时间，还对特殊条件下的工作时间作出了更详细的规定。越南实施工时管理，每天最多可工作8小时或每周最多可工作48小时；在按周计算的情况下，正常工作时间每天不得超过10小时，每周不得超过48小时。另外，对于从事特别繁重、具有危险性或者有毒性的劳动的劳动者或某些特殊劳动者（残疾工人、在特殊时期的女工等），每日最长的工作时间比正常工作的8小时工作时间少1～2小时。另外，越南法律严格控制加班时间。

老挝和越南的法律都规定了劳动者享有的假期，如每周休息日、法定节假日、年假等，具体见表5-3、表5-4。

表5-3 老挝法律规定的劳动者享有的假期

假期类型	具体规定
每周休息日	劳动者可以在一周之内至少休息1天或者每月至少休息4天，具体的休息日可以与雇主商定
法定节假日	法定节假日由《劳动法》第55条明文列举。特别值得注意的是，非老挝公民的劳动者有权在自己国家国庆日休假
年假	依据工作内容的危害程度，相关劳动者分别享有15天或18天的年假。年假与每周休息日、法定节假日等互相排斥
个人假期	存在法定事由，如亲人去世或生病无人照顾、本人结婚时，劳动者享有不少于3天的个人假期

表5-4 越南法律规定的劳动者的带薪假期

假期类型	具体规定
公共假期	当公共假期与周末重合时，劳动者应在下一个工作日补休。对于外籍劳动者来说，除了享有越南的公共假期，还可以在自己国家的传统假日休假1天，在国庆日休假1天

续表

假期类型	具体规定
带薪年假	工作满12个月的劳动者享有12～16天的带薪年假，具体天数取决于工作条件（正常12天，重/毒/险、未成年或残疾14天，特别重/毒/险16天）。工作未满12个月的劳动者，其带薪年假天数依据其工作时间按比例计算。对于每满5年年资的劳动者，用人单位应当为其增加1天带薪年假

2. 工资及加班费支付

老挝的最低工资标准由国家公布，禁止雇主自行确定。雇主必须按照规定的时间，每月向劳动者至少支付一次工资。按生产单位支付的工资，必须每月向劳动者至少支付两次。

越南的年通货膨胀率持续上升，最低工资每年都在增长。越南的最低工资标准按地区分为4个等级。2009年后，越南最低工资标准调整速度加快，调整幅度加大。由于新冠疫情的影响，2021年的最低工资标准没有上调，与2020年保持一致。表5-5列出了2009—2021年越南最低工资标准的变化情况。

表5-5 2009—2021年越南年度最低工资标准对比 单位：越南盾

年份	第一类地区	第二类地区	第三类地区	第四类地区
2009	800 000	740 000	690 000	650 000
2010	980 000	880 000	810 000	730 000
2011	1 350 000	1 200 000	1 050 000	830 000
2012	2 000 000	1 780 000	1 550 000	1 400 000
2013	2 350 000	2 100 000	1 800 000	1 650 000
2014	2 700 000	2 400 000	2 100 000	1 900 000
2015	3 100 000	2 750 000	2 400 000	2 150 000
2016	3 500 000	3 100 000	2 700 000	2 400 000
2017	3 750 000	3 320 000	2 900 000	2 580 000
2018	3 980 000	3 530 000	3 090 000	2 760 000
2019	4 180 000	3 710 000	3 250 000	2 920 000
2020	4 420 000	3 920 000	3 430 000	3 070 000
2021	4 420 000	3 920 000	3 430 000	3 070 000

在越南投资的外国企业，不仅要保证工资福利金额发放到位，还要严格遵守工资发放的时间规定，否则会产生工资福利的法律风险。企业如果轻微拖欠工资，可能需要支付罚款；如果严重，相关负责人将面临监禁。越南劳动法要求用人单位定期支付劳动者工资，具体要求如下：按月支付工资的，应按月（或半个

月）支付工资，双方应就每月实际支付工资的日期达成协议；按小时、日或周支付工资的，应按小时、日或周支付，或者一次性支付工资总额，但必须至少每15天支付一次工资；按工作量支付工资的，应根据双方协议支付工资；如果必须在几个月内完成工作，劳动者有权要求用人单位根据当月工作量先支付工资。

老挝和越南的法律对劳动者不同时间的加班费的支付作了明确要求，见表5-6、表5-7。

表5-6 老挝法律关于劳动者加班费支付的要求

加班时间	支付标准
工作日17:00—22:00	150%
工作日22:00—次日6:00	200%
每周休息日或法定节假日	250%
每周休息日或法定节假日16:00—22:00	300%
每周休息日或法定节假日22:00—次日6:00	350%

表5-7 越南法律关于劳动者加班费支付的要求

加班时间	支付标准（以白班正班为基准）
工作日	150%
周末	200%
节假日	300%
夜班（22:00—次日6:00）正班	130%
夜班加班	夜班正班工资乘以加班工资支付标准（150%、200%或300%），再加上20%的夜班加班补贴

3. 劳动合同解除

老挝劳动法首先以限制性列举的方式规定了企业单方面解除劳动合同关系的情形；其次，规定了雇主不得解除合同的几类法定情形；最后，禁止雇主不正当解除劳动合同。在雇主不合理解除劳动合同后，劳动者可以要求恢复原职或被分配其他适当的工作；如果雇主不恢复劳动者的工作，或者劳动者已经停止工作，雇主必须依照劳动合同和法律向劳动者支付补偿金和其他未支付的福利。雇主解雇劳动者，需要符合法定的情形，并且应当提前书面通知劳动者并及时向劳动者支付赔偿金，承担相应的损害赔偿责任；若基于劳动法未明文规定的事由解除劳动合同，雇主必须按照合同规定或双方约定进行赔偿。

越南对终止劳动合同应满足的条件、应履行的程序和应支付的补偿有严格的规定：越南劳动法采用限制性列举的方式限定了用人单位单方终止劳动合同的权利，同时对用人单位不得单方解除劳动合同的情形进行规定。另外，用人单位在单方解除与工会兼职官员的劳动合同之前应获得工会的书面同意。用人单位如果违反法律规定单方面解除劳动合同，则必须按劳动者被解雇前与用人单位签订的劳动合同的规定接受劳动者，并恢复其原工作岗位。此外，用人单位如果在劳动者失去工作期间没有向其支付工资和津贴，除了这些费用外，还需要向劳动者支付至少两个月的工资和津贴作为补偿。劳动者不打算恢复原工作岗位的，用人单位除依法支付上述补偿外，还应当依法支付一定数额的离职补贴。如果用人单位不接受劳动者的复职请求，劳动者也表示同意，用人单位除支付上述补偿金和一定数额的离职补贴外，还可与劳动者协商给予劳动者额外补偿，以解除劳动合同。在越南，用人单位违法解雇的，可处1亿至2亿越南盾的罚金；情节严重的，相关责任人或用人单位负责人可能面临1年至3年有期徒刑。

4. 外籍劳工聘用限制

为解决本国的就业问题，降低失业率，老挝的法律要求雇主在聘用人员时优先考虑老挝的劳动力。企业若想使用外国劳动力，需经劳动和社会福利部批准定期配额后，根据计划的外国劳动力需求进口和使用外国劳动力。2021年2月23日，老挝劳工部出台《关于许可外国人到老挝务工的决定》。根据该决定，外籍劳工需要符合下列条件：（1）年龄超过20岁；（2）具备与所需岗位相符的手艺和技能；（3）具备优秀的履历，并禁止隐瞒案底；（4）身体健康，需具备出发国或抵达国的身体健康证明；（5）其他必备条件。另外，根据老挝《外国投资促进管理法》的规定，外国投资者使用外籍劳工的，长期工作者、体力劳动者不能超过本企业劳工总人数的10%，脑力劳动者不能超过20%；临时工作者根据相关部门的批准确定。

越南自2007年起进入“人口黄金结构”期，2020年的劳动人口为5 460万人（占2020年总人口的56%），但其普通劳动力过剩，缺乏有专业技术的劳动力，受过技术培训的劳动力仅占适龄劳动人口的35%。为了保持本地劳动者在就业中的优势地位，越南政府制定了严格的外籍劳工雇佣规定，仅允许越南国内承包商、企业、机关、组织以及个人，在越南劳工未能达到生产经营需求的情况下，才能雇佣外籍劳工担任管理者、执行经理、专家以及技术人员。

在外国承包商雇佣的外籍劳工赴越南任职前，承包商须提供外籍劳工招聘计划，包括招聘人数、相关学历、技能水平和工作经验等，并向省级人民委员会主席提交该计划。若承包商需要调整补充外籍劳工人数，必须经投资商确认；投资商需要在7月5日和次年的1月5日之前向职能部门报告前6个月和全年的外籍劳工就业情况，并接受监督。雇主在没有工作许可证或工作许可证过期的情况下雇佣外籍劳工的，或者雇主使用不符合工作许可证内容的外籍劳工的，将被处以最高7 500万越南盾的罚款。2021年5月，嘉莱省人民委员会因中国水电国际公司使用的26名外籍工人（中国国籍）无劳动许可证或工作许可证豁免证明，决定对其处以 1.35 亿越南盾的行政罚款。

三、中资企业劳工权益风险产生的原因

（一）宏观环境方面的原因

1. 中国对外投资规模发展壮大

据中国商务部的统计，早在 2016 年，中国便超过越南成为对老挝直接投资最多的国家。2021 年以来，中老双边贸易继续保持增长势头。2023 年 1—12 月，中老双边贸易额 70.8 亿美元，同比增长 26.6%，是东盟中唯一实现正增长的国家。其中，中国对老挝出口额 33.5 亿美元，同比增长 48.4%；自老挝进口 37.5 亿美元，同比增长 11.9%。2023 年中国对老挝直接投资流量达到 11.62 亿美元。同年，中国对老挝派出各类劳务人员 4 054 人，年末在外各类劳务人员 6 361 人。①

2015 年至今，是中越投资的快速增长期，中越两国签署共建“两廊一圈”和“一带一路”合作备忘录，以及中国—东盟自由贸易区升级《议定书》对中国与越南生效，再加上 2020 年越南出台了新的《投资法》，这些使得中国企业在越南的投资方式及投资领域都有了新的发展。投资方式包含合资企业、独资企业和并购企业，投资领域从传统的制造加工业逐步转向以服务业为主的第三产业，基本上涵盖了越南的农业、工业和服务业三大产业领域，实现了投资结构的转型和优化。

中老、中越合作愈加紧密，导致用工方面的法律风险逐渐浮出水面，成为不可忽视的商业风险之一：一来是随着投资合作项目数量的激增，用工规模也随之扩大，招工、培训、管理、用工等多环节的合规风险逐渐暴露，若不正视这些风险，轻则影响生产经营，重则面临行政处罚乃至被追究刑事责任。二来是伴随中国向老挝、越南投资领域的拓宽，逐渐要求更高标准、更复杂的用工模式，对劳工的需求也从能够胜任简单劳务向能够掌握复杂技术、提供优良服务转变，既要考虑经济效益，又要考虑劳工权益保护，既要获得投资成果，又要树立遵纪守法的企业形象，这种权衡使得正确处理用工法律风险的要求更加明确、具体。

2. 当地劳工的劳动技能有待提高

由于老挝社会经济基础薄弱，教育事业发展滞后，截至 2017 年，老挝 15～49 岁年龄组国民中，男性的识字率为 78%，女性的识字率仅为 62.9%。老挝政府在《社会经济发展第九个五年规划（2021—2025）》中指出：尽管政府在劳动技能开发和创造就业方面作出了积极努力，但劳动效率没有多大变化。实践中的

① 商务部对外投资和经济合作司，商务部国际贸易经济合作研究院，中国驻老挝大使馆经济商务处．对外投资合作国别（地区）指南：老挝（2024 年版）．https://www.mofcom.gov.cn/dl/gbdqzn/upload/laowo.pdf.

培训和应用，以及公共和私人在技能开发方面的投资仍然有限，而且往往不注重具体职业的发展。此外，技能发展和人力供应也无法满足关键部门和大型投资项目的需求。18～30岁年龄组中未接受教育、就业或培训的青年比例，男性约为39%，女性约为45%，青年失业率远高于全国平均水平。总体失业率从2012—2013年的4.1%上升至2018—2019年的15.7%，青年失业率增至21.8%，劳动力参与率也有所下降。劳动力缺乏技能和能力，老挝人民在国内劳动力市场的就业保护没有得到坚决执行。老挝劳动和社会福利部应与其他多部门协调，改进技能发展和培训的协调机制，使其与市场需求保持一致，并且与经济特区、私营部门投资项目和其他项目协调。同时需要改进培训课程，使其符合国际标准。

越南在其经济从农业向工业和服务业转型，吸引外资和促进工业快速发展的过程中，吸引了许多农村劳动者来到工业园区工作。虽然越南劳动力充裕，但受过良好教育和职业技能培训的劳动力仅占24%左右，劳动效率相对较低。其劳动生产率仅相当于新加坡的7.8%、马来西亚的22.2%、泰国的39.5%，甚至仅为菲律宾的60.6%。尽管近年来有所改善，但越南劳动力的单位产出仍显著落后于区域内多数国家。①

劳动力的文化程度偏低，一方面使上岗前的培训成本增加，加大了企业的用工成本；另一方面，能够掌握较高工作技能的劳动力数量远不能满足企业用工需求。近年来，尽管越南的基础教育发展取得巨大进步，但是基础教育发展地区差异明显、资金短缺、师资力量不足、家庭对教育重视程度不够等问题依然存在。

3. 执法环境不够理想

尽管在劳工就业、劳动权利救济等方面，老挝、越南已经具备较为完善的劳动就业法律体系（如前所述），但其法律体系中仍存在官僚腐败和政治干预等问题，法律具体执行方式和条款规定之间也存在较大差异，以至于劳动者、用工者很难预测政府或法律部门如何解释和运用法律条款，这给合同执行带来了不确定性。例如，越南法律虽然明确规定了劳动荣军和社会部应在收到雇主的外籍劳务雇佣需求报告或外籍劳务雇佣需求调整报告后15天内将其决定向雇主反馈，但实际工作中并非如此，一些项目的申请时间长达数月，直接影响了外资企业的经营活动。

（二）投资企业方面的原因

1. 企业对当地劳动法律规范不够熟悉

老挝、越南的劳动法律规范与我国的十分相似，但如果不能把握它们之间的

① Labour And Social Trends in Vietnam 2021, Outlook to 2030. https://www.ilo.org/sites/default/files/wcmsp5/groups/public/@asia/@ro-bangkok/@ilo-hanoi/documents/publication/wcms_837244.pdf；商务部对外投资和经济合作司，商务部国际贸易经济合作研究院，中国驻越南大使馆经济商务处. 对外投资合作国别（地区）指南：越南（2024年版）. https://www.mofcom.gov.cn/dl/gbdqzn/upload/yuenan.pdf.

区别，就可能在合同、合规等方面面临法律风险。

比如，中国劳动法规定未满16岁属童工，16～18岁属未成年工。而在老挝，劳动者最低工作年龄为12岁，12～14岁的劳动者只能从事劳动法规定的不会对身体、心理健康造成负面影响或不会妨碍上学、职业指导或职业培训的工作；对于14～18岁的青年劳动者，雇主不得让他们加班。越南法律则规定，未满15岁属童工，15～18岁属未成年工。未成年劳动者每日正班工作时间不超过7小时，每周工作时间不超过42小时，严禁安排夜班，每年确保14天年休假。

老挝的雇主（用人单位）一方不仅可以是企业、事业单位等组织体，也可以是自然人，这与我国劳动法显著不同（我国劳动法上的用人单位不能是自然人）。中国法律规定试用期工资不得低于合同工资的80%，但越南劳动法规定的是试用期工资不得低于合同工资的85%。另外，中国各地的最低工资标准不一，不定期调整。而越南是根据经济发展程度，将最低工资标准分为四个等级，由高到低四个等级区间涵盖全国各省市，基本上每年上调一次。

关于社保制度，中国有“五险一金”，而越南有“三险”：第一种是一个统称的“社会保险”（Social Insurance，SI），第二种是健康医疗保险（Health Insurance，HI），第三种是失业保险（Unemployment Insurance，UI）。

2. 企业用工成本过高

与东南亚其他国家相比，老挝的劳动力成本较低（约为泰国的1/3），但这些劳动力往往并不符合企业实际需求。根据老挝《劳动法》第8条的规定，每个用工者都有直接责任对自己管辖的老挝员工进行培训，提高其专业技术水平和熟练程度，使他们逐步从熟练工人转变为专业技术工人。各社会经济部门的劳动单位都要拟订计划并每年安排固定的资金，为自己雇佣的老挝员工提供国内外的短、中、长期的培训。目前，老挝经济的发展需要大量的熟练专业技术工人，因此培养具有专业技术的熟练工人是老挝企业内部专业培训的主要任务之一。

而实际上，老挝、越南的很多劳工工作节奏慢、效率低，纪律和法律意识淡薄，稳定性差，跳槽现象严重，企业难以从制度上对工人进行管理，需重复招聘和培训，造成企业用工成本过高。并且，由于老挝、越南正处于发展过程中，在管理方面，包括市场营销管理和资金管理等各个方面，很多企业团队缺乏成熟的管理、经营、投资经验。这也使得中国企业进行直接投资所得到的各项经济效益难以把控。

3. 企业为追求经济利益而产生风险

一些企业由于资金不足，可能会降低甚至拖欠劳工的报酬、福利待遇，也可能在工作条件、安全措施等方面未达到要求，没有做好对劳工合法权益的保障，导致巨大的法律风险。

如老挝是佛教国家，除了法律以外，民间有很多生活和休息习惯受佛教教律的影响，比如：清晨向僧侣布施的传统导致在老挝早晨上班时间偏晚；大部分公共空间都必须供奉佛龛以方便信众在休息时朝拜。又如，在越南，工人的生产技能不高，加上某些企业的设备更新不及时，导致生产效率达不到预期目标，所以只能依靠加班来实现生产计划，进而引起罢工、冲突等事件。

四、中资企业劳工权益风险的防范措施

(一) 企业层面的对策

1. 遵守当地法律法规

实践中，中资企业在老挝、越南产生的劳工权益纠纷，往往是企业不了解当地的法律法规所导致的。老挝、越南两国的劳动法与我国劳动法的规定存在诸多不同，而企业若想防范劳工权益风险，避免法律争端，就需要规范自身的生产经营活动，严格遵守当地法律法规。

企业可以考虑设立自己的法律服务部门，从而确保企业自身经营活动处于合法的范围内；审查企业事务涉及的合同等法律文书是否合法合规，从根源上化解劳工权益风险，保障企业持续健康发展。同时，企业还应当积极对员工进行法律培训，提升员工整体的法律素养，从根本上避免违法问题发生。重视企业及其员工的法律意识培养，使企业及其员工在经营、从事商贸活动中面对问题时能够从法律的角度思考，从而从根本上有效降低违法问题发生的可能性，同时也有利于企业和员工在自身合法权益受损时能够更有效地找到正确的维权渠道。

2. 积极营造良好的劳动环境

营造安全、规范、有序的劳动环境是企业塑造良好社会形象的重要途径，更是关注人权、践行以人为本理念、构建和谐文明社会的必然举措。为更好地满足这一要求，企业应注意以下两个方面：

一是在进行危重生产作业时，企业应在生产设备、生产规章等方面强化安全保障，从源头上防止生产安全事故的发生；同时在相应场合配备必要的医疗保障措施，如医疗器械、救护人员等，保证在重大安全事故发生时减少劳动者所受到的伤害，保障劳动者的生命健康安全。

二是在日常运营中，企业应着力打造健康有序的工作氛围。企业要在遵守当地劳动法的大前提下，结合企业自身发展状况，合理地安排劳动者的劳动时间、工作任务等，从而实现企业自身和劳动者个人的共同发展，平衡企业的利益和劳动者的个人利益。

3. 关注员工本身

劳工权益的保障，必须落实到每一个具体的劳动者身上。企业应帮助劳动者提高其职业技能，对参与劳动技能培训的劳动者在经济上给予适当的补贴、在工

作安排上给予一定的方便。对于国家主导开展的社会教育建设，企业也应参与其中，为社会教育事业提供资金等方面的支持。

对一些有特殊困难的劳动者，企业应提供特别的帮助。如对处在孕期的妇女员工，应依法给予适当的物质补贴并安排相应的假期；对因工致伤、致残的劳动者，应依法给予相应的补偿；等等。

4. 促进文化交流

中方企业应积极促进与当地的文化交流，做好企业本土化工作。在文化交流方面，企业应注意以下几个方面：

遵守当地法律。企业应充分了解、掌握当地法律法规，多与当地法律人进行交流，防止企业在法律方面与当地政府、社会发生矛盾。

促进社会层面的文化交流。企业应全面、充分地了解当地风土人情、社会风俗以及文化禁忌，处理好企业与当地人民的关系，避免引起不必要的矛盾。同时，企业也应在充分了解双方文化差异的前提下，作出更符合当地情况的经营策略，提升企业自身效益。

促进员工间的交流。企业管理者应积极促进中国员工与当地员工间的交流，通过开展文娱活动、举办文化讲座等方式消除中国员工与当地员工间的壁垒，避免员工间的矛盾以及可能由此升级的更严重的冲突。

5. 营造积极的国际形象

中国企业应主动承担必要的社会责任，与当地行业协会、工会等组织保持良好的合作与交流关系，以进一步获得东道国政府和相关组织的信任与支持。通过树立积极的国际形象，中国企业可以降低在东道国陷入矛盾纠纷的风险。

（二）国家层面的对策

1. 积极推进劳务合作协议的订立

中老、中越的双边合作协议，主要涉及经贸往来相关事务，而较少关注劳工权益。今后，两国在推进双边合作时应更多注意在促进经贸往来的同时加强劳工权益的保护。为了帮助中资企业更好地在老挝、越南进行投资，为了提升老挝、越南的外资吸引力以促进当地的就业和经济发展，中国与老挝、越南应积极进行谈判，推动国家层面的劳务合作协议的订立，为中资企业在老挝、越南投资，保障劳工权益提供针对性的法律指引。

2. 建立跨境劳务信息交换网络

中资企业在外投资，不仅涉及雇佣当地劳动力的问题，也涉及本国劳动力海外输出的问题。加快统一的跨境劳务信息交换网络建设和劳动力市场信息一体化建设，做好劳务信息的搜索、筛选、整理、传递等工作，消除跨境劳务合作信息不通畅的问题，不仅能够切实保障企业合法用工从而规避潜在的用工法律风险，更能够帮助企业及时了解相关政策变动从而进行相应调整，以增强投资信心。

3. 加强对中资企业的保护与监管

对于在老挝、越南投资的中资企业，应分别建立由老挝、越南政府主导，中国政府积极协助的，结构分明的监督体系。中老、中越两国应在企业监督领域深化交流合作，明确各方职责权限，建立层级分明、规范完整的管理制度，使企业利益受损、劳工权益保障等具体问题能够得到切实解决，保护企业合法利益，保障劳工合法权益。中国政府应当加强对境外中资企业及相关工作人员的监督，确保企业经营行为符合东道国法律法规要求。

4. 改革劳动纠纷处理体制

对于中资企业所涉劳动纠纷，两国政府应合作共建争议解决机制。在确定管辖权的问题上，双方应明确职权配置，加强企业劳工权益保护方面的司法合作，避免出现司法上的空白，解决好劳动纠纷“谁来管、怎么管”的问题，使相关劳动纠纷得到及时、适当的处理，从而维持良好的企业经营秩序、劳工工作环境。同时，双方司法工作人员应加强交流，加深对双方相关法律法规的了解，从而在司法实践中准确适用法律，正确行使司法权，合理分配司法责任。

5. 加大力度开展社会教育

越南和老挝的劳工普遍存在受教育程度较低的问题。越南、老挝政府应加大力度推进社会教育，通过增设新学校、给予教育补贴等方式提升国民教育水平，从而提高劳工的职业技术素养。

案例分析

一、典型案例

案例 1　处罚违纪员工案

（一）案例导入

越南北江省一家加工工厂由于订单爆满，生产量较大，需要工人在指定时间到岗进行流水线工作。工厂的内部劳动制度规定得十分严苛，例如迟到 10 分钟扣半天工资，迟到 30 分钟以上算旷工一天，同时工厂有权对员工罚款 500 元。员工都知晓这一规定，虽然认为工厂罚款的行为不甚合理，但因工厂福利尚可，都未提出异议。某日早晨突降暴雨，该工厂的技术工人李某政因路上堵车，迟到半小时。根据工厂的规章制度，工厂对李某政罚款 500 元。李某政认为，自己并非故意迟到，工厂罚款 500 元太不近人情。下班后，李某政向在当地劳动部门工作的朋友倾诉此事。李某政的朋友告诉他，工厂是无权对员工进行罚款的，李某政有权拒绝工厂的罚款。

（二）分析

1. 工厂是否有权对员工进行罚款

越南《劳动法》对劳动纪律处罚的形式、原则、流程、手续均有明确的规定，如果企业违反这些规定，对劳动者开出的“罚单”就是无效的，并且还会受到行政处罚或被劳动者起诉索赔。这些情况在实践中并不罕见。

2. 李某政有权拒绝工厂罚款的具体法律依据

根据越南《劳动法》第124条的规定，劳动纪律处罚仅包括：（1）谴责；（2）延长涨薪时限，但不得超过6个月；（3）革职；（4）开除。也就是说越南法律并没有赋予雇主对员工采取经济处罚的权利。《劳动法》第127条第2款也明确规定，严禁以罚款、扣减工资代替劳动纪律处罚。根据越南《劳动、社保及海外劳务派遣领域行政处罚规定的议定》（第12/2022/ND-CP号法令）第19条第3款b项的规定，雇主对劳动者进行劳动纪律处罚时，以罚款或扣减工资的方式替代劳动纪律处分的，处以2 000万越南盾至4 000万越南盾的罚款。罚款是剥夺公民的财产权，属于越南国家职能部门的行政管理范畴。在劳动关系中，劳动者与雇主是平等主体，所以企业对劳动者进行经济处罚是没有法律依据的。

（三）案件评论

越南2019年《劳动法》生效后，企业应适应新法的要求，完善内部的劳动纪律制度，调整劳动用工管理理念和管理方式，采取合法、合理的方式行使用工自主权，对劳动者的管理从压力管理转向激励鼓励，从不平等（从属）管理转向平等（协商）管理，从粗放管理转向精细管理。例如：企业采取复合工资制工资，即工资是多个组成部分的累加，有相对固定的工资，如岗位、职务、技能工资等，也有浮动的工资，如提成工资、绩效工资、各种奖金等。应当注重及时考核，强调对员工进行激励。对迟到的员工进行罚款不妥，但可以不发给全勤奖，采取扣分、记过、警告等其他方式，往往更能达到管理的效果。

案例2 扣押个人证件案

（一）案例导入

越南岘港船舶配件生产公司为了留住优秀的员工，不仅提供优厚的薪酬，还提供住宿补贴、午餐补助、生日礼金、年终奖金、年节福利，员工根据职位高低，每年可享有15～30天的带薪休假。同时，公司还要求员工将本人的学历文凭证书和职业技能证书的原件放在公司“保管”，在离职时才能取回，并且将其作为劳动合同内容之一，要求员工必须遵守。

(二) 分析

1. 劳动合同中关于扣押个人证件的约定是否有效

根据越南 2019 年《劳动法》第 17 条第 1 款、越南《劳动、社保、及海外劳务派遣领域行政处罚规定的议定》第 8 条第 2 款的规定，雇主在与员工签订及履行劳动合同时，不得扣留员工随身证件、文凭证书、执业证书的原件。故本案例中劳动合同中约定员工必须将学历文凭证书和职业技能证书的原件放在公司“保管”的条款，因违反了法律规定而无效，员工可以不遵守该约定。

2. 岘港船舶配件生产公司可能受到的处罚

如公司因此事被举报，会被处以 2 000 万至 2 500 万越南盾的罚款。

(三) 案件评论

企业中高层干部一般是公司经营的重要支柱，他们的离职不仅会给公司带来较高的离职成本，也会影响团队凝聚力，降低士气。因此，岘港这家公司决定扣留高管的证件原件，以避免员工随意离职，跳槽到竞争对手处。这就引出了一个重要问题：如何留住人才？若想在法律上避免用工风险，可以通过合理的保密协议、竞业限制协议和完善的离职流程来应对。

案例 3 销售押金案

(一) 案例导入

越南河内市一家经营进口美容仪器的小公司，为了迅速推广一款新上市的家用脸部射频美容仪，要求销售员直接带货上门推销，给客户更直观的体验以便促成最终的交易。由于这台美容仪售价高达 3 000 多万越南盾，公司要求每个销售员每拿一台美容仪出门推销，必须先交 2 000 万越南盾的押金，直至卖出美容仪才统一结算。公司为此就押金问题与每个销售员签订了劳动合同的补充协议。

(二) 分析

1. 公司要求销售员必须交押金是否违法

越南 2019 年《劳动法》第 17 条第 2 款、越南《劳动、社保、及海外劳务派遣领域行政处罚规定的议定》第 8 条第 2 款规定，雇主在与员工签订及履行劳动合同时，不得要求员工以金钱或其他财产作为其履行劳动合同的担保。

2. 该公司可能受到的处罚

如公司因此事被举报，会被处以 2 000 万至 2 500 万越南盾的罚款。

(三) 案件评论

在履行劳动合同的过程中，如果需要把贵重的财物交给员工保管或借用，企业可以对资产借用、归还情况进行登记。在出借前由劳资双方一同对财物的价值、使用状态进行检查确认，企业可以书面形式对损坏该财物应赔偿的金额作出合理的规定并告知员工。需要特别提示的是，越南劳动法允许雇主扣除劳工工资来赔偿损坏的财产损失。

案例4 中老铁路

(一) 案例导入

2021年12月3日正式开通运营的中老铁路北起中国云南昆明，南至老挝首都万象，全长1 035公里，是第一条采用中国标准、中老合作建设运营，并与中国铁路网直接连通的国际铁路。老中铁路项目开工以来的5年来，已为老挝当地民众提供就业岗位111 164人次，为老挝官员开设了多达995个培训课程。老中铁路公司员工达1 206人，其中老挝籍员工675人。另外有与老中铁路合作相关的员工1 000多人，如安保、卫生、园艺、食品配送和其他设施公司的员工，为帮助老挝当地人民创造就业机会作出了重大贡献。

(二) 分析

1. 中老劳动者比例问题

为照顾本国劳动者，老挝劳动和社会福利部1993年曾经颁布《外籍劳工引进和使用管理决定》，要求引进外籍劳工必须进行登记，登记要求的材料包括健康证、技能证明等文件，外籍劳工在老挝工作期间为半年和一年。需延期的还要再次递交材料，延期材料包括用工者评价、完税证明、推荐信等。老挝《外国投资促进管理法》规定，长期工作的外国劳工不能超过劳工总数的10%，脑力劳动岗位不能超过25%，大型项目外籍员工比例可另行批准。用人单位不能将外籍劳动力送给其他企业使用，外籍劳动力也不能擅自离开其岗位，否则将会受到制裁。中老铁路项目建设时期较长，在此过程中涉及了频繁的劳工签约和解约，同时铁路对技术性工作的依赖较强，老挝当地劳动力素质较低，必须依赖大量中国技术员的援助，在劳动岗位占比以及劳工总数方面很容易超过老挝《外国投资促进管理法》中的相关法律规定。

2. 两国劳动法差异问题

从劳工管理的制度层面看，虽然老挝对于劳动者保障的法律还是相对健全的，但老挝劳动法关于劳动关系双方可以同为自然人的规定，以及劳动合同和劳动基准制度方面的规定都与中国法律存在较大的差异。

(三) 案件评论

老挝与中国的劳动关系存在较多不同，中国投资者应当尽可能了解老挝劳动关系的特点，加强双方的沟通，就相关法规、义务和权利等问题进行协商，规范劳工聘用的方式和流程，注重书面劳动合同的签订与履行，重视对劳工日常事务的管理；另外，由于当地民众对于成套装备及高新技术不是很了解，对于一些技术要求较高的工作也无能为力，因此应该重视对当地劳工的就业教育，如开展常年性的就业技能培训课程，促进本地人才向行业高端发展，减少当地人才流失，以及促进农民工市民化，等等，以更好地应对老挝法律对外籍劳工比例和数量的限制。

案例5 老挝童工问题

（一）案例导入

目前老挝14岁以下的童工占比接近35%。这些童工进入各行各业，从事农业种植、轻工业生产劳动、餐饮住宿等相关工作。只要相应的行业需要劳动力，就会有老挝童工的身影。而童工往往聚集于低端的劳动密集型产业中，身处脏乱差的工作环境中。并且，由于老挝法律禁止企业雇佣童工，因此童工不能成为正式员工，而主要以短期临时工的方式参与工作，无法享受正式员工拥有的权利。有的雇主会用低于正式工的工资让童工参与工作，一些雇主会拖欠童工的薪资。从劳动待遇来看，老挝童工的基本劳动待遇无法获得保障。同时，由于大部分的老挝童工与雇主之间只有口头协议，没有正式的劳动合同，很多童工无法获取正式劳工所拥有的诸如休息、获得治疗等基本权益。

（二）分析

1. 童工问题的产生

在老挝，童工问题涉及法律和社会两个层面。在法律层面，如何保障童工的劳动权益和人身安全，以及如何限制雇佣童工的行为是主要的争议焦点。同时，童工问题的解决也需要从社会层面考虑，如何通过教育等方式提升民众的法治意识，以及如何为童工创造更好的生存和发展环境，也是重要的争议焦点。

2. 童工问题的解决

老挝的童工问题的解决，可以考虑从法律、社会两个层面采取措施。就法律层面而言，基于老挝当前普遍的童工使用情况，可以制定阶段性的法律保障体系，实现童工权益与非童工权益的一致，临时童工的薪资也不应该低于正式员工工资的90%，从而保障童工在真正意义上获得相应的劳动权益，同时严格限制童工的工作时间。随着时代的发展、社会文明程度以及经济水平的提升，应当逐步禁止雇佣童工的行为。建立严厉的处罚机制，在童工出现人身安全问题时，给予用人单位严厉处罚，进而保障童工的安全与健康，避免用人单位滥用童工。鼓励用人单位以培养的方式使用童工，让童工为企业创造财富的同时也要保障童工的生存权与发展权。在社会层面，可以考虑延长义务教育的年限。老挝学生在义务教育阶段的教育年限只有5年，6岁入学的孩童，毕业之后普遍才11岁，最多也不会超过14岁。可以考虑实行九年义务教育制度，待九年义务教育完成后也就达到了15岁，超过了老挝法律规定的14岁以下即算作童工的年龄。同时，童工问题更是老挝社会全民法治观念淡薄的问题。应扩大法治宣传，提升老挝民众的法治意识，让老挝人都能够学法、懂法、用法，进而从根源上解决童工问题。

案例 6　解雇员工的经济补偿案

（一）案例导入

甲公司于2016年3月注册成立后，开始在老挝万象省某县建设厂房并陆续雇用了30多名老挝工人从事服装生产和其他辅助性工作，同时以公司名义依法与这些工人签订了劳动合同。

老挝人王某在2016年7月15日与甲公司签订劳动合同（5年固定期限劳动合同）并入厂工作，从事仓库管理和看守工作。2021年7月13日，王某工作时间酗酒被劝阻后，为发泄不满情绪，毁坏了工厂仓库的大门，造成损失折合人民币1万余元，严重违反工厂的规定。2021年7月17日，工厂负责人与王某书面解除劳动合同，并向其发放了未发工资和奖金。后王某要求工厂按照老挝劳动法的规定向其支付经济补偿，被甲公司拒绝。

（二）分析

1. 解除劳动合同是否合法

在老挝，用人单位在辞退员工时，应当符合老挝劳动法规定的法定解除条件和特殊情况下的法定程序。老挝劳动法明确规定，在雇员有下列行为之一的情况下，雇主有权无须支付赔偿金也无须经劳动行政部门许可就可以单方面解除劳动合同：故意给雇主造成损失的；在接到雇主的事先警告后，违反劳动单位内部规章制度或者劳动合同的；无故失职连续达4天；已被法院判处监禁，但仅限于对劳动单位实施的故意犯罪，其他犯罪除外；在受到警告之后，侵犯其他雇员尤其是女雇员的权利。依照这一规定解除劳动合同的，雇员有权从雇主处获得根据单独完成工作总量计算的工资和其他劳动报酬。

甲公司与王某签订的劳动合同为5年固定期限劳动合同，在签订劳动合同后，王某实际在甲公司下属的工厂从事仓库管理和看守工作，因此双方已经依法建立劳动关系，受法律保护。王某工作期间酗酒，且在被劝阻后拒不改正，还恶意破坏工厂设施，造成工厂财产损失。王某的行为已经严重违反工厂的内部管理制度，影响恶劣，且造成较大损失。甲公司有权直接解雇王某。另外，值得注意的是，甲公司与王某签订的是超过3年的劳动合同，根据老挝劳动法应被视为无固定期限的劳动合同。

2. 员工可否要求经济补偿

甲公司辞退王某的行为符合老挝劳动法的规定，属于劳动合同的法定解除情形。对于王某请求按照老挝劳动法支付经济补偿的要求，甲公司可依法拒绝，无须支付任何补偿，并有权要求王某赔偿其毁坏工厂仓库大门的损失。

二、类案练习

案例1 南立水电站建设发展案

（一）案例导入

南立1—2水电站是中国长江三峡集团公司下属的中国水利电力对外有限公司（以下简称“中水电”）在老挝投资建设的第一个水电站，是中水电在老挝水电市场上的第一个BOOT（建设—拥有—经营—转让）项目。该项目位于老挝首都万象市西北，距离万象市中心约145公里。2007年9月，该项目正式开工。中水电作为项目公司大股东履行业主职能，又作为EPC（工程—采购—建设）的总承包商履行承包商职能，通过采用“一套人马，两块牌子”的经营管理模式，将项目公司及EPC总承包商的各机构整合到了一起，实现了项目执行主体、业主与EPC总承包商管理团队的统一，提高了项目管理、运作效率。该项目需要立足老挝本土，大量依托老挝本地劳工进行建设和运营，因此，该项目的顺利实施，体现了中国企业在尊重老挝法律的前提下合理的劳工安排，极具借鉴意义。

（二）讨论与分析

（1）海外投资企业如何及时顺利地解决劳动纠纷？

（2）外国企业在老挝实现本土化运营应当关注哪些方面的劳动法律？

案例2 老挝某大型水电站项目

（一）案例导入

老挝某大型水电站项目，是老挝政府使用中国政府出口信贷并与某中资承包商在2000年签订总承包建设合同，由中资承包商带资承建的。其中老方配套资金占投资总额的10%。

项目初期，中方外派人员与老挝当地人员沟通较少，工作与生活相对封闭。由于远离祖国和亲人，这些人员在思想上由刚到一个新的国家时的新鲜、好奇逐渐转变为失落、烦恼、焦虑，并对自身的价值观念、未来发展前景等产生了质疑；工作中，由于对当地人的思维习惯、工作方式缺乏了解，常常事倍功半，甚至适得其反；生活上，每天不仅要面对风土人情、生活方式不同的压力，还要面对语言沟通的障碍。为提高本土化经营运作能力，加强与东道国的联合，项目组内部聘用了很多当地人员，这些人员由于与中方人员所处的文化环境不同，在项目组内部造成了文化冲突。

此外，项目组来到老挝后，受到老挝文化环境的影响，如当地分包商、材料供应商、宗教信仰、法律法规、政治团体以及政府机构等。当时的老挝官员办事效率较低，特别是在涉及项目手续审批时表现得尤为突出，使中资承包商颇感头痛，有时不得不请中国驻老挝大使馆及经商处出面催促才能解决。此外，老方部分项目配套资金不能及时到位也在一定程度上影响了工程进度。从中老边境到万象的830余公里的道路沿线，设有10多处种类繁多的收费站，给过往的中资承包商带来了不必要的负担。老挝政府当时对道路运输车辆超重标准的不合理定位，也给中资承包商的车辆出行带来不便。

老挝虽不发达，但该国法律规定的企业员工的工作、生活条件很高。工程初期各方面条件比较艰苦，职工住在简易板房里，四人一间。当地劳工部门来检查，要求每个房间住宿不得超过三人，否则不许施工。另外，当地法律非常注重保护本地员工权益，规定外国企业必须招聘30%以上的本地员工，企业不得随便辞退工人，辞退工人要多付2～3个月工资。所以，聘用当地工人是件棘手的事，稍有不慎便会陷入法律纠纷。

(二) 讨论与分析

(1) 在上述案例中，中老双方人员存在哪些冲突？

(2) 简述这些冲突的成因。

(3) 试论这些冲突的解决方法。

知识拓展

一、拓展阅读

1. 郑一省，王建坤. 老挝经济发展及其与中国的经贸合作. 亚太经济，2012 (5).

2. 韦福安，谭金玲，陈劲波. 走向共赢：地方的经验和智慧——基于中越跨界民族劳工跨界流迁问题的讨论. 贵州民族研究，2020 (4).

3. 刘娴. 越南劳动关系研究：中资企业投资风险与防范. 中国劳动关系学院学报，2020 (4).

4. 陈雪. 人本主义视角下中越跨境劳务人力资源管理. 黑龙江人力资源和社会保障，2021 (9).

5. 康巴色. 浅析中国企业直接投资老挝服务业市场. 经济问题探索，2007 (9).

6. 吴存玉，梁栋. 劳工跨境迁移机制与治理策略：以广西P镇的越南劳工为例. 公共行政评论，2020 (4).

7. 海贤，杨梦平. 老挝：2021年回顾与2022年展望. 东南亚纵横，2022 (2).

8. 寸佳莅，孔志坚. 老挝基础教育发展的现状、问题与思考. 普洱学院学报，2022 (2).

9. 熊殷泉，张宇. “一带一路”倡议背景下云南企业在缅甸、越南、老挝面临的法律问题及对策. 法制与社会，2019 (2).

10. 王竹，李春，刘忠炫，等. 老挝民商经济法律汇编. 北京：中国法制出版社，2020.

11. 老挝刑事法典. 贾凌，魏汉涛，译. 北京：中国政法大学出版社，2014.

12. 越南民法典. 伍光红，黄氏惠，译. 北京：商务印书馆，2018.

13. 对外投资合作国别（地区）指南. http://fec. mofcom. gov. cn/article/gbdqzn.

14. 张天桂. 中国与老挝的经贸合作参考.（2021－08－09）. https://www.fx361. com/page/2021/0809/8730742. shtml.

15. 白皮书｜RCEP 法律汇编连载（二）：越南. http://www. szccie. cn/site/content/993. html.

16. 白皮书｜RCEP 法律汇编连载（十）：老挝. http://www. szccie. cn/site/content/1012. html.

二、毕业论文选题指导

1. “一带一路”投资中劳工权益保护的各国差异
2. “一带一路”投资中中国企业可能遭遇的劳工法律风险
3. 投资收益与劳工保护的平衡问题

第六章 “一带一路”投资的数字经济权益保护法律实务

基础理论

一、“一带一路”投资的数字经济概述

当前，数字技术加速创新，日益融入经济社会发展各领域全过程，数字经济正在成为重组全球要素资源、重塑全球经济结构、改变全球竞争格局的关键力量。数字经济改变了传统的经济增长方式和贸易模式，已成为全球经济转型和增长的重要驱动力。习近平高度重视数字经济发展，指出数字经济健康发展有利于推动构建新发展格局，有利于推动建设现代化经济体系，有利于推动构筑国家竞争新优势。[①] 在数字经济推动各类资源要素快捷流动、畅通国内外经济循环的背景下，从发挥数字经济优势、推进国际合作、激发内生动能等角度探讨我国数字经济发展具有重要意义。为拓展数字经济领域的合作，2017 年 12 月 3 日，在第四届世界互联网大会上，中国、老挝、沙特阿拉伯、塞尔维亚、泰国、土耳其、阿联酋等国家相关部门共同发起《“一带一路”数字经济国际合作倡议》。[②]《“一带一路”数字经济国际合作倡议》指出，作为支持“一带一路”倡议的相关国家，我们将本着互联互通、创新发展、开放合作、和谐包容、互利共赢的原则，探讨共同利用数字机遇、应对挑战，通过加强政策沟通、设施联通、贸易畅通、资金融通和民心相通，致力于实现互联互通的“数字丝绸之路”，打造互利共赢的“利益共同体”和共同发展繁荣的“命运共同体”。

---

① 习近平. 不断做强做优做大我国数字经济. 求是，2022（2）.

② 《“一带一路”数字经济国际合作倡议》发布.（2018-05-11）[2022-06-26]. http://www.cac.gov.cn/2018-05/11/c_1122775756.htm.

(一)数字经济的概念

数字经济与“一带一路”建设的有机结合,为“一带一路”赋予新的内涵,推动共建国家经贸合作转型升级,拓展合作领域。习近平多次强调要加强“一带一路”共建国家在数字经济领域的合作,指出要“共同把握数字化、网络化、智能化发展机遇,共同探索新技术、新业态、新模式,探寻新的增长动能和发展路径”[①],这为推动“一带一路”共建国家数字经济合作指明了方向。数字经济合作既是高质量共建“一带一路”的重要动力,也是中国为共建国家提供数字经济新引擎、分享数字化转型红利、共建命运共同体的重要路径和选择。[②]

自1996年出版的《数字经济》一书提出“数字经济”(Digital Economy)概念以来,数字经济伴随着晚近云计算、大数据等新一代信息技术的成熟和产业化而越发被熟知。[③] 根据2016年通过的《G20数字经济发展与合作倡议》,数字经济的定义可以被概括为“以使用数字化知识和信息为关键生产要素、以现代网络作为重要载体、以信息通信技术的有效使用作为效率提升和经济结构优化的重要推动力的一系列经济活动”[④]。2019年UNCTAD报告中,梳理了“数字经济”概念的演进脉络,将数字经济分为三个层次,即数字部门、数字经济和“数字化”经济活动。从技术和经济的角度解读,数字经济是指商业模式以数字商品或服务为基础,经济产出完全或主要来自数字技术的经济活动。[⑤] 总体而言,“数字经济”这一概念内涵较为丰富,本书采用《G20数字经济发展与合作倡议》中的数字经济的定义,即数字经济是指以数据资源为关键要素,以现代信息网络为主要载体,以信息通信技术融合应用、全要素数字化转型为重要推动力,促进公平与效率更加统一的一种新经济形态。

(二)“一带一路”投资数字经济合作的发展

数字经济是全球经济复苏和增长的核心引擎,也是全球发展倡议中的重点合作领域之一。中国通过与“一带一路”共建国家共同发起《“一带一路”数字经济国际合作倡议》,签署“数字丝绸之路”建设合作协议,建立双边电商合作机制,积极推动数字“一带一路”将理念转化为行动,从愿景转变为现实。依托数

---

① 习近平. 齐心开创共建“一带一路”美好未来:在第二届“一带一路”国际合作高峰论坛开幕式上的主旨演讲. 人民日报,2019-04-27(3).

② 王小艳. 中国推进共建“一带一路”数字经济:基础·困境·对策. 经济界,2021(2):3-8.

③ 李晓华. 数字经济新特征与数字经济新动能的形成机制. 改革,2019(11):40-51.

④ 周芮帆,洪祥骏,林娴. 中国对外直接投资与“一带一路”数字经济创新. 山西财经大学学报,2022(6):70-83.

⑤ UNCTAD. Digital Economy Report 2019.(2019-08-26)[2022-10-02]. https://unctad.org/system/files/official-document/der2019_en.pdf.

据和信息的流动，为“一带一路”共建国家可持续发展和解决社会问题提供了新的动能和工具，不仅给“一带一路”共建国家的社会经济、生产生活带去了积极影响，也使文化差异、信息不对称与信任问题等得到了一定程度的解决，让民众充分感受到了新时代数字经济的魅力。

随着数字经济成为全球经济的重要组成部分和增长点，国际治理合作的必要性日益凸显，参与数字经济的主要国家和地区在国际舞台上积极提出各自的数字经济治理方案，逐渐形成了多类规则方案交互融合的新格局。近年来，“一带一路”投资数字经济合作有了更进一步的新发展，我国也签署了一系列包含数字经济规则的国际经贸协定，并已决定加入《数字经济伙伴关系协定》（The Digital Economy Partnership Agreement，DEPA）和《全面与进步跨太平洋伙伴关系协定》（The Comprehensive and Progressive Agreement for Trans-Pacific Partnership，CPTPP）等涉及更多议题、规定更严格的数字经济相关协定。加入这些高标准、严要求的国际经贸协定有助于我国进一步完善相关立法、扩大市场开放和激活数据要素等目标的实现。

2017年，习近平在首届“一带一路”国际合作高峰论坛上指出：“我们要坚持创新驱动发展，加强在数字经济、人工智能、纳米技术、量子计算机等前沿领域合作，推动大数据、云计算、智慧城市建设，连接成21世纪的数字丝绸之路。”[①]“数字丝绸之路”建设的这一愿景，引发了“一带一路”共建国家对数字经济国际合作的广泛关注和积极响应。[②]

首先，在“一带一路”倡议合作框架下开展顶层设计和政策协调。《“一带一路”数字经济国际合作倡议》提出了开展“一带一路”数字经济国际合作的主要原则、重点领域和实施机制。截至2022年底，中国已与17个国家签署“数字丝绸之路”合作谅解备忘录，与30个国家签署电子商务合作谅解备忘录，与18个国家和地区签署《关于加强数字经济领域投资合作的谅解备忘录》，在数字基础设施、数字贸易与跨境电商、数字治理等领域已经取得了显著成效。[③] 2023年以来，“丝路电商”伙伴国数量持续增多，合作机制建设不断强化，中国与菲律宾、印度尼西亚、塞尔维亚、巴林、塔吉克斯坦5国分别签署双边电子商务合作备忘录，“丝路电商”伙伴国增至33个。2023年，中国与33个“丝路电商”伙伴国跨境电商进出口额占中国跨境电商进出口总额三成，23个伙伴国跨境电商进口增

---

① 习近平. 携手推进“一带一路”建设：在“一带一路”国际合作高峰论坛开幕式上的演讲. 人民日报，2017-05-15 (3).

② 史佳颖. 中国与“一带一路”沿线国家的数字经济合作：进展和展望. 北京城市学院学报，2021 (6)：60-65.

③ 吕越. 携手共建“数字丝路”，普惠共享数字成果. (2024-04-13). https://theory.gmw.cn/2024-04/13/content_37261415.htm.

速高于全国。[①]

其次，积极借助其他国际组织平台，利用多元机制与轨道推动合作。中国积极借助其他国际组织平台，充分利用多元机制与轨道，促进“一带一路”共建国家和地区的数字经济合作。2016 年，中国作为二十国集团（G20）的主席国，首次将数字经济列为 G20 创新增长合作的重要议题。中国与韩国、俄罗斯、印度尼西亚等“一带一路”共建国家，以及其他 G20 领导人共同签署了全球首个数字经济政策文件《G20 数字经济发展与合作倡议》。

最后，通过多种方式与“一带一路”共建国家实现技术的合作共享。通过提供人员、资金和技术援助，协助信息基础设施建设等多种方式与“一带一路”共建国家实现互联网和数字相关技术的合作共享。截至 2023 年 10 月，中国已与“一带一路”共建国家累计建设超 130 套跨境陆缆和 10 多条国际海缆。[②] 2019 年，中国的北斗导航系统开始为“一带一路”共建国家和地区提供导航服务。2020 年，“数字丝绸之路”地球大数据平台为“一带一路”共建国家和地区的城市和工程建设、生态环境和农情变化等提供支持，已共享超过 120 万亿字节的数据。此外，中国为多个“一带一路”共建国家的基础设施项目提供专项优惠贷款，积极组织“一带一路”人才发展项目，开展培训和交流研讨，培育数字人力资源。

此外，中国在参与数字经济合作发展中作出积极努力，2021 年 10 月 30 日，习近平在 G20 罗马峰会上发表的讲话中强调，“数字经济是科技创新的重要前沿”，“中国高度重视数字经济国际合作，已经决定申请加入《数字经济伙伴关系协定》，愿同各方合力推动数字经济健康有序发展”[③]。2021 年 11 月 1 日，中国商务部部长王文涛致函 DEPA 的协定保存方新西兰，正式提出申请加入 DEPA。2020 年 11 月 20 日，习近平在 APEC 第二十七次领导人非正式会议上的发言中首次提出，中方将积极考虑加入《全面与进步跨太平洋伙伴关系协定》。[④] CPTPP 是一项涵盖广泛经贸议题的国际协定，其中包括电子商务专章等与数字经济相关的规则。此外，中国与东盟十国、澳大利亚、日本、韩国、新西兰共同缔结的《区域全面经济伙伴关系协定》（Regional Comprehensive Economic Partnership，RCEP）系目前全球覆盖人口总数最多、经济总量最大的自由贸易协定，其中也纳入了电子商务专章等数字经济相关规则。从近年国际经贸协定谈判和缔结的趋

---

① 2024“丝路电商日”启动．(2024-09-27)．http://ds.china.com.cn/web/dszh/detail2_2024_09/27/4456747.html.

② 金壮龙参加第三届“一带一路”国际合作高峰论坛互联互通高级别论坛．(2023-10-18)．https://www.miit.gov.cn/xwdt/gxdt/ldhd/art/2023/art_4d9072a3a38d4f4086ea226cbf8c8fca.html.

③ 习近平．团结行动 共创未来：在二十国集团领导人第十六次峰会第一阶段会议上的讲话．人民日报，2021-10-31 (2).

④ 习近平．携手构建亚太命运共同体：在亚太经合组织第二十七次领导人非正式会议上的发言．人民日报，2020-11-21 (2).

势看，各国正在通过国际协定塑造数字经济治理的新格局，中国也在积极地参与并推动这一进程。同时，不同国家基于各自数字经济发展水平和政策目标取向等因素，在数字经济相关国际协定谈判中有不同的关注点和立场。在此背景下，如何进一步参与乃至引领数字经济国际规则谈判，为中国数字经济发展创造良好国际规则环境，助力信息科技、电子商务等相关产业更好发展，是中国政府和相关企业亟须关注、研究和践行的重要课题。

（三）“一带一路”投资数字经济合作的意义

UNCTAD发布的《2024世界投资报告》显示，尽管发展中国家在努力吸引投资，但全球外国直接投资流动仍然低迷，2023年连续第二年下降。全球外国直接投资流动停滞在1.3万亿美元，对发展中国家工业和基础设施新项目的投资下降，与可持续发展目标相关的部门的新投资减少了超过10%。[①] 联合国2025年1月发布的旗舰报告《2025年世界经济形势与展望》指出，2025年全球经济增长率预计将保持在2.8%，与2024年持平。[②] 变幻莫测的全球环境下，区域国家之间的协助与合作比任何时候都更显重要。RCEP作为重要的制度性安排，有力支撑区域贸易和投资的稳定、供应链的多边化。从后疫情时代到互联时代，既是挑战，更是机遇，尤其是中国在数字经济、绿色发展上的成就给互联时代全球投资和贸易以信心。

2021年3月，《中华人民共和国国民经济和社会发展第十四个五年规划和2035年远景目标纲要》正式发布，国内学者指出：“未来五年，中国对‘一带一路’沿线国家非金融类直接投资总规模应控制在1 000亿美元左右，数字经济和绿色发展项目的投资比重在其中要占40%左右。这样能够更好地推进‘一带一路’建设高质量发展。”[③] 中国与“一带一路”共建国家和地区共建“数字丝绸之路”以推动数字经济合作，这对促进各国在基础设施建设、政策联动、贸易畅通等多个领域增进交流合作和促进共同发展具有重要意义。[④]

一是有助于促进中国与“一带一路”共建国家的政策沟通。数字经济有显著的正外部性，随着各国信息化水平的提高、数字化转型的深入，共建“一带一路”各经济体在网络安全、数据跨境传输、税收制度等领域开展的国际交流合作将大大增多，有利于完善数字治理和相关政策的沟通与联动。

---

① 2024世界投资报告.（2024-12-04）. https://news.sohu.com/a/827644115_121819701.

② 联合国报告：全球经济增长仍将受到抑制 中国预计实现稳定增长.（2025-01-09）. https://news.un.org/zh/story/2025/01/1134921.

③ 陈甬军：“十四五”期间，数字经济、绿色发展项目投资应占“一带一路”总投资规模的40%以上.（2021-04-28）. https://www.yidaiyilu.gov.cn/p/171890.html.

④ 史佳颖. 中国与“一带一路”沿线国家的数字经济合作：进展和展望. 北京城市学院学报，2021（6）：60-65.

二是有助于实现“一带一路”共建国家的设施联通。信息基础设施是发展数字经济的物理基础。在数字经济合作过程中，互联网和宽带覆盖率的提高、信息通信技术（ICT）的更广泛应用，有助于推动数字基础设施的互联互通，助力各经济体分享数字经济红利。

三是有助于推动“一带一路”共建国家的贸易畅通。互联网技术及电子商务平台有利于突破传统贸易的地域局限。新冠疫情发生后，跨境电商的发展对维护贸易环境的稳定、继续深化中国与“一带一路”共建国家的经贸合作起到了重要作用。

四是有助于实现“一带一路”共建国家的资金融通。广泛应用 ICT 的创新金融、交易、支付和信用体系有利于资金融通。

五是有助于增进“一带一路”共建国家的民心相通。不同地域、民族、文化的人可以借助互联网这一工具和载体增进沟通，开展文化交流和互鉴。尤其是在疫情发生后，借助信息通信技术开展的疫情防控合作、抗疫实践与经验分享增进了中国与“一带一路”共建国家民众的沟通和互信。

此外，中国也需要在加入 CPTPP 和 DEPA 的谈判中积极提出中方立场和方案，平衡数据国际流动与国家监管、数据安全之间的关系，积极参与和推动多边、区域、双边规则的发展。此外，信息技术、电子商务等领域参与数字经济的企业应密切关注规则谈判进展，提前把握国内国际规则环境的变化并作好充分准备，在新的规则环境下寻获更多的商业机会。

二、“一带一路”投资数字经济权益保护的重点和难点

数字经济全球治理方面的规则供给不足，在多个领域缺乏全球统一的共识和框架。数字经济快速发展对全球数字治理及相关规则制定提出新要求，但现有经贸规则、法律体系等未能完全满足数字经济发展的需求，也未能充分解决数字经济带来的问题，全球数字治理能力尚待提升。[①] 全球数字治理需考虑数字市场垄断、数字经贸规则、个人数据和隐私安全保护、数字鸿沟等多种问题。数据安全、跨境数据流动、个人数据和隐私保护以及数字企业运营规范等领域的规则供给明显不足。[②]

其中的重点问题包括“一带一路”投资数字经济的法律风险、知识产权保护、数据权属保护。难点问题包括数据产权的权益保护困境、知识产权中标准必要专利问题、“一带一路”投资数字经济数据跨境传输与保护困境、平衡“一带一路”数字经济发展与权益保护的关系。

---

① 鲍静，贾开. 数字治理体系和治理能力现代化研究：原则、框架与要素. 政治学研究，2019 (3)：23-32.

② 赵骏. “一带一路”数字经济的发展图景与法治路径. 中国法律评论，2021 (2)：43-54.

(一)“一带一路”投资数字经济的法律风险

作为新生经济形态，数字经济发展必须承担传统治理机制适应性变革和治理能力创新性发展的任务，也必须突破传统经济法治体系所包含的不适应数字经济发展的法治障碍。在实践中，我国企业的包括“一带一路”投资在内的海外投资既要符合投资国的入境限制，同时还要符合我国的出境限制。[①] 近年来，我国不断完善中国公民隐私权保护和国家安全领域相关立法，制定了《个人信息保护法》《网络安全法》《数据安全法》《数据出境安全评估办法》等法律法规，对我国企业在海外投资过程中应遵守的监管要求进行了全面更新。以下主要针对投资国的入境限制梳理我国企业海外投资中面临的数字经济法律风险。[②]

1. 国家安全风险

国家安全风险是我国企业参与数字经济对外投资所面临的最为复杂严峻的法律风险。当前背景下，国家安全风险已成为法律与政治因素相互交织的特殊领域。传统意义上的数字经济的国家安全风险多指企业因正常运营活动获取投资国大量用户的相关数据，并通过进一步提取和分析获取该国公民整体的用户画像而对该国产生的风险。无论是将此类敏感信息传输回企业母国，还是通过算法控制程序向特定用户推荐符合其特定偏好的内容从而影响其判断或认知，都将对国家安全构成重大挑战。近年来，部分国家将国家安全审查作为一项政策工具来应对外国强大商业机构的挑战。在过去几年中，印度以“危害国家安全”为由封禁中国公司的部分应用程序，美国也以类似理由对 TikTok 等应用程序进行国家安全审查并要求强制剥离。部分国家将国家安全审查政治化的举动，值得高度注意和警惕。

2. 隐私保护风险

我国《个人信息保护法》颁布施行后国内数字经济相关企业的用户隐私保护已有较大改善，但与国际领先水平相比仍有待加强。出于经验和成本等因素考虑，参与海外投资的中国企业大多会延续其在国内的运营策略，但北美、欧洲等我国“走出去”企业的主要投资目的地的隐私保护，在保护范围和程度上都显著高于我国，这就使中国企业容易在思维惯性作用下忽视隐私保护在任务清单上的优先顺位。与此同时，随着隐私保护法规日趋严格，一些与获取用户隐私数据关联性较强的行业与业务也需注意隐私保护的问题。牛津大学的研究报告指出，各国个人信息保护法律的施行使企业平均利润减少 8%，小型科技企业所受影响更

---

① 从国际规则视角看全球数字经济治理——中国的参与和企业的机遇. (2022-05-12) [2022-10-03]. https://www.163.com/dy/article/H76FLP080519BMQ6.html.

② 柴裕红，瞿子超. 我国企业海外投资中的数字经济法律风险与应对. 海外投资与出口信贷，2022 (4): 3-7.

深，是全体平均值的2倍。目前，欧盟《通用数据保护条例》（GDPR）和美国《加州消费者隐私法案》（CCPA）是全球范围内较为完善的两部隐私保护法规。其中GDPR的保护标准堪称全球最严，正在成为各国立法时的重要参考。截至2023年7月，欧盟官网公布的全球范围内通过数据保护“充分性认定”程序的国家或地区共计15个。该程序要求第三国的数据保护标准与欧盟标准相当，只有通过该认定才能将个人数据从欧盟传输到第三国。2022年4月，美国与加拿大等国家和地区宣布成立全球跨境隐私规则（CBPR）论坛，该论坛独立于现有的APEC区域框架。

3. 公平运营风险

公平运营风险是近年来出现的数字经济领域的法律风险，有学者将其归入隐私保护风险或反垄断风险，但其与传统行业面临的隐私保护和反垄断措施相去甚远，其本质为政府对数字经济行业进行的平台监管，更接近于对企业不正当竞争的监管。欧盟已出台世界上首部专门提高平台交易公平性和透明度的条例，即《提高商业用户使用线上中介服务的公平性和透明度的第2019/1150条例》，该条例规定接受监管的科技公司应披露其数据收集及排名算法。日本出台了《关于提高特定数字平台透明性及公平性的法律》，要求互联网平台在基本层面上披露其算法的运作方式。其他国家也正在开展类似立法。

4. 反垄断风险

反垄断风险对于绝大部分开展海外投资的我国企业来说并非一项现实的风险。由于美国在数字经济领域的先发优势，国外市场份额仍被苹果、微软、谷歌等美国企业牢牢把控，我国企业通常为追赶者。但在少数几个案例中，我国企业有可能成为反垄断监管的对象。例如2022年1月美国参议院审议通过的《美国在线创新和选择法案》将适用于全球每月拥有10亿个用户或年净销售额5 500亿美元的公司，抖音、微信等都将受到影响，但整体而言对我国企业影响不大。相反，我国企业还应充分利用当前各国对欧美科技巨头的反垄断调查，在不违反投资国的反垄断规则的前提下积极扩大自身影响力。

5. 其他风险

除上述风险外，数字经济企业还面临一些特殊风险，其中影响较大的包括数字税征收风险、特定区域法律风险和消费者保护风险等。传统的以地域划分的税收管辖权机制不再适用于数字经济，越来越多的国家开始对数字经济活动进行征税，增加了企业的运营成本。另外，一些发达国家的消费者权益保护水准较高，若违反相关规定将遭受天价罚款。

(二)“一带一路”投资数字经济的知识产权保护

在数字经济治理体系建构中，法律制度，尤其是知识产权制度，是最重要的方面之一。知识产权制度是保障企业创新投资，保护企业创新成果利用、转化、流转的根本性制度。具体而言，数字经济往往具有规模经济、范围经济的特点，企业往往需要付出较高的沉没成本才能在市场竞争中占据一席之地，但其创新成果一般都是无形财产，竞争者对其创新成果窃取、模仿、复制的成本很低，且会使投资者很难回收成本和进行收益。如果缺乏知识产权保护，企业将会失去创新投资积极性，致使市场失灵，因此，发展数字经济必须不断加强和完善知识产权保护。

由于数字产权具有不同于一般产权的特征，因此在其权益保护方面存在一定的难度和困境。在数字经济影响下，数字产权具有跨地域性和模糊性。部分数字产品被实体化、物权化，具有了财产属性。相比传统知识产权，数字产权依托于以互联网为代表的信息通信技术，其内涵和外延均发生了一定程度的改变。具体而言，数字产权具有以下特征：

一是数字产权具有跨地域性。地域性是传统知识产权的法定权利限制之一，指经一国批准或注册的专利、著作权、商标权只在该国范围内有效，受到保护。在传统知识产权效力边界，除非签订了国际公约或互惠协定，否则知识产权没有域外效力。而在数字经济环境之下，数字产业日趋走向全球化，跨国跨区域交易无处不在，一些数字产品本身即跨国生产、存在、流动和使用，知识产权的地域属性不再明显。传统地域管辖的连接触发点因新技术的跨境发展遭到极大挑战。“侵权行为地”因网络环境的虚拟性变得难以捉摸。确定数字知识产权侵权行为的管辖和法律适用更加需要法律规则的跨国协调。

二是数字产权的权属具有模糊性。数字经济时代，数据确权成为难点，数据权属不再清晰，而是具有模糊性。一般来说，传统产权具有明确性、专有性、可转让性、可操作性等特征，但数据作为新型生产要素，又具有自身独特特征，如混合性、复杂性、可复制性、集合性、不确定性等，产权归属模糊。以大数据信息为例，在社交媒体等第三方应用被广泛使用的当下，每个网络用户无时无刻不在创造数据。这些数据的产权，有一些能够明确判断属于用户自身。但还有一些诸如用户在消费、出行、医疗中产生的数据，其产权归属并不明确。这类数据的实质是个人数据的集合体，但又并非简单的集结，它们需要经过收集、管理、储存、挖掘、加工等步骤，才能产生新的价值。如果这类数据最终仅归每个用户个体所有，则丧失了数据本身的使用价值，也限制了数字经济的发展。但如果仅归企业所有，又有数据滥用、数据垄断以及隐私泄露等风险。

三是数字产权具有财产属性。部分数字产品趋向于被当作“有体物”对待。物权和知识产权保护客体之间的重要区别之一是有体物与无体物的区分。部分数字产品被当作有体物对待的趋势愈加明显。关于数字产品能否模拟社会实体的财产形态，能否将以数字化形式存在、具有独立价值的财产利益视为物权而得到法律保护，在学界尚存在一定争论，一些“数字虚拟财产”的合法性还有待明确。“数字虚拟财产”最初仅指以腾讯QQ为代表的各类社交账号、邮箱、游戏装备和点券等虚拟财产。而随着网络世界与现实世界的联系越来越密切，虚拟财产的范围在逐渐扩大，如淘宝、微信、支付宝等平台账号，抖音等各类视频号，以及用户存储在云端的数据等，都具有财产属性。我国《民法典》第127条规定：“法律对数据、网络虚拟财产的保护有规定的，依照其规定。”这从法律层面迈出依法全面保护虚拟财产的第一步。

从北京市朝阳区人民法院2017—2021年审结的涉数字经济的知识产权案件的情况来看，涉数字经济的知识产权案件呈现出案件分布相对集中、权利客体数字化、侵权行为隐蔽性强、维权手段电子化以及案件类型新、定性难等特点。朝阳区人民法院在案件审理中发现，数字经济时代涌现的大量新类型侵权案件在权利类型界定、侵权行为识别及责任承担等方面均与传统知识产权侵权案件存在较大差异，案件审理存在一定难度。数字经济的快速发展带来了数据权属、隐私保护和个人信息安全的多重挑战。数字经济的发展涉及用户个人信息的流转、使用，对此，朝阳区人民法院倡议相关企业在从事个人信息收集、整理、流转、应用等市场行为时，进一步明确“数据”的使用界限，在严格遵循法律规定的基础上，在涉及数据脱敏、使用限制等行业规则的严格落实方面主动作为，加强自我约束，强化对隐私和个人信息的保护。平台经济也是数字经济的重要有机组成部分，平台企业在数字经济社会治理之中扮演着重要角色。朝阳区人民法院建议，具有行业引领作用的平台企业，应当增强企业的社会责任感，在用户准入、维权处理、主动监管、行政司法协作等方面，充分运用平台优势，强化平台自治，更加积极地参与到数字经济社会治理之中。①

保障“一带一路”投资数字经济的高质量发展，需要市场主体、行业组织、行政机关、司法机关等多主体共同参与。针对数字经济时代知识产权侵权案件多发、制度机制相对滞后的现实困境，北京市朝阳区人民法院建议相关部门加快完善整合相关法律法规、司法政策，着力消除数字经济发展中的制度壁垒，为市场主体对其合法收集的数据信息进行市场化利用提供更加清晰的法律指引。

（三）“一带一路”投资数字经济的数据权属保护

数据是数字经济发展的核心内容和动力。出于国家安全、公共利益、隐私保护和消费者保护等政策目标的监管至关重要，但国家和地区间监管措施的不一致

---

① 立足司法实践探讨数字经济权益保护.（2022-04-15）[2022-09-01]. http://www.iprchn.com/cipnews/news_content.aspx?newsId=133817.

势必对贸易和投资造成障碍，包括不必要的障碍。[①]“一带一路”数字经济发展和合作需要实现数据的合理跨境流动。对跨境数据自由收集、处理、控制和使用审慎思维已成为信息化时代维护国家网络主权的重大现实命题。[②] 如何在“一带一路”数字经济发展背景下建立合理化数据聚集秩序和规则，平衡好数据权属保护与共享发展的关系，营造“一带一路”共建国家数字经济共同体的良好外部环境，已成为当前亟须思考的问题。[③]

“一带一路”投资数字经济的数据权属保护，首先需对“数据”进行清晰界定且掌握其特点。数据是指任何以电子或者其他方式对信息的记录。大数据时代的数据来源十分广泛，不仅包括对客观世界测量结果的记录，也包括对人类社会的记录以及经过分析计算现存数据而产生的新的数据。习近平指出：“数字技术正以新理念、新业态、新模式全面融入人类经济、政治、文化、社会、生态文明建设各领域和全过程，给人类生产生活带来广泛而深刻的影响。”[④] 现代社会是信息时代、网络社会，数据正处于越来越重要的地位。人们将数据比喻为“21 世纪的石油”，还有人说它是“数字经济的血液”。《中共中央 国务院关于构建更加完善的要素市场化配置体制机制的意见》明确将数据作为一种生产要素，与传统的生产要素如土地、劳动力、资本、技术等并列，并提出加快培育数据要素市场，推进政府数据开放共享，提升社会数据资源价值，加强数据资源整合和安全保护。《数据安全法》第 7 条规定：“国家保护个人、组织与数据有关的权益，鼓励数据依法合理有效利用，保障数据依法有序自由流动，促进以数据为关键要素的数字经济发展。”在数字经济的发展过程中，如何界定数据权益尤其是数据的权属，是一个争议非常大的问题。因为该问题涉及不同类型的数据来源者、数据处理者以及国家等多方主体之间的利益协调。既要保护数据上各类主体既有的权益，又要能够鼓励数据的合理利用；既要保障数据的自由流动，又要维护国家安全和公共利益。

与传统的动产、不动产等有体物相比，数据具有如下两方面独特之处：

一方面，数据本身是无体的，必须附着在一定的载体之上，如以二进制代码的形式存储在电脑终端、云服务器或者硬盘等介质之中。数据的无体性决定了数据本身的取得或转让不以存储数据的介质（如硬盘）的取得或转让为前提。因此，数据很容易被他人窃取或以其他未经授权的方式获取。例如，以网络爬虫技

① 齐鹏. “一带一路”数字经济数据跨境风险的系统性应对逻辑. 西安交通大学学报（社会科学版），2021（5）：104-113.

② 石静霞. 数字经济背景下的 WTO 电子商务诸边谈判：最新发展及焦点问题. 东方法学，2020（2）：170-184.

③ 程啸. “数字经济中的民事权益保护”系列之一：现代社会中的数据权属问题. https://www.law.tsinghua.edu.n/info/1036/13162.htm.

④ 习近平向 2021 年世界互联网大会乌镇峰会致贺信. 人民日报，2021-09-27（1）.

术入侵后台盗用数据，并将盗取数据用于经营等相关业务。因此，数据处理者必须采取相应的技术手段来保证数据的安全，尤其是那些关系国家安全、国民经济命脉、重要民生、重大公共利益等的数据。我国《数据安全法》明确规定，国家建立数据分类分级保护制度，根据数据在经济社会发展中的重要程度，以及一旦遭到篡改、破坏、泄露或者非法获取、非法利用，对国家安全、公共利益或者个人、组织合法权益造成的危害程度，对数据实行分类分级保护。

另一方面，数据具有非独占性、全时性，不同的人可以在不同的地点同时使用数据，而这些人的使用不仅不会减损数据本身的价值，还能够从对数据的利用中发掘出更多的价值。这一点又决定了法律很难将对数据的利益绝对地归属于某一主体，对于数据应当更充分地利用。诚如经济学家肯尼斯·阿罗所言，作为一种具有特殊属性的东西，数据在实现资源的最优配置方面处于一种尴尬的境地：任何获得的数据都是新的生产方式，从福利的角度来说，免费提供数据（除了传递数据的费用）确保了数据的最佳利用，但没有为任何研究上的投资提供激励。而要为数据的产生提供激励，就必须确立数据的创造者对数据的财产权，从而使其能够从中获益。可是，数据不是单纯的商品。数据已成为现代人类社会一切经济活动的基础。数据的归属与利用，与每个组织和个人的生产生活、整个社会的发展、市场秩序的维护、国家的治理、国家主权和安全等息息相关。

（四）数字产权的权益保护困境

随着数字经济和数字科技的发展，网络侵权行为变得更加容易和普遍，数字化经济增加了知识产权确权、授权和维权的难度。传统的知识产权规则已不能很好地适用于数字产权保护，由于我国相关立法规范尚不完善，数字产权保护面临如下现实困境。

1. 传统知识产权管理机制面临挑战

在数字环境下产权保护的确权、用权和维权的难度更大、成本更高。以著作权为例，随着各类新兴媒体的发展，传播成本降低，权利主体易变，传播方式难以预测，传播范围难以控制，传播主体难以锁定。数字作品本身具有无形性、独创性的特点，加之部分数字作品在完成之后并未确认版权，导致维权工作困难重重。传统著作权集体管理机制难以对数字作品的创作和传播进行有效管理，打击侵权、维护版权的成本与难度大大提高。以人工智能作品为例，向人工智能算法输入有版权保护的数据用于学习是否涉及侵权难以界定。在深度学习过程中，人工智能成为重要的创作主体，需要对大量作品进行复制和加工，这种大规模的作品使用方式对传统的著作权保护制度提出了严峻挑战。

2. 数字产权保护的法律规范缺失

目前，数字产权保护的立法规范尚不完善。在新业态新领域，数字知识产权保护存在宽、松、软等问题，如以人工智能为代表的相关专利申请审查标准仍不完善，跨境电商的知识产权保护需要新的规则。相比传统生产要素市场，数据市场的价值创造和流动交易具有不确定性和易变性，数据可以出现在不同地点，被无限复制。面对多变的数据要素应用场景，如何实现数据产权归属的科学界定、各主体贡献占比的科学判断等成为难题。数据要素作为数字经济环境下新型生产要素，使传统产权边界界定发生了改变。数据交易的复杂性挑战着传统生产要素的产权逻辑。面对一系列新现象和新问题，目前既有的知识产权制度还存在着不足和短板，如针对新出现的大数据集合，著作权法和专利法都难以为其恰当定位和进行保护，传统知识产权制度受到前所未有的挑战，数字产权保护的专门立法仍处于空白。

（五）知识产权中标准必要专利问题

随着数字经济向纵深推进，与之相关的新技术、新产品、新业态和新商业模式不断涌现，中国在跨境电商、互联网购物、移动支付和共享经济等方面达到了世界领先水平。特别值得一提的是，中国在数字经济领域的专利申请量已居世界前列。[①] 据澳大利亚计算机协会2018年的统计，中国区块链相关的专利申请量占全球申请总量的近一半；国家工业信息安全发展研究中心指出，中国5G和人工智能相关的专利申请量处于世界领跑地位。[②] 然而，中国在相关领域的专利申请质量与其数量还不相称，在高质量、高价值专利申请方面仍与美国和日本存在一定的差距，在国际技术标准占有的存量方面更是与美日两国相去甚远。

标准必要专利（SEP）是事关数字经济发展和公平竞争的关键问题。标准必要专利是指实施标准无法绕开的专利，关于标准必要专利，主要国家和地区的政策和做法尚在讨论和调整中，国际规则尚待建立健全。标准必要专利问题由来已久，相关诉讼自20世纪60年代（1G时代）开始浮现，到现在一直悬而未决，且愈演愈烈。随着数字经济的不断发展，标准必要专利问题目前聚焦在专利禁令和禁诉/执令（以及反禁诉/执令）的问题上。简单说，禁诉/执令问题就是：A国法院针对专利侵权判决签发禁令，要求标准使用者停止生产和销售，而B国法院签发禁令阻止实施A国法院的执行禁令，A国再签发反禁诉令禁止执行B国的禁诉令。禁诉令问题确为全球信息通信、自动驾驶、工业互联网、远程医疗等领域

① 需要强调的是，用专利申请数据来表征技术创新存在“噪声”，单凭它来衡量我国数字经济创新状况可能会得出误导性的结论。这主要跟专利申请人尤其是非专利实施主体在专利申请和运营上的策略性行动相联系，中国专利申请的质量和价值亦因此备受质疑。

② AI创新链产业链融合发展 赋能数字经济新时代《中国人工智能专利技术分析报告（2022）》发布.（2022-12-17）. https://mp.weixin.qq.com/s?__biz=MzIxMTAxNTU5NQ==&mid=2669260836&idx=2&sn=6a2ca9ec42b91a386f218ea58ea35462&chksm=8db6d2e0bac15bf665ab625e82392a950c7d892627cd0c9a55387cfb52685511ba4d07b50306&scene=27.

的行业及政府高度关注的热点和难点之一。如果更多国家如法炮制，数字时代的国际贸易和投资将面临重大挑战。

我国也有企业深陷标准必要专利诉讼，在禁诉令问题上也是受害者，另外我国相关法律政策做法易被外方误读甚至构陷。2005年，中国政府向WTO提交了“标准化中的知识产权问题”提案（G/TBT/W/251），引领标准必要专利问题多边规则谈判。后来，由于种种原因，其中主要是我国企业专利增多、诉讼能力提升，相关谈判暂时搁置。而今，无论是为了维护我国企业利益和我国治理模式声誉，还是为了“一带一路”投资数字经济发展，抑或为了解决全球问题提供中国方案和共同寻求解决之道，中国应再次引领推动相关问题的国际讨论。在全球召集国内外企业、政府、智库、协会机构等相关方，以“一带一路”共建国家、企业和政府等为主，撰写对全球开放的专题和年度研究报告，召集不定期研讨和年度论坛。在相关问题上，宜持“寻求知识产权保护和便利标准实施之间的合理平衡”的基本立场，该立场与欧盟基本类似；在其他问题上，可持开放包容立场，具体问题包括“标准之标准”“标准之国际规则”研究，标准必要专利禁诉令解决方案研究，元宇宙（标准化）与产业发展和国家安全研究等。

（六）“一带一路”投资数字经济数据跨境传输与保护困境

新冠疫情发生后，数据跨境传输对全球疫情防控及经济恢复产生诸多助益。然而，数据激增流量带动下的数字经济发展风险也如影随形。与传统实体经济相较，一方面，在数字经济发展中，各类间谍组织可能利用信息技术漏洞，随时窃取数据秘密、散布虚假信息，严重影响国家社会安全，不利于数字经贸活动的有序开展；另一方面，基于数字经济平台即时消费的特点，面对各类数据垄断平台寡头，消费者往往可能忽略对其自身信息隐私安全的保护，以致个人动态隐私信息泄露时时发生。[①] 我国如何在数据全生命周期实现数据自由安全传输与数据本地化要求之间紧张关系的平衡，建立“一带一路”数据安全传输生态圈，更好地保护数据所有者权属，已成为“加快数字化发展，建设数字中国”亟须讨论的司法焦点。同时，需平衡“数据保护”与“数据价值挖掘”的关系，满足“一带一路”共建国家日益增长的信息需求，完善与数字经济蓬勃发展相适应的法律保障措施。

第一，数据跨境禁输管理体系不合理。在数据传输前形成合理化安全等级分

---

① 2021年7月2日，我国网络安全审查办公室宣布，对“滴滴出行”存在严重违法违规收集使用个人信息的问题，启动网络安全审查；7月4日，国家互联网信息办公室依据《中华人民共和国网络安全法》的相关规定，通知应用商店下架“滴滴出行”App，要求滴滴出行科技有限公司严格按照法律要求，参照国家有关标准，认真整改存在的问题，切实保障广大用户个人信息的安全；11月16日，国家互联网信息办公室审议通过《网络安全审查办法》进一步明确要求，掌握超过100万用户个人信息的网络平台运营者赴国外上市，必须向网络安全审查办公室申报网络安全审查。

类，是保障相关数据安全传输的重要防控依据。检视目前“一带一路”共建国家和地区相关数据传输限制管理体系，主要存在以下不足[①]：

一是各国数据本地化禁输分级存在差异。“数字丝绸之路”建设过程中，各类数据广泛传输，其中不乏涉及个人隐私、国家安全的重要内容信息。为警惕解密软件对跨境数据非法分析后，利用金融服务、公共卫生、基础服务等领域数据漏洞形成虚假舆情，危害社会公共安全，多数国家对于上述相关数据传输自由化采取本地属地管理态度。这种立法策略绝非人为粗暴推动数字经济发展巴尔干化，而是致力于形成“一带一路”数据跨境传输安全管理体系。“一带一路”共建国家现行数据跨境禁输监管的主要形式包括：对于重要数据传输，要求存储、处理等活动仅在其境内实施，但允许境外访问，如俄罗斯 2015 年《个人数据保护法》的规定；对于涉及公共安全的重要行业数据内容，要求存储、处理或访问活动均在其境内进行，如越南 2019 年《网络安全法》的相关规定。

各国现行数据传输分级限制并非人为阻却数据跨境汇集，而在于形成共享全球数字经济发展红利的基础，对有悖于数字经济发展安全的数据内容实施个别监管，提升区域内数据传输安全，增强数据跨境活动吸引力。同时，还应注意的是，在共享跨境数据传输带来的红利成果时，还需考量如何统一各国数字经济发展差异化的数据禁输分级目录，并基于目录重构平衡权利保护与数字经济发展的数据管理体系，进而推动“一带一路”共建国家的数据交融汇聚。

二是各国际组织或国际协议对跨境数据传输合理化限制的标准缺失。为突破以隐私权保护为名对部分数据内容人为设置的不当障碍，促进“一带一路”更为深入的数据流动，各国际组织纷纷参与形成了多样化的禁输标准。如 OECD 的《关于隐私保护和个人数据跨境流动指南》中要求，数据自由传输并非毫无限制的自由流动，但还须防止自然人、法人或其他组织以保护个人隐私或公共安全为由肆意设置无差别的禁输壁垒。APEC 的《跨境隐私规则体系》中也明确要求减少不合理的数据分级传输限制，推动跨境数据在该区域自由传输。TPP 虽然并未最终付诸实践，但其根据 GATT 第 24 条及 GATS 第 5 条的规定，亦表现出对于数据传输合理化转移的支持。[②] 值得注意的是，RCEP 明确提出不得阻止为商业目的而开展的数据跨境活动，换言之，对于各类商业数据传输不再局限于特定地域的管辖监管，这种开放性尝试将打破地域管辖束缚，有利于促进各区域各类商业数据迅速传递。

基于此，应当在“一带一路”相关制度设计中考虑移植现有国际规则的相关

---

① 齐鹏．“一带一路”数字经济数据跨境风险的系统性应对逻辑．西安交通大学学报（社会科学版），2021（5）：104－113．

② TPP 第 14.11 条对通过电子方式跨境传输信息规定：（a）不得以构成任意或不合理歧视的方式适用，或对贸易构成变相限制；（b）不得对信息传输施加超出实现目标所需的限制。

条款。虽然上述国际组织或多边协议均致力于消除各国数字经济发展中可能形成的人为障碍，探索形成相对缓和的数据安全传输限制模式，但是禁输手段是否与数据汇集存储目标相适应尚未形成定论，在相关协议中也并未明确在哪种情形下对哪些数据内容进行限制。从法律效果看，当目的与手段难以适应时，形同虚设的区域性数据传输保护措施也难以发挥抵御各类数据跨境传输风险的作用，最终也不能摆脱各国各地区自身立法设置差异化的困境。因此，有必要慎思跨境数据自由传输目的与保护手段比例原则是否合理，如何选取恰当方式规范公权力数据限制措施与数据存储目的相称，谨防数据本地化存储限制界限超越合理比例原则而构成数据禁输壁垒，有悖于国际组织或多边协议制度条款的设计初衷。

第二，数据跨境传输前端风险监管管辖冲突。出于国家安全、社会稳定、个人隐私等诸多保护缘由，数据跨境传输前应明确禁输等级标准。为及时应对之后的各类风险，数据传输中首要考虑的应是数据管辖问题。纵观数字经济发展全球化过程，对数据风险的监管主要侧重于本地化存储，即通过属地管辖权减少相关风险。然而，由于“一带一路”共建国家和地区法律禀赋、法律渊源差异较大，加之倡议参与国家数量较大，与之相伴的法律适用连接点随之增多，伴随着数据资源价值的提升，各国法律管辖冲突也成为制约数据跨境传输的重要因素，具体表现如下：

一是现行公约无法覆盖“一带一路”共建国家的数据传输管辖范围。数字经济发展中数据传输无国籍边界的特征模糊了传统属地管辖物理疆界，对传统管辖制度发起挑战。在网络空间已无法适用以较为固定的国籍为限的属人管辖，而属地管辖由于遵从较为固定的行为发生地或结果发生地等地理空间标准，相较属人管辖更能减少管辖冲突，更易于确定数据流动传输管辖对象，因此，在数字经济发展过程中备受青睐。[①] 然而，由于“一带一路”覆盖区域国家和地区数量较多，数据主体类型多元，现行区域性多边条约的地域管辖已难以普遍适用。一方面，现行多边条约所管辖的国家和地区无法覆盖“一带一路”全域范围。[②] 另一方面，跨境数据传输受制主体范围呈现复杂性，现行多边条约大多实施了限缩规定。[③] 诚然，由于主权国家价值观的不同，“一带一路”国别化的属地管辖暂时无法消除，但是拓宽区域间可相互操作的管辖范围框架，无疑将减少各国数字经济贸易摩擦并减轻数据传输监管负担。

二是长臂管辖阻断措施模糊。事实上，长臂管辖并非数字经济发展的产物，

---

① 冉从敬，陈贵容，王欢. 欧美跨境数据流动管辖冲突表现形式及主要解决途径研究. 图书与情报，2020（3）：77-85.

② 如 RCEP 第 12 章第 14 条为兼顾该区域各国数字经济发展特点，促进区域内数字经济更快发展，暂时作出对部分条约国实施地域保护的规定，这就造成在相关时限内无法完全覆盖该区域所有数据类型。

③ 如 RCEP 在适用主体类型方面将金融机构投资者或金融服务提供者等予以排除，CBPR 也仅适用于成员或政府以外的各类企业，即便是尚未付诸实践的 TPP 的管辖范围设想，也规定排除政府采购行为。

而是美国民事诉讼域外国际管辖冲突中法院属人管辖权适用地域限定的司法扩张。在数字经济发展新时代，为了在更大程度上和更大范围内实现对美国数据交易主体数据权的保护，2018年美国通过《澄清境外数据合法使用法案》，从立法层面宣示其域外效力，并根据《电子通信隐私法案》设置宽泛管辖范围，单方扩张其跨境数据域外执法权[①]，拥有超美国区域域外管辖效力，可直接主张对存储于境外的数据的司法管辖权，不再局限于数据存储于何处。近年来，该规则的影子在“一带一路”部分国家的法律中也有所体现，如俄罗斯2015年《个人数据保护法》等亦通过长臂管辖模式扩大其管辖范围，突破数据主体属人局限，明确规定其管辖主要取决于数据处理行为是否在其境内发生，而不论数据控制主体是否在其境内。然而，数字经济发展中，各交易主体联系将更加紧密，连接因素也将更加丰富，适用长臂管辖无疑将加大与数据存储地国家主权的冲突。基于此，有必要形成完备的数字经济发展长臂管辖阻断措施，通过各国交流合作，形成“命运共同体”合力，实现对这种管辖权滥用行为的实质性否定。

第三，数据传输过程中本地化存储豁免标准未明确。综合分析数据跨境传输中的本地化存储豁免风险，主要存在以下几种情形：

一是数据主体明示同意程序模糊。数据权属依附于数据所有者，往往体现其财产价值及人身权特点。实现数据价值剥离必然需要脱离其归属关系，也需获得数据主体意思允诺。建立数据主体间“告知—同意”机制，是尊重数据所有者数据信息自治权、保障数据传输符合其预期期待的重要体现。然而，在司法实践中，数据接收者告知义务与数据所有者同意过程往往缺乏固定程序，在多数情况下数据所有者更关心合同条款能否早日缔结而很少关注数据传输的真实意愿。

二是境外数据接收方与本国的充分保护水平评估标准不清晰。当前，以第三方数据充分保护水平为参考的数据传输安全环境评估策略，已成为数据跨境传输本地化存储的一个重要豁免条件。[②]“一带一路”部分共建国家尝试借鉴充分保护数据安全认定标准，虽然在一定程度上有助于跨境数据传输节约守法成本，实现地区性跨境数据自由，但是，目前为止，未能明确充分保护认定标准及程序，致使实践中具体情境因素未能被统一考量，评估认定时间漫长，这无疑将降低数字经济发展中数据跨境自由传输效率，增加数据本地化存储风险压力，弱化该机制适用效果及初衷。

总体而言，数据跨境传输的国际规则呈现碎片化，各国从维护自身利益出发

---

① 周汉华. 网络信息法学研究. 北京：中国社会科学出版社，2018：298－307.

② 俄罗斯2015年《个人数据保护法》、印度2019年《个人数据保护法（草案）》、新加坡2014年《个人数据保护法》均就数据跨境流动设置充分保护作出规定，要求向境外传输数据时，唯有数据接收国提供与数据所有者认可的同等迫切的安全保护措施，才可免于数据所有者事前书面同意。

导致规则差异较大，尤其是在数据本地化措施方面，各国政策和规则截然不同。[①]我国缔结的国际经贸协定中规定的数字经济相关规则通常侧重于电子商务便利化、消费者保护等与传统货物和服务贸易密切联系的议题，较少涉及更加“纯粹”的数字经济领域议题，例如跨境数据流动、计算机设施位置、密码产品和源代码等。即使在有的协定中涉及数据跨境流动和设施本地化等问题，也更倾向于原则性规定，缺少可执行的规则，给缔约方留下较大的空间。由于存在这些差异，我国后续在申请加入CPTPP和DEPA的谈判过程中，可能会在跨境数据流动、数字产品非歧视性待遇、设施本地化等议题方面面临对标更严格规则的挑战。

（七）平衡“一带一路”数字经济发展与权益保护的关系

在探索“一带一路”数字经济规则体系构建中，宏观方面首先应当处理好经济和法律的关系，以及科技和规则的关系。[②]

第一，处理好经济和法律的关系。法律之于经济的主要功能是守住“底线”，并为经济运行设定高速发展的空间和轨道。[③]关于数字经济和法律的关系，一方面，必须保证传统法律制度为数字经济的发展预留足够的空间，依托发展型、创新促进型的思维和体系，使法律成为数字经济发展的助力[④]；另一方面，数字法治是工具也是话语，新兴经济形态必须确立在法治轨道上，如此才能确保稳定和可预期的经济秩序，同时保障经济红利分配的公正性。[⑤]在经济全球化的背景下，各国之间的经济联系越发紧密，这既为各国经济往来的繁荣与发展提供了良好的平台，也将各国置于“全球风险社会”的现实之中。[⑥]国家之间的经济交往活动总是要遵循基本的原则和规则体系进行，法律在经济运行中具有突出作用：一方面，法律所包含的规范共识传递着国际社会关于经济交往的基本价值；另一方面，法律具有反映、协调和促进国家间共同利益的规范功能。[⑦]

国际经贸活动的正常状态有赖于法律的规范和保障作用，对于经济活动的法律规则供给需要从三个维度进行审视：一是历史的维度。曾经的或现存的治理机制及其历史演进能够为新理念、新制度的诞生提供经验和教训，是可供充分考察的前车之鉴和他山之石。“物理丝绸之路”构建和完善当中的经验可以为“数字

---

① 张茉楠. 跨境数据流动：全球态势与中国对策. 开放导报，2020（2）：44－50.

② 赵骏. “一带一路”数字经济的发展图景与法治路径. 中国法律评论，2021（2）：43－54.

③ 周汉华. 网络法治的强度、灰度与维度. 法制与社会发展，2019（6）：67－80.

④ 高艳东. 数字经济发展离不开法律推力. 学习时报，2019－08－16（3）.

⑤ 张文显. 法理泛在：法理主题致辞集. 北京：法律出版社，2020：57－63.

⑥ 乌尔里希·贝克. 风险社会. 何博闻，译. 南京：译林出版社，2004：7.

⑦ 赵骏. 体用兼具：国际经济法的重要性释义. 清华法学，2018（1）：51－61.

丝绸之路”的构建提供很多的思路。[①] 二是现实的维度。国际规则与国内规则需形成良性互动。一方面，很多国际义务需要通过国内法来具体落实；另一方面，国内法治会向国际社会传递诸多信号，也可以为国际社会提供制度范本。例如，在RCEP中包含知识产权、电子商务章节，体现出对数字经济的前瞻性关注与重视，将在数据权益与跨境流动规则、数字技术相关的知识产权等领域对国内规则产生影响。[②] 与此同时，基于国内实践而形成的国内规则反映着一国在数字治理方面的特色、利益、主张和诉求，进而通过国际法治与国内法治的互动过程，在国际数字经济治理中产生引领议题和主导话语的影响。[③] 三是发展的维度。从发展视角看，数字治理建立在“守正”传统治理体系，同时积极创新原则、规则和制度的基础上，数字治理的“守正”和“创新”需要结合起来，如此才能确保合理性制度因素和治理秩序的延续性，同时确保治理体系能够恰当地回应数字经济发展所导致的社会治理需求。例如，浙江省创新设立了跨境数字贸易法庭，通过集中管辖跨境贸易纠纷这种创新的争端解决机制，形成新型管辖和裁判规则，对参与数字贸易的各类主体给予更为公正、周全的法律保护，助力公开、公正与透明的数字贸易环境的构建。[④]

第二，处理好科技和规则的关系。数字经济的核心依托是数字科技的创新发展和社会应用。发展数字经济的另外一个核心问题是处理好科技和规则的关系。国际法演进与科技历来紧密相连，科学技术的发展在为国际关系交流提供便利的同时，也催生出国际法的新发展。首先，正确处理人工智能技术发展与国际法的关系。人工智能的发展正改变着国际社会的结构，促进人类社会从信息时代向智能时代迈进。当前，几乎所有关于人工智能的规则都是基于各国预期的习惯用途以及对现有国际法规定进行变通解释而被探索出来的。但是，随着人工智能的迅速进步和广泛应用，国际法各个部门都将面临调整对象与手段的挑战，而这种碎片化的法律发展方式并不能适应新的要求。[⑤] 为此，国际社会必须确立以人工智能安全使用为价值的目标，始终以其对人类社会的影响为指导，积极引导人工智能的健康发展，在防范风险的同时，为人工智能技术的发展留有必要的制度空间。其次，平衡个人信息保护、数据主权与数据跨境流动之间的关系。数据保护的重点在于实现个人信息保护与共享数据收集之间、数据主权与数据跨境流动之

---

① 张鸣起．推进“一带一路”建设的法治思考．中国人大，2016（16）：24-26．

② 张文显．推进全球治理变革，构建世界新秩序：习近平治国理政的全球思维．环球法律评论，2017（4）：5-20．

③ 例如，浙江省出台的我国首部以全面促进数字经济发展为主题的地方性法规《浙江省数字经济促进条例》，为国内法治与国际法治互动层面的相关法治研究提供了智慧和方案。

④ 徐隽．全国首个跨境贸易法庭在杭州挂牌成立．人民日报，2020-07-16（7）．

⑤ 约翰·弗兰克·韦弗．机器人也是人：人工智能时代的法律．郑志峰，译．台北：元照出版有限公司，2018：234-235．

间的平衡。数据主权是国家主权在数据领域的具体拓展。许多国家在数据安全立法和数据保护方面竭力建立有效的制度体系。[①] 出于国家主权安全的考虑，国家会对数据跨境流动进行必要的管控。同时，一定的市场活力也很重要。因此，与数据跨境流动相关的法律法规及国际规则必须在利益与隐私、安全性与流动性、严格标准与宽松标准、本国特色与国际习惯之间作出平衡。[②] 中国在制定本国数据保护法律以及推动相关国际规则制定时，需综合考虑各方因素，既要保证大数据时代个人信息的有效保护，又要平衡数字科技和数字经济发展需求，也要警惕数字科技的使用对自由、正义、安全、秩序的底线的突破，并实时追踪、研究相关的全球规则，设计差别化的规范，平衡利益。最后，加快构建规范区块链的法律体系。区块链服务于经济的前提是改革当前与时代不匹配的法律规则，为新技术的推广、使用和风险规避构建法律体系。作为一种框架性的技术，区块链能够构建自信任生态、多元融合机制以及开放的协作系统，进而有效地推动全球秩序的构建。但区块链技术在实践中也产生了许多新问题，急需国际社会积极响应，以有效推进全球治理。[③] 为此，只有加快适应新科技发展步伐的立法，建立统一纠纷解决机制，加速建立信用体系，提升治理效能，才能从根本上解决上述问题。

案例分析

华为公司与康文森公司确认不侵害专利权及标准必要专利许可使用费纠纷案

（一）案例导入

1. 案情介绍

2017 年 7 月，康文森无线许可有限公司（以下简称“康文森公司”）以欧洲专利为客体，在英国法院起诉华为技术有限公司（以下简称“华为公司”）及其英国关联公司，要求裁定其享有的包括中国在内的全球专利包针对华为公司的标

① 我国于 2016 年通过《网络安全法》，而后国家互联网信息办公室于 2019 年相继发布《数据安全管理办法（征求意见稿）》《个人信息出境安全评估办法（征求意见稿）》等多个《网络安全法》配套文件，面向社会公众征求意见，2021 年 6 月，全国人民代表大会常务委员会审议通过《中华人民共和国数据安全法》，这些法律旨在保障网络安全，维护网络空间主权。与此同时，欧美等国家和地区也启动了数字法治的建设进程。例如，2016 年欧盟通过的《通用数据保护条例》被视为有史以来最为严格的网络数据管理法，为各国的数据立法提供了参考。美国于 2018 年通过了《澄清境外数据合法使用法案》，为美国获取境外数据及“适格外国政府”获取美国境内数据提供合法依据；2021 年初，美国信息技术与创新基金会发布了美国全球数字经济战略，意在确保美国在未来全球数字治理体系中的优势位置，限制并抵制来自其他竞争对手的话语与规则挑战。

② 黄宁，李杨. “三难选择”下跨境数据流动规制的演进与成因. 清华大学学报（哲学社会科学版），2017（5）：172-182.

③ 杨东. Libra：数字货币型跨境支付清算模式与治理. 东方法学，2019（6）：51-57.

准必要专利许可费率。

华为公司认为，华为公司的终端产品的主要制造地和销售市场都在中国。故华为公司及其两个中国关联公司（以下简称“三原告”）于2018年1月向江苏省南京市中级人民法院（以下简称“南京中院”）提起确认不侵害专利权及标准必要专利使用费纠纷三案诉讼。三原告诉称，康文森公司无视华为公司的终端产品的主要制造地和销售市场都在中国的事实，怠于针对其中国专利在中国行使诉权的行为，导致三原告制造、销售、许诺销售华为公司移动终端产品的行为是否存在侵权处于不明确的状态。同时，康文森公司的涉案专利大多已被专利复审委员会宣告无效且基本不属于3GPP技术标准的标准必要专利，康文森公司未能遵从其FRAND义务提供足够的信息，使三原告无法判断康文森公司所声称的标准必要专利的价值。因此，三原告向南京中院提起诉讼，请求判令确认三原告在中国制造、销售、许诺销售移动终端产品的行为不侵害康文森公司的涉案专利权；并请求就康文森公司所有以及有权作出许可的、声称并实际满足2G、3G、4G标准或技术规范且为原告所实际实施的全部中国必要专利，判令确认符合FRAND原则的对原告产品的许可条件，包括费率。被告康文森公司辩称：确认不侵害专利权之诉与标准必要专利使用费之诉是两个没有关联的诉，不应当在一个案件中审理；三案中确认不侵权之诉所涉及的专利，目前暂时被专利复审委员会认定为无效，法院应当驳回三原告的起诉；三原告提交的相关报告和补充报告没有事实依据。同时，康文森公司主张采用相似许可比较法来计算标准必要专利的许可费率，比如对于无线通信终端产品其主张的许可费率应当是：2G手机为0.032%、3G多模手机为0.181%、4G多模手机是0.13%。

2017年12月12日，康文森公司致函华为公司，提供了其主张的标准必要专利清单，该清单中包括了其在中国申请的现行有效的10族11件专利。在南京中院审理过程中，双方当事人一致确认在三案中要求确认专利实施许可条件的专利增加4族4件发明专利。综上，三案涉及的要求确认专利实施许可条件的专利共14族15件，专利权人均为康文森公司。上述15件专利中，已被专利复审委员会、专利局复审和无效审查部宣告全部无效的有8件。故法院只能对尚处于有效或者部分有效状态的7件专利是否属于标准必要专利进行判定。

2. 当事人主张

涉案专利的权利要求内容涉及终端设备和网络设备，根据三原告的诉讼请求，本案只涉及与终端设备有关的专利内容。双方当事人对上述7项专利是否属于标准必要专利的主张如下：

(1) 关于专利ZL20038010××××.9。专利ZL20038010××××.9为用于为组播内容提供选择分集的系统和方法，此专利独立权利要求16和31内容涉及终端设备，被告主张此专利技术适用4G通信网络模式。三原告主张此专利独立权利要求16和31是4G标准必要，主要原因是权利要求与4G标准内容具有对应性。被告认可三原告的观点。

（2）关于专利ZL20058003××××.6。专利ZL20058003××××.6为用于GERAN MBMS的增强的预先通知方法和系统，此专利独立权利要求15内容涉及终端设备，被告主张此专利技术适用4G通信网络模式。三原告主张此专利独立权利要求15不是4G标准必要，主要原因是4G标准文件没有关于“预先通知”的标准规范。被告主张此专利独立权利要求15是4G标准必要，主要原因是权利要求与4G标准内容具有对应性，针对丁某专家报告的内容被告认为标准中有“更改通知”对应于“预先通知”。

（3）关于专利ZL0180××××.X。专利ZL0180××××.X为优化的睡眠模式操作，此专利独立权利要求4和5内容涉及终端设备，被告主张此专利技术适用3G和4G通信网络模式。三原告主张此专利独立权利要求4和5不是3G和4G标准必要，主要原因是与权利要求内容相关的下行物理层信号结构没有使用脉冲串，也没有使用训练序列。被告主张此专利独立权利要求4和5是3G和4G标准必要，主要原因是权利要求与3G和4G标准内容具有对应性，针对丁某专家报告的内容被告认为4G标准中的“为下行链路保留的子帧”即对应于“脉冲串”，且“下行链路上特点参考符号”可被当作训练序列。

（4）关于专利ZL9981××××.3。专利ZL9981××××.3为移动通信系统、交互工作单元和数据传输资源最优化方法，此专利独立权利要求15内容涉及终端设备，被告主张此专利技术适用2G、3G和4G通信网络模式。三原告主张此专利独立权利要求15不是2G、3G和4G标准必要，主要原因是权利要求所述方法与标准不同。被告主张此专利独立权利要求15是2G、3G和4G标准必要，主要原因是权利要求与2G、3G和4G标准内容具有对应性，针对丁某专家报告的内容被告认为权利要求所述方法与标准所述方法相同。

（5）关于专利ZL0080××××.9。专利ZL0080××××.9为用于在蜂窝系统中管理分组数据传送的方法和设备，此专利独立权利要求1和13内容涉及终端设备，被告主张此专利技术适用3G通信网络模式。三原告主张此专利独立权利要求1和13不是3G标准必要，主要原因是权利要求中所述的“阈值”是用于终端向网络的业务量报告，并不对应于信道选择参数，且终端未据此作出信道选择。被告主张此专利独立权利要求1和13是3G标准必要，主要原因是权利要求与3G标准内容具有对应性，针对丁某专家报告的内容被告认为3G标准中的“报告阈值”即对应于权利要求中的“信道选择参数的阈值”，且终端执行了信道选择。

（6）关于专利ZL0180××××.0。专利ZL0180××××.0为用于处理可能的失步状况的用户设备和规程，此专利独立权利要求1、2和3内容涉及终端设备，被告主张此专利技术适用3G通信网络模式。三原告主张此专利独立权利要求1、2和3不是3G标准必要，主要原因是权利要求所述方法与标准不同。被告主张此专利独立权利要求1、2和3是3G标准必要，主要原因是权利要求与3G标准内容具有对应性，针对丁某专家报告的内容被告认为其未与对应的标准进行比较。

(7) 关于专利ZL0180××××.6。专利ZL0180××××.6为分组交换数据传输中的数据分组编号，此专利独立权利要求1和12内容涉及终端设备，被告主张此专利技术适用3G通信网络模式。三原告主张此专利独立权利要求1和12不是3G标准必要，主要原因是标准规定协议数据分组的编号不受其他转移对接网络的影响，权利要求与标准所述不同。被告主张此专利独立权利要求1和12是3G标准必要，主要原因是权利要求与3G标准内容具有对应性，针对丁某专家报告的内容被告认为标准中对于某些切换规定了第一无线网络的数据分组编号最大值，权利要求对应于这些规定。

(二) 分析

1. 一审法院判决

南京中院于2019年9月16日作出（2018）苏01民初232、233、234号民事判决如下：

（1）对三原告请求确认在中国制造、销售、许诺销售移动终端产品的行为不侵害被告康文森公司享有的专利号为ZL0081××××.1、ZL20058003××××.8、ZL20068001××××.7的发明专利权的诉讼请求不予支持。

（2）对三原告与被告康文森公司双方所涉标准必要专利许可应按以下条件确定：1）许可专利：被告康文森公司所有以及有权作出许可的、声称并实际满足2G、3G、4G标准或技术规范且为三原告所实际实施的全部中国必要专利。2）许可产品：三原告的移动终端产品，即手机和有蜂窝通信功能的平板电脑。3）许可行为：制造、销售、许诺销售、进口许可产品，以及在许可产品上使用许可专利。4）许可费率：在上述许可行为中，三原告需要向被告康文森公司支付的费率为：单模2G或3G移动终端产品中，中国专利包即中国标准必要专利的许可费率为0；单模4G移动终端产品中，中国专利包即中国标准必要专利的许可费率为0.002 25%；多模2G、3G、4G移动终端产品中，中国专利包即中国标准必要专利的许可费率为0.001 8%。并且，三原告仅需就含有ZL20038010××××.9专利技术方案的4G移动终端产品向被告康文森公司支付上述许可费率。

一审宣判后，康文森公司不服，向最高人民法院提起上诉。2020年9月11日，最高人民法院作出（2019）最高法知民终732、733、734号民事裁定，准许三原告撤回起诉。

2. 一审法院裁判理由

南京中院一审认为：

(1) 三原告有权提起本案诉讼。本案中，三原告与涉案专利许可具有法律上利害关系，因为被告怠于在中国以诉讼形式行使其专利权，而采用请求国外法庭裁判全球费率的方式，有意规避中国司法机关对行为人实施中国专利是否可能造成侵权的司法审查，对包括本案三原告在内的实施者和利害关系人各自行为造成了巨大的不确定性。本案三原告寻求将这种不确定性通过司法确认和裁判转化为确定或稳定的法律状态，三原告具有诉的利益，即针对原告请求事项和特定当事人作出本案判决存在必要性及实效性。因此，三原告是三案适格的当事人，具备我国民事诉讼法规定的原告主体资格。

(2) 三原告请求确认涉三案样本专利不侵权的诉讼请求已无必要。本案事实是，被告向华为公司提出其侵害了被告所有的专利包中的标准必要专利，并希望许可该专利包并收取专利许可费。三原告基于相同事实、被告的同一行为提出诉讼请求一和诉讼请求二，两个诉讼请求相互独立又存在联系。三原告诉讼请求一中的涉案专利，是诉讼请求二中涉及的专利包中的一部分，即样本专利。不论三原告诉讼请求一涉案样本专利法律状态如何，均不影响对原告诉讼请求二审理的必要性、可行性和实效性。由于三案所涉的 3 件样本专利，均被专利复审委员会、专利局复审和无效审查部宣告无效，因此，对三原告请求确认不侵权已无必要，故对该诉讼请求法院不予支持。

(3) 现存 7 件有效专利与 3GPP 标准技术比对结果。3GPP 组织要求相关的标准必要专利遵从各组织伙伴的知识产权政策。3GPP 各组织伙伴的知识产权政策都以 FRAND 为基础，在实践中，几乎所有的 3GPP 标准的技术贡献者都选择通过向欧洲电信标准化协会（ETSI）声明标准必要专利的方式来作出对知识产权政策的遵从。本案涉案专利也是通过 ETSI 进行标准必要性声明的。ETSI 虽然是一个欧洲的标准化组织，但由于其声明的标准必要专利是与 3GPP 标准直接相关的，而 3GPP 标准已经在全球被广泛使用，因此各国法庭也都在判例中认可 ETSI 的知识产权政策对标准必要专利声明人的约束力。在具体的实践中认定某一专利是否为标准必要专利时，需要把专利的权利要求和标准规范进行比较，如果权利要求的每个技术特征都可以在标准规范中找到对应，该权利要求则为“标准必要”。如权利要求有任何一个技术特征不能在标准规范中找到对应，该权利要求则为“非标准必要”。如果某一专利的所有独立权利要求都属于非标准必要，该专利则被视为非标准必要。经技术比对，本案 7 件专利的涉案专利权利要求与 3GPP 对应的标准技术的比对结果为：专利 ZL20038010××××.9“用于为组播内容提供选择分集的系统和方法”的权利要求 16 和 31 属于 3GPP 标准下关于 4G 技术的标准必要专利，其余专利经与 3GPP 标准技术比对均为非标准必要专利。

(4) 本案并不具备适用可比协议法条件。被告证据中所涉专利包质量不具有可比性，本案中被告提供了石某专家报告，该报告中以无线星球案判决结果作为本案费率计算的可比依据不合理。因为，被告在本案中引用可比协议法的论证基础是康文森公司的专利包许可费率与无线星球案判决结果具有可比性，而前述可比性成立的必要前提是，本案所涉康文森公司的专利包与无线星球专利包具有可比性，即二者的专利包质量大体相当。石某通过引用第三方调查报告，认为诺基亚公司专利包的真实必要率（即真实必要专利与声明必要专利的比例）与爱立信公司的真实必要率相仿，就此推论康文森公司与无线星球两个专利包的质量大体相等是没有根据的，该报告无法支撑前述结论。具体理由是：其一，分包不同于整包。无线星球是从爱立信公司受让的专利包，康文森公司是从诺基亚公司受让的专利包，但是它们都不是整包购买，而只是购买了一部分的分包，因此，即使诺基亚公司与爱立信公司的专利包质量相近，也无法据此得出无线星球的专利包质量与康文森公司的专利包质量相近的结论。其二，即使按照被告专家证人石某的报告所述，诺基亚公司的标准必要率平均值为50.6%，即诺基亚公司的声明专利中有近一半是非真实标准必要的，这还没有计算大量的未声明专利。而根据本案查明的事实，被告康文森公司在本案中提出的包括15件专利的专利包中，8件已被宣布全部无效，剩余的7件也只有1件是标准必要专利。由此可以看出，将诺基亚公司的平均标准必要率，直接适用到康文森公司的专利包上，是缺乏基础和条件的。其三，三原告对于被告专利在全球诉讼信息的陈述已清晰表明，被告至今未能获得有效的胜诉判决，无法证明其持有一定价值的标准必要专利，且被告也没有提供有效证据证明康文森公司的专利包的质量。特别是被告在本案的举证期限内，未能提供其认为可比的协议供法庭参照，故对其选择的方法不予采纳。

（5）原告主张的自上而下法更适合本案。采用自上而下法，标准必要专利的中国费率的计算公式为：单族专利的中国费率＝标准在中国的行业累积费率×单族专利的贡献占比。中国4G、3G、2G的行业累积费率为：中国4G标准的行业累积费率区间为（3.93～5.24）%，中国3G标准的行业累积费率为2.17%，中国2G标准的行业累积费率为2.17%。在4G、3G、2G领域内，中国标准必要专利的数量分别为2 036族、1 218族、517族。

综上，南京中院采用自上而下法对三案涉及的标准必要专利许可费率作出确认：单模2G或3G移动终端产品中，中国专利包即中国标准必要专利的许可费率为0；单模4G移动终端产品中，中国专利包即中国标准必要专利的许可费率为0.002 25%；多模2G、3G、4G移动终端产品中，中国专利包即中国标准必要专利的许可费率为0.001 8%。并且，三原告仅需就含有一件专利技术方案（专利号：ZL20038010××××.9）的4G移动终端产品向被告康文森公司按上述许可费率支付许可费。

3. 最高人民法院终审裁定

在上述三案审理期间，康文森公司又于2018年4月以同族欧洲专利为客体，在德国法院向华为公司及其德国关联公司提起了专利侵权诉讼。2020年8月，德国法院作出一审判决，认定华为公司侵害了涉案的欧洲专利权，其确定的涉案专利的标准必要专利的许可费率为南京中院一审确定费率的18.3倍。

2020年8月28日，最高人民法院在一审判决基础上作出裁定，禁止康文森公司在最高人民法院就上述三案作出终审判决前，申请执行德国法院作出的停止侵权判决。如违反该裁定，自违反之日起，处每日罚款人民币100万元，按日累计。该裁定系中国法院首次在知识产权领域作出的具有“禁诉令”性质的行为保全裁定。

2020年9月11日，最高人民法院就三案作出终审裁定，以双方当事人已达成和解为由，准许三原告撤回起诉。

（三）案件评论

信息通信技术是数字经济效力提升和经济结构优化的核心推动力，其中的标准必要专利又是数字经济“卡脖子”的关键核心。由于标准必要专利是为实施某一技术标准而必须使用的专利，故一旦某些专利被认定构成标准必要专利，那么需要为使用此类专利“买单”的往往是相关产业的所有实体企业。近年来，涉及通信行业的标准必要专利纠纷一直是国际司法审判的热点及难点。

本案系国内首起确认不侵害专利权及标准必要专利许可使用费纠纷案。近年来，标准必要专利的权利人，特别是非专利实施主体（以专利运营为主的经营主体，NPE）怠于在中国以诉讼形式行使其专利权，而采用请求国外法庭裁判全球费率的方式，有意规避中国司法机关对国内行为人实施中国专利是否可能造成侵权的司法审查的行为屡见不鲜。本案的审理明确了国内的标准必要专利实施者和利害关系人有权针对标准必要专利在中国提起确认不侵害专利权及标准必要专利许可使用费之诉，不仅在知识产权法律适用上具有比较重要的意义，对标准必要专利诉讼的司法管辖主权也有重要的宣示意义。

本案在审理过程中，依照公平、合理、无歧视原则，对业界标准必要专利费率的测算方法和本案当事人选择的测算方法进行充分的分析，并结合案情在国内首次使用自上而下法对标准必要专利的许可费率进行了确定。本案的审理，为今后类似案件的处理提供了一些有益的探索，也为最高人民法院最终促成双方当事人全球和解打下良好基础，有力维护了我国司法主权和企业合法权益，取得了良好的法律效果和社会效果。

知识拓展

一、拓展阅读

1. 殷敏. 数字产品非歧视待遇规则的塑造及中国回应. 法商研究，2024（6）.

2. 梅傲，朱嘉炜. 数字贸易国际规则的新发展及制度型开放背景下的中国因应. 经济学家，2025（2）.

3. 徐泉，刘小琳. 我国对接高标准数字贸易国际规则的问题研究. 西南政法大学学报，2024（4）.

4. 张正怡. 论数字经济协定的造法“再平衡”走向及中国回应. 法商研究，2022（6）.

5. 陈光达，贺胜兵，周华蓉. “一带一路”沿线数字产品贸易偏好网络的内生演化机制研究. 世界地理研究，2025（2）.

6. 王小林，兰松. “数字丝绸之路”数据跨境流动机制：逻辑框架与路径选择. 人文杂志，2025（3）.

7. 唐建国. 数字经济治理体系中衍生数据权益体系构建和保护初探. 数字法治，2023（6）.

二、毕业论文选题指导

1. “一带一路”投资数字经济的法律风险与国际法保障
2. “一带一路”投资数字经济的知识产权制度体系完善
3. “一带一路”数字经济发展与网络空间治理

第七章 “一带一路”投资的争端解决权益保护法律实务

基础理论

伴随“一带一路”倡议的实施，中国在国际经济中越来越占据主要地位。UNCTAD发布的《2024世界投资报告》显示，2023年全球跨境投资较2022年下降2%，为1.3万亿美元。中国是世界第二大外国直接投资流入目的地，同时是亚洲发展中国家最大的投资者，其次是美国、日本和新加坡。①

在共建“一带一路”给中国企业带来巨大机遇的同时，因为投资涉及国家众多、投资周期长、各国法律制度差异大，中国企业的海外投资利益也面临很多风险，例如政治风险、社会风险、经济风险和法律风险等。中国企业作为对外投资者不可避免地与东道国（亦称被投资国、投资输入国）产生投资贸易摩擦。与此同时，中国作为发展中国家，同时具有资本输入大国和资本输出大国的双重身份，因此必须妥善处理好外国投资者利益与中国公共利益、中国投资者利益与外国东道国公共利益的关系，否则可能遭受巨大的损失。这就要求我们审慎对待投资者与国家间的争端，努力健全投资者-国家间争端解决机制(ISDS)，同时加强在国际ISDS仲裁中的话语权。对此，研究ISDS的发展趋势和特点，实属必要。在这种背景下，研究中国如何保护本国投资者的海外投资利益以及中国投资者对外投资时的可选争端解决路径具有十分重要的现实意义。

本章的研究主题为“一带一路”投资争端解决权益保护法。本章主要围绕以下三方面的内容展开：（1）中国投资者对外投资可选争端解决机制的比较与分

① UNCTAD. 2024 World Investment Report. https://unctad.org/system/files/officical-document/wir2024_en.pdf.

析；（2）以中国与“一带一路”国家之间缔结的投资协定为研究对象，通过对投资仲裁案例的梳理，帮助读者在夯实知识基础的同时提高以案例为导向的实践能力；（3）通过对现行争端解决机制和实际案例的解析，为投资者“走出去”的投资争端解决提供参考和建议。

一、投资争端

对外投资包括直接投资和间接投资。直接投资和间接投资最大的区别在于是否直接参与企业的经营管理。UNCTAD出版的《定义与范围》报告中作了如下解释：“当投资者拥有的股权足以使其控制另一公司时，视为直接投资。而只向投资者提供回报但不能控制另一公司的投资，视为间接投资。”[①] 常见的保护投资权益的法律形式主要有：（1）国际投资协定，由双边投资协定和包含投资条款的自由贸易协定组成；（2）单个投资契约或合同，即某一外国投资者与某一国家或国有实体之间的有关特定投资项目的国际商业合同；（3）东道国的本国法律。

国际投资作为复杂的经济活动，所产生的投资争端主要包括：（1）投资者母国与东道国之间因双方缔结的投资类条约或公约的解释或履行而产生的争端；（2）外国投资者与东道国国民因投资行为而产生的争端（争议）[②]；（3）外国投资者与东道国政府因投资待遇、投资监管、国有化或征收等产生的争端。[③] 第一类争端主要由投资者母国和东道国依据条约规则解决；第二类争端主要通过双方协议内约定的争议解决方式解决，例如磋商、和解、仲裁和诉讼等；第三类争端是本章讨论的重点，即在直接投资或间接投资中外国投资者与东道国国家之间的争端，这类争端的解决方式通常有东道国当地救济（行政救济、仲裁和诉讼等）、投资者母国和东道国缔结的双边投资保护协定所规定的争端解决方式，以及依据《华盛顿公约》的规定向ICSID申请调解和仲裁。

① UNCTAD. Scope and Definition: UNCTAD Series on Issues in International Investment Ageements. 1999: 8.

② 史晓丽，祁欢. 国际投资法. 北京：中国政法大学出版社，2009：10.

③ 根据国家经济主权原则，东道国有权对其境内的外国资本进行管理。但东道国对外国私人投资者实施的管理行为，可能引发投资争端。具体而言，主要包括两个方面：一是东道国政府立法或行政行为影响投资者的利益而产生的争端，如强行借贷、变更外汇管制法等；二是东道国政府职能部门的执法行为或行政行为引起的争端，如因征税或不当干预外国投资者经营而发生的争端等。国有化或征收，是指国家基于公共利益的需要，强制地将私人财产征归国家所有的一种行为。由于国有化或征收既涉及东道国经济主权的独立，又涉及外国私人投资者利益的保护，因此，就其性质而言是一种最严重的投资争端。而国有化或征收引起的争端主要涉及国有化或征收的合法性问题和补偿额的问题。

二、现行国际投资争端解决机制

国际投资争端解决的常见途径包括用尽东道国当地救济[①]、外交保护[②]、司法救济[③]、国际仲裁和调解等。国际仲裁因其自主性、中立性的特点，是当前解决国际投资争端较为常见的方式。

“一带一路”共建国家作为东道国的投资仲裁案件占投资仲裁案件总量相当大的比例。这也反映出这些东道国没有对外国投资者提供完善的投资保护，条约的履约情况存在问题。

（一）ICSID 争端解决机制

ICSID 是根据《华盛顿公约》而建立的争端解决机制，以调解和仲裁两种手段为主。第二次世界大战结束以后，亚非拉许多民族在取得独立地位之后，为了摆脱外国资本对本国的经济控制，或者修改、废除在原来的不平等条约下签署的特许协议，或者对涉及国民经济命脉的境内外资企业加以限制、征用或收归国有。外国投资者、投资者母国和东道国的利害冲突导致国际经贸争端的爆发。[④]传统的争端解决办法主要包括以下几种：（1）投资者母国以护侨为由对发展中国家采取外交保护、军事威胁等手段粗暴干涉东道国内政。（2）投资者母国在国际法院向东道国提起诉讼。在 1952 年著名的英伊石油公司国际投资争端案中，国际法院认为根据《国际法院规约》第 36 条的规定，必须是各有关当事国家一致同意提交该院管辖审理的案件，国际法院才有权受理。最终国际法院以伊朗不同意为由，驳回英国的单方投诉。（3）外国投资者向一般的国际仲裁机构请求仲裁，因为东道国是主权国家，所以东道国往往以主权豁免为由，拒绝参加仲裁程序或拒绝执行仲裁裁决。（4）外国投资者向东道国的行政机关或司法机关提出行政救济或司法救济，外国投资者因为担心东道国受理机关偏袒东道国，因此较少选择此种方法。

为了弥补上述争端解决办法的种种缺陷，1962 年，联合国专门机构国际复兴开发银行（即世界银行）主持起草了《解决国家与他国国民间投资争端公约》的

---

① 东道国当地救济简称当地救济，是指国际投资争端当事人在东道国国内设立的司法机构或行政机构中，依照东道国的程序法和实体法寻求救济，解决争端。当地救济的具体方法包括司法救济和行政救济。

② 外交保护是传统国际法上的一项制度，是指本国国民在他国遭受不法侵害而不能在他国获得救济时，本国依照国家属人管辖原则，通过外交保护手段向该外国国家提出的权利请求。行使外交保护要求以用尽当地救济原则为前提。

③ 司法救济是指，国际投资争端发生后，外国私人投资者在东道国以外的法院对东道国政府提起诉讼，以获得对自己有利的判决。由于国际投资活动主要是在东道国境内进行，因此从法理上说，国际投资争端不应在外国进行诉讼。

④ 陈安. 陈安论国际经济法学：第二卷. 上海：复旦大学出版社，2008：1026.

初步草案。经过数年的讨论和发达国家与发展中国家的妥协，最终在世界银行的主持下，于 1965 年 3 月 18 日开始在华盛顿开放签署《解决国家与他国国民间投资争端公约》，故该公约又被称为《华盛顿公约》。1966 年 10 月 14 日，随着荷兰作为第二十个国家完成了批准缔约的全部手续，《华盛顿公约》开始生效，根据《华盛顿公约》的规定，随即正式设立了 ICSID，负责组织处理特定的国际投资争端。

ICSID 是依据《华盛顿公约》建立的世界上第一个专门解决国际投资争端的仲裁机构。其宗旨是依照《华盛顿公约》的规定为各缔约国和其他缔约国的国民之间的投资争端，提供调解和仲裁的便利。ICSID 的管辖适用于缔约国（或缔约国向中心指定的该国的任何组成部分或机构）和另一缔约国国民之间直接因投资而产生并经双方书面同意提交给 ICSID 的任何法律争端。根据《华盛顿公约》第 25 条第 1 款对 ICSID 管辖权的规定，提交 ICSID 的争端必须同时满足以下三个条件：第一，争端双方为该公约缔约国政府（东道国）与另一缔约国国民（外国投资者），即主体适格；第二，该争端是直接因投资而产生的法律争端，即争端适格；第三，双方明示同意将该争端提交 ICSID 管辖。这三个条件也被称为主体要件、客体要件和主观要件。

ICSID 自设立以来，在解决以资本输出为主的发达国家和以资本输入为主的发展中国家之间的投资纠纷方面发挥了巨大作用。1972—2023 年 12 月 31 日，在 ICSID 登记的案件数量已达到 967 件（见图 7－1），其中仲裁案件的占比为 90.4%。

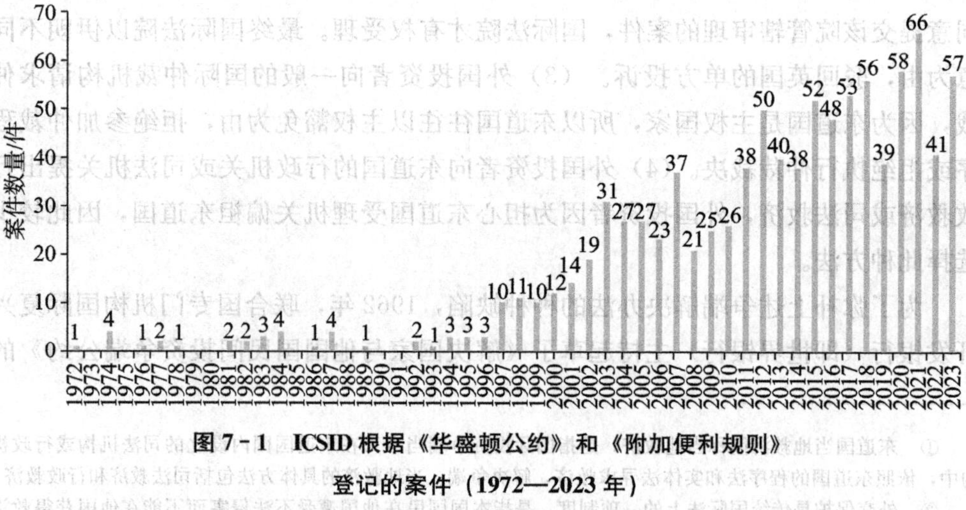

图 7－1　ICSID 根据《华盛顿公约》和《附加便利规则》

登记的案件（1972—2023 年）

资料来源：ICSID. The ICSID Caseload Statistics Issue 2024. https://icsid.worldbank.org/sites/default/files/publications/ENG_The_ICSID_Caseload_Statistics_Issue%2024.pdf.

虽然 ICSID 是投资者和东道国用来解决投资争端最常用的方式之一，但考虑到“一带一路”建设的特殊性，ICSID 也存在局限性：第一，其制度设计本身还需不断完善，“一带一路”共建国家对直接适用 ICSID 也较为抗拒。ICSID 要求寻求争端解决的一方必须是缔约国，而事实上，加入“一带一路”倡议的很多国家并不是 ICSID 的成员国。这就意味着并不是所有在“一带一路”共建国家和地区出现的国际投资争端都能由 ICSID 解决。第二，ICSID 的仲裁费用高昂，耗时过长，一般企业无法承担 ICSID 仲裁的时间和经济成本。第三，ICSID 没有上诉程序，撤销制度也只适用于针对程序问题的争端，所以常常出现“实体不公无法解决”的结果。ICSID 的规则制定是在发达国家主导下完成的，大部分仲裁员也来自发达国家，而“一带一路”共建国家大部分为发展中国家，容易与 ICSID 产生不同经济文化及法律制度背景下的内在价值冲突，导致仲裁裁决条款解释不一致甚至有失公允。如果相关投资问题对东道国利益影响较大，一旦发生仲裁裁决不公允的情形，东道国便极有可能不执行 ICSID 的仲裁裁决，给投资者造成损失。ICSID 本身固有的机制缺陷使其饱受诟病，具体问题包括过分倾向于投资者利益、管辖权逐步扩大、透明度低，以及缺乏有效监督机制等。

迄今为止，在外国投资者与中国政府因投资产生争端的案件中，中国政府在 ICSID 仲裁中作为被告的案件共 5 件。除了 Hela Schwarz GmbH（ICSID Case No. ARB/17/19）一案尚在审理中，其他已经全部审结。其中东盟国家的投资者作为原告的案件共有 2 件，案件原告分别是马来西亚的伊佳兰公司（Ekran Berhad）及新加坡商人 Goh Chin Soon。此外，中国投资者将东盟国家诉诸 ICSID 的案例也在逐渐增多，如中国投资者诉柬埔寨政府案。

（二）WTO 争端解决机制

WTO 争端解决机制是根据《关于争端解决规则与程序的谅解》（DSU）而建立起来的，其争端解决机制的原则是“平等、迅速、有效、双方接受”。其主要采用政治和法律两种手段解决国际投资争端。政治方式包括磋商、斡旋和调停等，法律方式包括专家组审议、上诉机构审查等（见表 7－1）。

表 7－1 WTO 争端解决机制

阶段	争端解决机制
第一阶段：磋商	争议各方首先要通过磋商解决争议。被要求磋商的成员应在接到磋商请求之日后 10 天内作出答复，并应在接到磋商请求之日后不超过 30 天的时间内进行磋商。磋商应在被要求方接到磋商请求之日后 60 天内完成
第二阶段：申请成立专家组	如果被要求磋商的成员方在接到请求之日后 10 天内没有答复，或在接到请求之日后 30 天内没有进行磋商，或在接到磋商请求 35 天后双方均认为达不成磋商一致，或在接到磋商请求之日后 60 天内未达成磋商一致，投诉方可以申请成立专家组

续表

阶段	争端解决机制
第三阶段：成立专家组	如果起诉方提出设立专家组的请求，则最迟应在此请求列入争议解决机构的正式议程的会议之后的下一次会议上成立专家组，除非成立专家组的决定遭到争议解决机构全体成员的一致反对 专家组应由3名专家成员组成，但争议各方可以在专家组成立后10天内约定专家组由5名成员组成
第四阶段：专家组审理时长	专家组的最终报告通常应在6个月内提交给争议各方。在紧急情况下，包括涉及易腐货物的情况，提交日期缩短为3个月
第五阶段：专家组作出最终结论	除非达成一致意见，否则最终报告将在60天内成为争议解决机构的裁决或建议。但是，双方都可以对最终报告提出上诉

WTO争端解决机制具备较高的公信力，是适用于全球性贸易争端的解决机制。但WTO争端解决机制在解决“一带一路”投资争端上也缺乏普遍适用性。首先，WTO争端解决机制的争议主体必须是国家。在“一带一路”投资法律关系中，通常一方是东道国，另一方是缔约国的自然人或法人，显然，由此引起的投资争端并不在WTO争端解决机制的范围内；其次，WTO争端解决机制的诉讼成本比较高，部分“一带一路”共建国家并不具备雄厚的经济综合实力；再次，WTO争端解决机制的受理事项仅限于与贸易有关的投资争端，与贸易无关的投资争端不在受理范围内；最后，WTO争端解决机制规定将“交叉报复”作为强制执行的手段，这与“一带一路”倡导的“和谐包容”“互利共赢”是有冲突的。据此，WTO争端解决机制难以成为“一带一路”倡议下解决投资争议的常规选项。

（三）USMCA争端解决机制

USMCA争端解决机制是基于美国、墨西哥、加拿大共同签署的《美墨加三国协议》（USMCA）而产生的。这项机制主要用于解决北美自由贸易区中产生的国际投资争端，其将政治和法律两种手段作为解决争端的途径。政治方式为协商和友好解决，法律方式为仲裁。显而易见，此机制也不适用于解决“一带一路”投资争端问题。其一，USMCA争端解决机制是一个适用于北美自由贸易区的争端解决机制，有区域性限制。其二，USMCA争端解决机制实施的经济制裁成本过高，会对非发达国家产生负面作用。

（四）中国-东盟自由贸易区（CAFTA）争端解决机制

CAFTA的成立标志着一个完全由发展中国家组成的经济自由贸易区的诞生。2002年11月4日，朱镕基总理和东盟10国领导人共同签署了《中国-东盟全面经济合作框架协议》。2009年8月15日，中国与东盟10国签署了《中国-东盟全面经济合作框架协议投资协议》（以下简称《投资协议》）。《投资协议》规定了争端解决的国际仲裁方式。根据《投资协议》，投资者可提起仲裁的争议涉及东道国违反国民待遇、违反最惠国待遇、违反投资待遇、征收、损失补偿、转移和利润汇回，通过对某一投资的管理、经营、运营、销售或其他处置等行为给投资者造成损失或损害的投资争端。[①]《投资协议》第14条第4款规定，如果争端双方在提出磋商和谈判的书面请求后6个月内争端仍未解决，则应当根据投资者的选择，将争端：（1）提交有管辖权的争端缔约方法院或行政法庭；或（2）如果争端所涉缔约方和非争端所涉缔约方均为《国际投资争端解决中心公约》的成员，则可根据《国际投资争端解决中心公约》及《国际投资争端解决中心仲裁程序规则》提交仲裁；或（3）如果争端所涉缔约方和非争端所涉缔约方其中之一为《国际投资争端解决中心公约》的成员，则可根据《国际投资争端解决中心附加便利规则》提交仲裁；或（4）根据《联合国国际贸易法委员会的规则》提交仲裁；或（5）由争端所涉方同意的任何其他仲裁机构或根据任何其他仲裁规则进行仲裁。

CAFTA成员国于2004年11月签订了《中国-东盟全面经济合作框架协议争端解决机制协议》（以下简称《争端解决机制协议》）。《争端解决机制协议》为了高效、及时解决争议，规定了磋商（第4条）、调解或调停（第5条）以及仲裁（第6～9条）等争端解决方式，且在附件中列出了仲裁规则。

判断该争端解决机制在实践中是否得到成员方广泛接受，主要有以下标准：其一，是否存在争端解决案例及对案例的分析评价；其二，是否存在对整个争端解决机制运行后的绩效评价；其三，是否存在对该争端解决机制在运行后与其他区域争端解决机制的比较分析；其四，是否存在对该争端解决机制与国内法律救济措施的互动比较。在实践中进行验证能更好地体现该争端解决机制的特点。争端发生的数量总是与投资额成正比。截止到2023年7月，中国和东盟国家相互累计投资总额超过3 800亿美元，中国在东盟设立直接投资企业超过6 500家，东盟已成为中国最主要的对外投资目的地和外商直接投资来源地。[②]但是，笔者在搜索中国商务部官方网站、东盟官方网站、中国-东盟自由贸易区官方网站以及各大门户网站后，均未发现中国与东盟投资争端的CAFTA报告。《争端解决机制协议》第9条要求仲裁庭发布的最终报告应为公开文件，由此可见，在CAFTA投资争端解决实践中，成员国主要通过调解、协商或者斡旋方式来解决争端，而

---

① 《中华人民共和国政府与东南亚国家联盟成员国政府全面经济合作框架协议投资协议》第14条第1款规定："一、本条适用于一缔约方与另一缔约方的投资者之间产生的，涉及因前一缔约方违反本协议第四条（国民待遇）、第五条（最惠国待遇）、第七条（投资待遇）、第八条（征收）、第九条（损失补偿）、第十条（转移和利润汇回），通过对某一投资的管理、经营、运营、销售或其他处置等行为给投资者造成损失或损害的投资争端。"

② 中国-东盟经贸关系简况. https://www.asean.mofcom.gov.cn/article/ddgk/s/202405/20240503512240.shtml.

没有通过仲裁程序解决争端。

(五) 欧盟投资法庭

鉴于传统ISDS机制在实践中出现的各种弊端，诸如裁决不具有一致性，争端方临时选任仲裁员导致仲裁庭组成缺乏公正性和中立性，透明度不够，外国投资者借由国际投资协定中的投资者保护条款就东道国出台的政策和管制措施频频提起仲裁以至于仲裁庭作出不利于东道国的裁决，等等，欧盟提议设立一个常设性的投资法庭（Investment Court System，ICS），并体现在欧盟与加拿大签订的综合经济与贸易协定（CETA）、与墨西哥签订的自由贸易协定（EUMFTA）、与越南签订的自由贸易协定（EUVFTA）、与新加坡签订的自由贸易协定（EUSFTA）以及与美国暂停谈判的《跨大西洋贸易与投资伙伴关系协定》（TTIP）的投资章节草案中。目前CETA、EUSFTA和EUVFTA已经生效。CETA中关于投资的章节对投资法庭和上诉机制作了详细规定。投资法庭和上诉机制适用的程序除投资或贸易协定本身规定的程序之外，还需要靠《华盛顿公约》或《联合国国际贸易法委员会的规则》（取决于申请人的选择）来补充。其秘书处也是依托于ICSID或是海牙常设仲裁法院（PCA）的秘书处，美其名曰是利用现存的机制和经验，避免不必要的机构浪费，但实际上和之前激进的诉求相比，只能说是妥协。

其主要改革体现在：对于初审法庭的裁决，任意一方可以提出上诉。审理规则的选择权依然归属于投资者，可以是ICSID规则、ICSID附加便利规则（Additional Facility Rules）或是《联合国国际贸易法委员会的规则》。上诉理由包括：法律解释和适用错误，认定事实明显错误。如果上诉法庭裁定驳回上诉或者上诉因为明显没有法律依据而被驳回，那么初审法官作出的临时裁决将会成为最终裁决。如果上诉依据充分，上诉法庭可以全部或部分修改或者撤销初审裁决。在这一规则的设定上，欧盟投资法庭相较于《华盛顿公约》和WTO上诉规则，凸显了十足的灵活性，更能应对复杂多变的争端问题。总体来看，欧盟投资法庭对ISDS机制作了部分改革，但是改革不是一蹴而就的，还需要更加完备的实体规则的补充。

(六) RCEP投资争端解决机制

RCEP在《中国-东盟全面经济合作框架协议》的基础上整合形成了统一的经贸规则，成为当前全球经济体量最大的区域性自由贸易协定。

RCEP争端解决机制强调成员国在诉诸对抗性争端解决机制之前进行双边和区域协商。第十九章“争端解决”第3条第1款规定，该章适用于“缔约方之间与本协定解释和适用相关的争端解决”以及“一缔约方认为另一缔约方的措施与本协定项下的义务不相符或者另一缔约方未履行本协定项下的义务”。目前，RCEP争端解决机制仅适用于成员国之间争端（SSDS），RCEP并未采用ISDS机制，现阶段的争端解决机制仅限于缔约国层面的争端。ISDS 适用 RCEP 第十章“投资”第 18 条的规定，即缔约方在不迟于本协定生效之日后的两年内进行讨论，在讨论开始后三年内结束讨论。

RCEP 第十九章第 2 条规定，RCEP 的争端解决目标是“为解决本协定项下产生的争端提供有效、高效和透明的规则与程序”。第 4 条第 4 款规定，RCEP 争端解决机制“鼓励争端各方在争端的每一个阶段尽一切努力，通过合作和磋商，达成争端各方共同同意的争端解决办法”。第 7 条第 1 款规定：“争端各方可在任何时候同意自愿采取争端解决的替代方式，如斡旋、调解或调停。此类争端解决的替代方式的程序可以在任何时间开始，并且可以由任何争端方在任何时间终止。”在未能通过磋商解决争端的情况下，起诉方可以通报被诉方，请求设立专家组审查争议事项。

与 WTO 不同的是，RCEP 更重视解决争端的效率。RCEP 不仅在多个方面缩短了争端解决时间，而且把决定成立专家组的权利完全给予了成员国。最显著的变化是 RCEP 不设置上诉程序，专家组的裁定就是终局的、有约束力的以及可执行的，无须像 WTO 争端解决机制一样，再等待最多 60 天才能被表决是否接受。RCEP 争端解决机制的具体程序见表 7 - 2。

表 7 - 2 RCEP 争端解决机制

阶段	争端解决机制
第一阶段：磋商	任何缔约方可以提出磋商。另一方在收到磋商请求之日后 7 天内应该作出答复。磋商应该在提出磋商请求之日后 30 天内进行，紧急情况下，在 15 天内进行。（第十九章第 6 条）
第二阶段：申请成立专家组	如果被诉方未及时答复，或者未能在期限内通过磋商解决争端（一般为 60 天内，紧急情况下为提出磋商请求之日后 20 天内），起诉方可以请求设立专家组审理争议事项。（第十九章第 8 条第 1 款）
第三阶段：成立专家组	当设立专家组的请求根据第十九章第 8 条第 1 款提出时，专家组应当依照第十九章第 11 条（专家组的设立与重新召集）设立。（第十九章第 8 条第 5 款）除非争端各方另有约定，该专家组应当由 3 名专家组成员组成。（第十九章第 11 条第 2 款）
第四阶段：专家组审理	专家组应当自其设立之日起 150 天内向争端各方发布中期报告。在紧急情况下，包括涉及易腐货物的情况，专家组应当努力在其设立之日起 90 天内发布中期报告。（第十九章第 13 条第 14 款）在例外情况下，专家组可延迟发布中期报告，但是任何延迟不得超过 30 天。（第十九章第 13 条第 15 款）专家组应当在中期报告发出之日起 30 天内向争端各方发布最终报告。（第十九章第 13 条第 17 款）
第五阶段：专家组作出最终报告	专家组的裁定和决定应当是终局的，并且对争端各方具有约束力。（第十九章第 15 条第 1 款）

三、以 ICSID 规则为主体的投资仲裁规则

在上文提到的投资争端解决机制中，最主要的核心争端解决机制为依据《华盛顿公约》设立的 ICSID。作为世界上第一个专门解决国际投资争端的仲裁机构，ICSID 拥有 165 个签字国和正式缔约国①，在国际投资争端解决机制的发展中有重要的引领作用。

截至 2024 年 12 月 31 日，全球范围内投资者与东道国投资仲裁案件数量为 1 401 件，其中审结 1 015 件。②“一带一路”共建国家有 155 个，占全球所有 193 个国家的 80.3%。③ 由此可知，“一带一路”共建国家的投资仲裁案件数量占已知投资仲裁案件的绝大多数。根据 UNCTAD 公布的官方数据，已知的国际投资仲裁案件主要在以下机构获得审理（机构名称后的数字为该机构审理过的国际投资仲裁案件数量）：开罗地区国际商事仲裁中心（Cairo Regional Center for International Commercial Arbitration，CRCICA）（2）；国际商会（International Chamber of Commerce，ICC）（27）；解决投资争端国际中心（International Centre for Settlement of Investment Disputes，ICSID）（882）；伦敦国际仲裁院（London Court of International Arbitration，LCIA）（5）；莫斯科工商会（Moscow Chamber of Commerce and Industry，MCCI）（3）；海牙常设仲裁法院（Permanent Court of Arbitration，PCA）（266）；瑞典斯德哥尔摩商会仲裁院（Stockholm Chamber of Commerce，SCC）（56）；香港国际仲裁中心（Hong Kong International Arbitration Centre，HKIAC）（1）；巴拿马冲突解决中心（Centro de Solución de Conflictos，CESCON）（1）；阿拉伯投资法院（Arab Investment Court，AIC）（1），共审理仲裁案件 1 244 件。④ 在上述 1 244 件国际投资仲裁案件中，由 ICSID 审理的有 882 件，占案件总数的 70.9%。由此可见，ICSID 作为投资仲裁机构在解决投资争端领域具有重要地位。

中国投资者广泛参与到“一带一路”共建国家的投资活动中，与东道国（被投资国）及其相关主体之间的投资和贸易摩擦不可避免。因此，中国投资者应正视投资风险，适当了解投资争端解决机制，以便更好地维护和保障自身的投资利益。

（一）“投资”定义

UNCTAD 将国际投资争端案件定义为“投资者与国家之间争端解决案件”

---

① 缔约国指国家签字加入公约后，通过该国相应批准程序而使《华盛顿公约》对该国生效的国家。

② UNCTAD. https://investmentpolicy.unctad.org/investment-dispute-settlement/advanced-search.

③ UN. https://www.un.org/zh/about-us/member-states.

④ UNCTAD. https://investmentpolicy.unctad.org/investment-dispute-settlement.

(Investor-State Dispute Settlement Cases，ISDS cases)。“投资”是ISDS机制的核心概念，但《华盛顿公约》并未对“投资”一词进行定义。这也跟投资标准难以界定有关。传统的投资定义将其限定为直接投资方式，直接投资的具体形式多种多样，如在外国新设分公司、工厂、分店等，在外国新设含有100%股权的子公司，以参加外国企业的经营为目的而取得其股份，单独或联合投资参与东道国的资源开发项目或者BOT投资，等等，均涉及企业控制权的跨境资本转移。[①] 而在实践中一国对投资的定义远超过直接投资范围。如我国《外商投资法》和《外商投资法实施条例》规定，“外商投资”包括外国投资者“直接”或者“间接”在中国境内进行的投资活动，并采用列举的方式进行了界定。由于各国的国情和外资发展情况不同，不同国家对“投资”的定义并不相同。无论从理论还是实践的角度看，都缺乏一个可以直接为《华盛顿公约》所采用的投资定义。

对于投资管辖权，《华盛顿公约》第25条第1款规定，中心的管辖权应扩大到直接由投资引起的任何法律纠纷。ICSID仲裁庭的裁决逐渐演化出一套“萨利尼标准”（Salini test）来协助仲裁庭认定何为“投资”。在萨利尼标准之前，ICSID仲裁庭要么根本没有考虑第25条中投资的含义，要么根据缔约方在投资协定中对投资的界定考虑其含义。Fedax N. V. v. The Republic of Venezuela[②] 案的仲裁庭是首先研究第25条中“投资”含义的仲裁庭。仲裁庭根据《华盛顿公约》第25条提出了投资的定义，将“持续一定的时间、有固定的利润和回报、承担一定的风险、有相当数额的投入和对东道国发展有贡献”作为投资的标准。[③] 仲裁庭在该案中界定“投资”的核心依据是“每个缔约国都有自主权决定其认为可由ICSID仲裁的投资争端类型”或者“当事方由此拥有了很大程度的裁量权以自主决定其交易是否构成符合公约宗旨的投资”[④]。

1999年，Ceskoslovenska Obchodni Banka，A. S. v. The Slovak Republic案的裁决采取了“双钥匙孔”标准。[⑤] “双钥匙孔”主要指仲裁庭所管辖的投资争端中的“投资”应是既满足《华盛顿公约》的要求，又符合国际投资协定（主要是双边投资条约）要求的投资，这一标准又被称为双重测试（two-fold test）标准。双重测试标准符合《华盛顿公约》第25条对中心管辖案件的主观要求，即《华盛顿公约》中的“投资”体现了缔约国对将投资争端提交ICSID管辖的一般同

① 张晓君，谷昭民．国际经济法实务教程．北京：中国人民大学出版社，2013：96－102.

② Fedax N. V. v. The Republic of Venezuela，ICSID Case No. ARB/96/3.

③ The Salini Test in ICSID Arbitration. https://www.international-arbitration-attorney.com/?s=Salini+Test.

④ Fedax N. V. v. The Republic of Venezuela，ICSID Case No. ARB/96/3，Decision of the Tribunal on Objections to Jurisdiction，11 July 1997，para. 43.

⑤ Ceskoslovenska Obchodni Banka，A. S. v. The Slovak Republic，ICSID Case No. ARB/97/4，Decision of the Tribunal on Objections to Jurisdiction，24 May 1999，para. 68.

意，而双边投资协定则体现了缔约国同意将特定种类的投资争端提交 ICSID 管辖，两者的结合构成了缔约国的同意。仲裁庭需要根据两类公约中的投资标准来确定具体争端中是否存在“投资”。

与 Fedax 案的仲裁庭以主观解释的方式来解释“投资”不同的是，Salini 案体现了用客观具体的标准解释“投资”的趋向。2001 年，Salini Costruttori S. P. A. and Italstrade S. P. A. v. Kingdom of Morocco[①] 案的仲裁庭认为“投资”应包含以下要素：资金/资产的贡献（a contribution）[②]、一段特定时期的经济经营（a certain duration of the economic operation）[③]、投资者假定存在的被主权国家干预的风险（the existence of a risk of sovereign intervention assumed by the investor）[④] 以及对东道国经济的贡献（a contribution to the host state's economic development）。[⑤] 这一标准被称为萨利尼标准。萨利尼标准在不同的仲裁庭得到了适用。[⑥] 由于在 ICSID 体制中，仲裁庭的裁量权几乎没有受到外部限制，其可以根据案件情况，选择不同的解释方法和解释依据，因此，也有不少仲裁庭没有适用萨利尼标准。[⑦]

在外国与中国签订的投资协定中，有不少都对“投资”进行了界定。例如，《中华人民共和国政府和马来西亚政府关于相互鼓励和保护投资协定》规定的“投资”范围较为宽泛，主要指：(1) 动产和不动产及其他物权，如抵押权、留置权或质权；(2) 公司的股份、股票和债券或在该公司的其他形式的利益；(3) 金钱请求权或具有财政价值的行为请求权；(4) 版权、工业产权、专有技术、工艺流程、商名和商誉；(5) 法律授予的经营特许权，包括勘探或开发自然资源的特许

---

① Salini Costruttori S. P. A. and Italstrade S. P. A. v. Kingdom of Morocco，ICSID Case No. ARB /00/4，Decision on Jurisdiction，23 July 2001.

② Salini Costruttori S. P. A. and Italstrade S. P. A. v. Kingdom of Morocco，ICSID Case No. ARB /00/4，Decision on Jurisdiction，23 July 2001，para. 53.

③ Salini Costruttori S. P. A. and Italstrade S. P. A. v. Kingdom of Morocco，ICSID Case No. ARB /00/4，Decision on Jurisdiction，23 July 2001，para. 54；裁决书中同时注明了相关学说。D. Carreau，P. Juillard，T. Flory. Droit International Economique. 3rd ed.. Paris：LGDJ，1990：558 - 578；Schreurer. Commentary on the ICSID Convention. ICSID Review-Foreign Investment Law Journal，1999，14 (2)：421 - 422.

④ Salini Costruttori S. P. A. and Italstrade S. P. A. v. Kingdom of Morocco，ICSID Case No. ARB /00/4，Decision on Jurisdiction，23 July 2001，para. 55.

⑤ Salini Costruttori S. P. A. and Italstrade S. P. A. v. Kingdom of Morocco，ICSID Case No. ARB /00/4，Decision on Jurisdiction，23 July 2001，para. 56.

⑥ Fakes v. Turkey，ICSID Case No. ARB/07/20，Award，14 July 2010，paras. 110 - 114；Joy Mining Machinery，Ltd. v. Egypt，ICSID Case No. ARB/03/11，Award on Jurisdiction，6 August 2004，para. 53；Phoenix Action，Ltd. v. Czech Rep.，ICSID Case No. ARB/06/5，Award，15 April 2009，paras. 116；Abaclat v. Argentine Republic，ICSID Case No. ARB/07/5，Decision on Jurisdiction and Admissibility，4 August 2011，para. 364.

⑦ Abaclat v. Argentine Republic，ICSID Case No. ARB/07/5，Decision on Jurisdiction and Admissibility，4 August 2011，para. 364；M. C. I. Power Group L. C. v. Ecuador，ICSID Case No. ARB/03/6，Award，31 July 2007.

权。再如，《中华人民共和国政府和大韩民国政府关于促进和保护投资的协定(2007年)》第1条规定：“‘投资’一词系指缔约一方投资者依照缔约另一方在投资时的法律和法规在缔约另一方领土内所投入的各种财产，特别是，包括但不限于：(一)动产、不动产和其他财产权利，如抵押、留置、质押、用益物权和类似权利；(二)公司、企业和中外合营企业的股份、股票、债券、公司债和其他形式的参股；(三)金钱请求权或其他与投资有关的具有经济价值的行为请求权；(四)知识产权，包括著作权、商标、专利、工业设计、工艺流程、专有技术、商业秘密、商名和商誉；(五)法律授予的或依照法律通过合同、授权、许可而获得的权利，包括勘探、提炼、耕作或开发自然资源的权利。作为投资的财产发生任何形式上的变化，不影响其作为投资的性质。”这与ICSID的萨利尼标准的界定方式有所不同。

除了明确列举“投资”的范围，有些国家与中国的双边投资协定还对“投资”附加了东道国国内法律或行政管理要求的条件。在《中华人民共和国政府和马来西亚政府关于相互鼓励和保护投资协定》中对“投资”作出了下列约定：“在马来西亚领土内的投资，系指根据马来西亚立法和行政实践，在由马来西亚适当的部归类为‘批准项目’中进行的全部投资。”因此，中国投资者要想在马来西亚获得投资待遇，其投资项目必须经过马来西亚政府批准，只有这样，该等投资才会得到投资协定的保护。Philippe Gruslin v. Malaysia[①] 案件的申请人为比利时投资者，被申请人为马来西亚政府。申请人Philippe Gruslin在马来西亚证券市场（吉隆坡证券交易所）的投资遭受损失后通过ICSID向马来西亚政府要求赔偿。申请人认为，其在证券市场的投资符合申请人母国比利时与马来西亚签订的投资协定中对投资的定义，应当得到该投资协定的保护和ICSID的救济。而ICSID仲裁庭最终裁决认为对该案没有管辖权，因为外国投资者对证券市场的投资，没有经过马来西亚政府的批准，不属于比利时与马来西亚投资协定中约定的投资范围，因此不受该投资协定保护，ICSID对该投资不享有管辖权。对中国投资者来说，由于目前《中华人民共和国政府和马来西亚政府关于相互鼓励和保护投资协定》虽引入国际仲裁争议解决条款，但并未明确ICSID的管辖权，如果发生投资争议，ICSID是否有管辖权将成为首要的争议焦点。因此，中国投资者在与马来西亚政府签订投资协议时可以直接约定ICSID的管辖权，通过合同条款建立提起国际仲裁的依据，避免因“投资”定义的不同无法得到救济。

从《华盛顿公约》和双边投资协定中“投资”定义的异同可以了解到，海外投资者在争议发生时提交仲裁机构解决争端的，需进一步明确对“投资”的界

① Philippe Gruslin v. Malaysia，ICSID Case No. ARB/99/3，Award，27 Nov 2000.

定，以确定争端的管辖权。分析ICSID的投资仲裁案例可知，投资仲裁案件的仲裁庭可以采用Fedax案的主观标准、萨利尼标准和“双钥匙孔”标准来界定“投资”并且明确管辖权。为了进一步完善ICSID“投资”仲裁裁决机制，缔约国在缔约时应当通过开放性的概念和列举的方式给予仲裁庭一定的裁量权，使其可以根据国际投资形式的发展，对相关概念进行适度解释。

（二）“投资者”定义

ICSID的管辖权的主体要件就是《华盛顿公约》第25条第1款规定的当事人资格。《华盛顿公约》规定，参加ICSID仲裁或调解的当事人，必须一方是缔约国（或者其指派到ICSID的该国的任何组成部分或机构），另一方是另一缔约国国民。“另一缔约国国民”包括自然人和法人。法人作为另一缔约国国民，根据《华盛顿公约》第25条第2款（b）项的规定，必须是“在争端双方同意将争端交付调解或仲裁之日，具有作为争端一方的国家以外的某一缔约国国籍的任何法人，以及在上述日期具有作为争端一方缔约国国籍的任何法人，而该法人因受外国控制，双方同意为了本公约的目的，应看作另一缔约国国民”。这样，除具有另一缔约国国籍的法人是“另一缔约国国民”外，具有争端一方缔约国国籍但由外国控制的法人，依双方特别约定，也可被看作另一缔约国国民。显然，那些具有东道国国籍但由外国控制的法人，据此规定也具有了利用ICSID对其与东道国间的投资争端进行仲裁的资格。

由于《华盛顿公约》第25条第2款（b）项既没有明确投资者的定义，也没有明确投资者的国籍，以至于ICSID不同的仲裁庭作出了不同的裁决。虽然仲裁庭适用的判断理论不同，但是理论的关键焦点在于对公司投资者国籍的认定。例如，在Holiday Inn S. A and Others v. Morocco案（1972年）中，Holiday Inn作为外国投资者与摩洛哥政府签署了投资合同，并且约定，如果产生争议，可以向ICSID提起仲裁。投资合同签署后，Holiday Inn根据摩洛哥的法律要求，在摩洛哥注册了Holiday Inn S. A（HISA）。后来双方产生纠纷，Holiday Inn将摩洛哥政府起诉到ICSID，但是摩洛哥辩称，由于HISA根据摩洛哥的法律在摩洛哥境内成立，HISA不应该被视为外国公司。但是，HISA称设立HISA是基于摩洛哥政府的要求，并且HISA一直被摩洛哥政府视为外来控制公司，因此双方是有“默示同意”的（the parties have agreed implicitly）。最后，仲裁庭认为“除非存在任何导致其他解释被排除的特殊情形，否则默示同意不能被接受”。因此，HISA不具有外国投资者的身份，无法提起ICSID仲裁。实践中，投资者出于某些商业利益考虑，会通过设立空壳公司、公司重组或利用股东的双重国籍等方式建立法人的适格投资者身份。可见，基于适格投资者身份认定的管辖权问题仍然存在较大的不确定性，仲裁庭对于管辖权的审查和判断也持谨慎态度。

(三) ICSID 的裁决救济和程序

为了维护 ICSID 裁决的公正性，《华盛顿公约》规定了裁决解释、修正和撤销的救济措施。其中，裁决撤销在救济方面占有最重要的地位。例如，2020 年 10 月，在 ICSID 发布的名为《卓越的争端解决》2020 财年年度报告中，ICSID 根据《华盛顿公约》登记了 25 项裁决后补救申请，其中包括 4 项更正裁决的申请、1 项要求仲裁庭补充裁决的申请和 1 项修改裁决的申请，而撤销裁决的申请就有 19 份，是裁决救济最重要的方面。

根据《华盛顿公约》的规定，裁决撤销程序具有以下主要特点：(1) 限于公约内自备的补救措施。对于 ICSID 仲裁庭的裁决，如果一方当事人不服，且不能通过简单的补充、修改等办法予以补救，则只能通过公约规定的撤销程序来寻求救济，而不得寻求公约规定外的其他补救措施。(2) 撤销机制是限制性的审查机制。《华盛顿公约》起草者并没有打算赋予该机制类似上诉制度的权力。仲裁裁决撤销专门委员会（以下简称“专门委员会”）由行政理事会主席从仲裁员名册中任命 3 名成员组成。为了保证专门委员会的独立性，公约规定：专门委员会的成员不得为作出裁决的仲裁庭的成员，不得具有与上述任何成员相同的国籍，不得为争端一方国家的国民或其国民是争端一方的国家的国民，不得为上述任一国指派参加仲裁员小组的成员，也不得在同一争端中担任调解员。(3) 撤销理由严格限定为程序缺陷。专门委员会只能对仲裁裁决的程序合法性加以审查。撤销由 ICSID 另行组成的专门委员会作出决定。《华盛顿公约》第 52 条规定了可以撤销裁决的 5 种理由，包括仲裁庭组成不当、明显越权、仲裁庭成员受贿、严重违背基本程序规则以及裁决未陈述其所依据的理由，这些理由都限定在裁决的程序错误的范围内，不涉及裁决的实体问题。专门委员会根据这 5 种理由对裁决进行审查，并作出撤销或不撤销的决定。当事人不得依据其他理由提请撤销裁决，专门委员会也不得考虑其他撤销理由。

四、双边/多边投资协定中的争端解决机制

双边/多边投资协定作为保障投资人海外投资利益的重要依据，在国际投资争端解决中具有重要意义。特别是在国际经济实践中，资本输出国和资本输入国出现争议时，最直接的是采取双方签署的双边投资协定中具体规定的措施与机制来解决争端。中国与“一带一路”共建国家签订的双边和多边经贸条约是中国在“一带一路”共建国家投资项目的重要保障。

(一) 中国与“一带一路”共建国家签订双边投资条约的情况

大量中外研究认为，双边投资条约在一定程度上可作为东道国制度环境的替

代或补充机制，对缔约国双边投资有保护及促进的作用。东道国与投资者母国签订双边投资协定宣示着东道国对投资者的欢迎，并承诺根据国际法与双边投资协定给予投资者及其投资合法保护。截至2025年3月，我国生效的双边投资协定有109个，含有投资保护的自贸协定有23个，是世界上签署此类投资协定最多的国家之一。① 其中协定中对投资者与国家间的争端解决机制的文本规定大致可分为4个阶段：阶段一（1982—1984年），协定中未规定投资者与国家间的争端解决机制；阶段二（1985—1997年），协定中规定有限制的争端解决机制，即只有征收补偿款额争议才能提交仲裁；阶段三（1998—2012年），协定中全面接受投资者与国家间的仲裁机制；阶段四（2012年后），协定在加强国家监管权的同时详细规定了投资者与国家间的争端解决机制的程序问题。例如，《中华人民共和国政府和马来西亚政府关于相互鼓励和保护投资协定》1990年生效，对投资者与东道国争议的解决路径规定了三种情形：其一，作为必经程序的磋商解决。协定鼓励争端双方采用“应尽可能友好解决”的方式。其二，东道国国内救济。磋商失败后可寻求国内救济，投资者既可以向东道国行政主管部门或机构申诉，也可以向东道国有管辖权的法院提起诉讼。其三，有关补偿款额的争议和双方同意的其他争议，可以提交国际仲裁庭。需要指出的是，根据中马双方的谅解备忘录，在中方成为ICSID成员后，投资者与东道国之间的投资争议适用《华盛顿公约》的仲裁规则。随着ISDS机制被纳入投资条约，自然人和法人投资者可以就侵害条约载列的投资者实体权利而对政府提出索赔。

投资条约为投资者就东道国的违法行为提供了有效救济的仲裁机制，即ISDS。ISDS程序独立于国内法律制度，这意味着双边投资协定及多边投资协定的保护是投资者的关键防护罩，有利于抵御“一带一路”共建国家和地区中某些高风险司法管辖区可能存在的政治及法律风险。

在“一带一路”倡议下，中国海外投资增长迅猛，投资争端可能呈现增长趋势。目前由“一带一路”共建国家签订的双边投资协定中的ISDS机制并不能完全契合投资争端解决的需求。具体而言，双边投资协定约定的解决争端的方式存在滞后性和碎片化的问题。首先，并非全部的“一带一路”共建国家均签署了双边投资协定。其中，与中国签订“一带一路”合作协议的155个国家中，签订双

① 截至2023年7月14日，我国对外签署且生效的投资保护协定达到108个（商务部：已对外签署且生效的投资保护协定达到108个.（2023-07-14）. https://www.chinanews.com.cn/gn/2023/07-14/10043079.shtml)，2024年5月22日，中国与委内瑞拉签署双边投资保护协定（中国与委内瑞拉签署《关于相互促进和保护投资协定》.（2024-05-23）. https://ve.mofcom.gov.cn/tpjj/art/2024/art_24ba9284b378494bafd07b479a1f80ca.html.）。截至2025年3月，在UNCTAD投资政策中心网站，经高级检索，筛选出现行生效的中国签订的双边投资协定的数量为109个。2025年1月9日，商务部在例行新闻发布会上表示，截至2025年1月，我国已与30个国家和地区签署了23个自贸协定（商务部召开例行新闻发布会（2025年1月9日）.（2025-01-09）. http://www.mofcom.gov.cn/xwfbzt/2025/swbzklxxwfbh2025n1y9r/index.html.）。

边投资协定的有 78 个国家。中国与未签订双边投资协定的国家间的投资争端无法找到相应的解决机制。其次，大部分双边投资协定是 20 世纪 80—90 年代签订的，由于签署时间久远，条款设置与当前投资实践有较大差异。最后，有的双边投资协定并未明确约定争端解决的程序，争端解决机制处于立法空白状态，操作性低，不利于对投资权益的保护。

（二）中国与“一带一路”共建国家签订多边投资条约概况

与国际投资争端解决相关的多边条约主要包括《承认及执行外国仲裁裁决公约》（《纽约公约》）、《联合国关于调解所产生的国际和解协议公约》（《新加坡调解公约》）和《华盛顿公约》。中国企业与“一带一路”共建国家的企业之间通过国际商事仲裁解决的纠纷，其仲裁裁决能够通过《纽约公约》承认和执行。1958 年 5 月 20 日—6 月 10 日，联合国国际商事仲裁会议审议并通过了《纽约公约》。《纽约公约》于 1959 年 6 月 7 日起正式生效。自生效以来，《纽约公约》一直被认为是国际私法领域承认及执行外国仲裁裁决最为重要的国际公约。1987 年 4 月 22 日，《纽约公约》对中国生效。根据联合国官网信息，截至 2024 年 7 月，已有 172 个国家和地区加入或扩展使用该公约，而且该项数字每年都在递增。[①]《纽约公约》中的外国仲裁裁决包括承认、执行国之外的国家作出的裁决以及不被承认、执行国视为国内裁决的裁决。其第 1 条第 1 款规定：“仲裁裁决，因自然人或法人间之争议而产生且在声请承认及执行地所在国以外之国家领土内作成者，其承认及执行适用本公约。本公约对于仲裁裁决经声请承认及执行地所在国认为非内国裁决者，亦适用之。”

《新加坡调解公约》于 2018 年通过，2020 年 9 月 12 日生效，截至 2025 年 3 月，已有 57 个国家签署并有 16 个国家批准该公约，它在国际争议解决方面的影响力、作用正在不断提升。一方面，公约的生效和实施标志着国际商事调解制度化发展迈出了实质性一步；另一方面，公约生效后能够为中国企业与“一带一路”共建国家企业之间的纠纷解决提供更多选择。

《华盛顿公约》对于中国企业来说具有重要意义。《华盛顿公约》第 1 条明确规定建立 ICSID，ICSID 的宗旨是“依照本公约的规定为各缔约国和其他缔约国的国民之间的投资争端，提供调解和仲裁的便利”。在“一带一路”共建国家的中国投资者可以通过启动《华盛顿公约》项下的国际投资争端解决程序维护自身权益。

---

① United Nations. Status: Convention on the Recognition and Enforcement of Foreign Arbitral Awards (New York, 1958). https://uncitral. un. org/en/texts/arbitration/Conventions/foreign_arbitral_awads/status 2.

案例分析

一、典型案例

案例1 谢某深诉秘鲁案（ICSID Case No. ARB/07/6）①

（一）案例导入

中国作为最大的发展中国家资本输入国，与“一带一路”共建国家的外国投资者因投资协议或者政府措施等引起投资争端难以避免。通过ICSID进行仲裁将有利于争端的解决，从而构建更加良好的营商环境，促进中国经济的发展。同时，国际投资仲裁也是中国海外投资企业解决其与外国政府间的投资争端、维护自身权益的重要方式。香港特别行政区居民谢某深诉秘鲁案是ICSID秘书处于2007年2月12日登记受理的第一例由中国私人投资者向外国政府提起的仲裁请求，开创了中国海外投资者通过国际投资仲裁机构解决投资争端的先例。本案中，秘鲁一家公司的中国所有权人谢某深以秘鲁政府的税收临时措施违反中国与秘鲁间双边投资协定为由，向秘鲁政府主张2 500万美元的赔偿。2009年6月19日仲裁庭作出管辖权裁定，确认仲裁庭对本案具有管辖权。2011年7月7日仲裁庭作出最终裁决，认定秘鲁政府税收临时措施的实施构成对谢某深投资的间接征收，裁定秘鲁给予谢某深786 306.24美元的补偿以及利息。本案的争议焦点之一是东道国作出的税收临时措施，包括冻结银行账户等，是否构成对谢某深投资的间接征收。若构成间接征收，则秘鲁违反了《中华人民共和国政府和秘鲁共和国政府关于鼓励和相互保护投资协定》第4条中对投资者的承诺，需要承担赔偿责任。

1. 背景事实

中国香港居民谢某深投资40万美元间接持有秘鲁公司TSG Peru S. A. C（以下简称TSG）90%的股份。TSG自2002年开始经营，2002—2004年期间是秘鲁最大的12家鱼类食品出口商之一，主要向亚洲市场出口，年销售额大于2 000万美元。TSG的经营模式是向捕鱼者提供融资，采购其捕获的鱼，由捕鱼者直接将TSG采购的鱼交付给TSG指定的第三方加工厂，由第三方加工厂进行加工。加工后的食品先储存在第三方加工厂的仓库，直至出口。TSG从未直接从事生产，主要是作为中间商，与各方联系和提供融资。TSG在日常经营中通过秘鲁银行进

---

① https://www.italaw.com/sites/default/files/case-documents/ita0882.pdf. 由于该案裁决原文为西班牙文，参见 https://www.italaw.com/sites/default/files/case-documents/ita0881.pdf，故英文摘选选自ICSID官网上提供的该裁决英文概略版，由Kenneth Juan Figueroa提供。

行收付款等交易。

因TSG向秘鲁税务当局（the Superintendencia Nacional de Administración Tributaria，SUNAT）申请销售税的部分退税，2004年SUNAT对TSG进行了常规稽查和审计，审计后SUNAT认定TSG的账簿和记录没有如实反映原材料的价值，遂根据秘鲁税法采用推定基数的方式而非基于TSG的账簿和记录，认定TSG低报销售额。2005年，SUNAT对TSG作出补缴税金及缴纳罚金共计1 000万秘鲁索尔（Peruvian Solares）的处罚，并采取了临时措施（interim measures），冻结了TSG部分财产及其在秘鲁银行的所有账户资产。

根据秘鲁法律，SUNAT有权在纳税人不配合税务稽查或欠缴税款有可能难以征缴时，对纳税人采取临时措施。但SUNAT据以作出临时措施的审计报告仅仅列明TSG行为不当以及TSG没有如实记载总销售额，并无具体的采取临时措施的依据，也没有在作出临时措施前向审计师要求提供更多的资料。

TSG随后采取了行政申诉及司法手段进行救济，但均被驳回，SUNAT维持了临时措施，但将补缴税金金额降低为约310万秘鲁索尔。TSG由于无法通过秘鲁银行进行交易，销售额骤减，被迫于2005年3月启动债务重组破产程序，以暂停临时措施的执行，维持经营。

2006年9月29日，谢某深作为申请人在ICSID针对秘鲁提起仲裁，声称SUNAT的审计决定及临时措施构成了对其投资的不合理间接征收，违反了中国与秘鲁于1994年签署的《中华人民共和国政府和秘鲁共和国政府关于鼓励和相互保护投资协定》的规定，包括：(1) 缔约任何一方的投资者在缔约另一方领土内的投资和与投资有关的活动应受到公正与公平的待遇和保护；(2) 缔约任何一方不应对缔约另一方的投资者在其领土内的投资采取征收、国有化或其他类似措施，除非给予补偿；(3) 缔约任何一方应在其法律和法规的管辖下，保证缔约另一方的投资者转移在其领土内的投资和收益。中国与秘鲁的上述投资协定第8条第3款规定：“三、如涉及征收补偿款额的争议，在诉诸本条第一款的程序后六个月内仍未能解决，可应任何一方的要求，将争议提交根据一九六五年三月十八日在华盛顿签署的《关于解决国家和他国国民之间投资争端公约》设立的‘解决投资争端国际中心’进行仲裁。缔约一方的投资者和缔约另一方之间有关其他事项的争议，经双方同意，可提交该中心。如有关投资者诉诸了本条第二款所规定的程序，本款规定不应适用。”基于此项规定，谢某深将争议提交至ICSID，要求秘鲁赔偿损失共计约2 500万美元，包括基于未来现金流而计算出的超过5 700万秘鲁索尔的损失和精神损害1 500万秘鲁索尔及其他。

2. 裁决

2009年6月19日，仲裁庭作出谢某深在TSG的投资利益构成双边投资协定下的“投资”，且ICSID和仲裁庭对谢某深的征收赔偿请求享有管辖权等的决定

(the decision on jurisdiction and competence)。

2011年7月7日，在对案件的最终裁决（the award）中，仲裁庭认为SUNAT作出的临时措施构成随意攫取（arbitrary taking），因此是对谢某深投资的间接征收，构成对中国和秘鲁间投资协定第4条的违反，应予赔偿。但是仲裁庭驳回谢某深基于未来现金流而计算出的损失金额和精神损害赔偿请求，裁定赔偿额为786 306.24美元。根据调整后的账面价值计算损失及暂计利息227 201.30美元，驳回精神损害赔偿请求。仲裁庭决定双方平分仲裁费用。

（二）分析

1. SUNAT的审计是否构成对谢某深投资的间接征收

仲裁庭认为，鉴于SUNAT对TSG的审计行为是例行的，作为国家行使行政和管理职权的一部分，SUNAT对TSG的审计行为不构成征收行为。与此同时，仲裁庭也注意到，TSG对SUNAT裁决的质疑并非轻率之举。

2. SUNAT的临时措施是否构成对谢某深投资的间接征收

仲裁庭认为，SUNAT的临时措施本质上属于任意的（arbitrary）行为，构成征收。因为临时措施严重影响了TSG的运营，使其年销售额在2005—2006年从8 000万秘鲁索尔剧减至340万秘鲁索尔。鉴于TSG的商业模式依赖秘鲁银行进行融资交易，临时措施给TSG造成了严重的实质性损失。且SUNAT在审计时应该知晓该临时措施可能对TSG的致命影响。

仲裁庭认为，临时措施实施了一年，并延期两年，TSG于2005年3月启动债务重组破产程序后才使临时措施暂停执行，但直至2006年6月破产重组完成后，TSG才重新恢复运营。且TSG进行重组是其自身为减轻损失而采取的合理及必要的行为，秘鲁不能以TSG自身采取减损措施而减轻了损失来证明SUNAT决定的合理性或损失的降低。

3. SUNAT的临时措施本质上属于任意的（arbitrary）行为

仲裁庭承认并尊重国家在税收事务中的主权及其善意行使行政权力。然而，这种尊重受到国际公法以及秘鲁法律和国际协定所要求的合理性和非任意性原则（the principle of reasonableness and non-arbitrariness）的限制。在本案中，SUNAT未能遵守其内部指南和程序，特别是在以下几个关键方面：第一，SUNAT未能准确识别应通过临时措施冻结的TSG的具体资产；第二，SUNAT未能提供采取临时措施的充分理由和详细的证据支持，这些措施被认定为“例外”手段；第三，SUNAT未能尽力避免对TSG的商业运营造成不必要的干扰。此外，SUNAT的执行部门在实施临时措施之前，未向审计人员提出相关询问或要求提供额外信息。因此，仲裁庭认定SUNAT的行为本质上是任意的，并导致了TSG的不必要损失。尽管SUNAT的临时措施对TSG的持续运营产生了严重不利影响，但这些措施最终未能达到预期效果。具体而言，尽管TSG的税收债务约为400万美元，但临时措施仅冻结了价值172美元的资产。因此，仲裁庭认为对TSG采取的临时措施在实际效果上是无效的。

4. TSG并未恶意行事，也未疏于减轻损失

谢某深在TSG的投资结构以及TSG没有将SUNAT的退税款用于支付应缴税金，而是用于经营贷款，也不构成恶意。同时秘鲁指出的其他可能减轻损失的措施，虽然TSG未采用，但这些措施也不一定有效，因此要求TSG穷尽这些措施是不合理的。而且TSG已经启动债务重组破产程序以减轻损失。

5. TSG未获得有效的正当程序救济

虽然TSG采取了行政复议及司法诉讼手段，但是两者都没有充分分析TSG的诉求，只是不合理地听取了SUNAT的意见。因此，TSG并未获得实质的法律救济。

6. 如何计算征收的合理赔偿及其他费用

仲裁庭认为，计算损失的标准是使仲裁申请人恢复到征收行为未曾发生时的状态。双方都同意应基于TSG的价值来确定损失，但双方对如何确定TSG的价值各执一词。谢某深主张以折扣后的TSG现金流为计算基础，秘鲁主张以调整后的TSG的账面价值为计算基础。仲裁庭采纳了秘鲁的主张，认为TSG仅运营两年，其间现金流为负，且其经营模式存在高杠杆、高风险，临时措施采取时TSG的市场份额已经在流失，等等，从而计算出赔偿损失金额为786 306.24美元。

仲裁庭驳回了精神损害赔偿的请求，认为SUNAT的行为未对投资者的肢体造成损害，也并没有导致投资者身体或精神健康恶化或名誉损害，以及不存在严重的不利后果。同时，仲裁庭也拒绝了11%的利息请求。因为该利率是TSG的融资利率，有风险因素，所以裁定利率应为美国十年国债的月均利率。仲裁庭最后基于国际公法的基本原则，裁定双方平分仲裁费用，而不是由败诉方承担。

7. 撤裁程序（annulment proceedings）

上述管辖权决定和最终裁决作出后，2011年11月3日，秘鲁依据《华盛顿公约》第52条和ICSID仲裁规则第50条，申请撤销管辖权决定或最终裁决。后来，秘鲁明确只申请部分撤裁，即撤销关于申请人关于征收补偿款额的请求属于中国和秘鲁投资协定第8条第3款范围的裁定。

秘鲁依据《华盛顿公约》第52条第5款的规定，在申请撤裁时，同时申请暂停执行仲裁裁决（a stay of enforcement of the award），直至专门委员会（ad hoc Committee）对撤裁申请作出决定后。

2012年3月20日，谢某深申请终止暂停执行仲裁裁决，否则由秘鲁出具担保，保证其履行债务。后秘鲁承诺，若最后的裁决不撤销之前的裁决，则在最后

裁决后30天内无条件支付赔偿金额。2012年4月21日，谢某深表示不再要求终止暂停执行仲裁裁决，故暂停期间直至最终裁决作出之日。2015年2月2日，仲裁庭作出裁定，驳回秘鲁的撤裁申请，并裁定其承担撤裁程序80%的仲裁费，律师费各自承担，终止之前的暂停执行裁决，恢复执行仲裁裁决。

案例2 北京城建集团诉也门政府案（ICSID Case No. ARB/14/30）

（一）案例导入

ICSID于2014年12月3日受理了北京城建集团诉也门投资争端仲裁。本案是中国1993年加入《华盛顿公约》以来，中国国有企业主动将外国政府诉至ICSID的第一案，具有里程碑意义。本案亦是首起中国国有企业在ICSID投资仲裁中获得管辖权胜诉的案件，具有普遍指导意义。

本案申请人是北京城建集团，被申请人是也门共和国。本案中，也门民航气象局（Yemen Civil Aviation and Meteorology Authority）公开招标萨那国际机场二期航站楼工程建设项目，旨在改善也门共和国机场的设施。2006年，申请人以114 657 262.3美元的价格中标并与也门民航气象局签订了萨那国际机场二期航站楼工程建设合同。申请人称，2009年7月，也门政府安全部门和政府雇用的当地武装力量殴打并扣留了申请人的雇员，并阻止申请人的施工人员进入项目工地，申请人被迫终止合同义务。2009年7月22日，被申请人以申请人未能返回施工现场完成工程为由主张解除合同。若非被申请人阻止申请人进入项目施工现场，申请人本应已完成合同义务并获得利润。被申请人声称，申请人在多个方面未能令人满意地履行合同，包括未经授权从建筑工地移走材料，未经海关许可进口设备，申请人施工的主要人员长期不在现场，以及存在持续性的分包商，等等。

2014年11月4日，申请人根据2002年4月10日生效的《中华人民共和国政府和也门共和国政府关于鼓励和相互保护投资协定》（以下简称“中—也BIT”）和《华盛顿公约》向ICSID仲裁庭申请仲裁，认为被申请人剥夺了其在也门的合法投资。本案于2014年12月立案。2017年3月15日，仲裁庭在英国伦敦对本案管辖权进行审理，并作出管辖权裁定。

（二）分析

被申请人根据《华盛顿公约》提出管辖权异议，其辩论主要围绕五个方面进行：申请人是否为另一缔约国国民，涉案争端是否为ICSID管辖的征收补偿争端，最惠国待遇条款（MFN）是否适用于争端解决，申请人的工程承包行为是否为合格的投资，以及申请人索赔的基础是条约还是合同。

首先，关于争端适格问题。被申请人认为申请人是国有企业，是政府的代理人并拥有政府管理职能（a state-owned entity，is both an agent of the Chinese Government and discharges governmental functions)，因此，该争端是申请人所

代表的中国政府与也门政府之间的争端。被申请人根据布罗什标准（Broches test）认为，申请人作为国有实体，在商业活动中实质上是在行使政府职能（discharge an essentially governmental function）。由于ICSID只管辖缔约国与另一缔约国国民之间的投资争端，而中国政府与也门政府之间的争端是国与国之间的争端，因此仲裁庭没有管辖权。

申请人认为其满足适格主体的要求，根据布罗什标准，政府控制的企业的行为是否被视为政府行为完全取决于该企业的具体行为是代表政府的行为还是纯商业行为。申请人主张，其在也门投资该项目，并非以中国政府代理人的身份行使政府职能，而是以商业职能（commercial capacity）行事，且其在也门的工程建设合同未受到中国政府的控制。申请人声称其满足布罗什标准且没有以中国政府代理人的地位履行合同或者行使政府职能，只是以纯商业行为参与项目施工，因此，其属于《华盛顿公约》第25条所规定的另一缔约国国民。

仲裁庭认为申请人尽管是一个国有企业，但是，也是一家依据中国法律注册、成立并有效存续的有限责任公司，而且是中国500强企业之一。依双方都认可的布罗什标准和《关于国家对国际不法行为的责任条款草案》第4～8条关于可归因于国家的行为的规定，仲裁庭认为“行为的性质”相比“行为的目的”在认定国有实体是否适格时更应被重点考察。判断国有企业是否是适格主体需要对其在投资过程中的商业功能进行分析。针对也门政府提出的北京城建集团国有企业身份的表现，仲裁庭认为国有企业适格与否的关键是其在特定情境下是否以国家代理人的身份行事。本案中申请人与被申请人的民航气象局签署的工程建设合同是完全、彻底的商务行为，不是国家代理人的行为。因此，并没有证据证明北京城建集团行使了中国政府的职能。

其次，关于申请人在也门的投资是否属于合格投资。被申请人辩称申请人只是提供履约担保的工程承包商，而且是由也门政府支付工程款的工程承包商，故其行为不构成“合格的投资”。同时，被申请人根据也门内国法声称所有在也门的外国投资均需要在官方注册后才能获得双边投资协定的保护，而申请人并没有完成也门法律规定的注册程序，因此不能被认定为国际投资。

申请人认为履行合同过程中的图纸、设备、材料都构成中—也BIT第1条中规定的投资。中—也BIT第1条规定如下：“在本协定内：一、‘投资’系指缔约一方投资者在缔约另一方的领土内依照该缔约另一方的法律和法规直接或间接投入的所有资产和所有股金，特别是，但不限于：（一）动产、不动产及所有其他财产权利，如抵押权和质权、实物担保、用益权和类似权利；（二）股份、股票和企业中其他所有形式的参股；（三）债权和其他任何具有经济价值的行为请求权；（四）著作权、商标、专利权、商名和其他所有工业产权、专有技术和工艺流程；（五）依法授予的公共权益的特许权，包括勘探和开发自然资源的特许权。”申请人声称其在也门的工程承包权即是投资的一种。此外，广泛接受的萨利尼标准要求投资满足 4 个条件：第一，有资本或其他资源的投入；第二，该投资须持续一段时间；第三，投资者承担东道国干预的风险；第四，该投资有利于东道国的发展。根据萨利尼标准，本案中的工程建设合同满足投资的要求。针对注册程序，申请人反驳称，中—也 BIT 并没有明确规定注册是成为国际投资的前提条件。

仲裁庭首先分析了《华盛顿公约》第 25 条与中—也 BIT 中“投资”定义的关系。《华盛顿公约》允许各缔约国双方自由约定“投资”的定义、内容。仲裁庭认为中—也 BIT 中关于投资的定义并没有超出《华盛顿公约》中投资定义的范围。如果申请人的投资满足中—也 BIT 中投资的要求，则该投资即为适格的投资。申请人为履行合同所投入的图纸、设备、材料满足中—也 BIT 第 1 条第 1 款第 3 项中“其他任何具有经济价值的行为请求权”的规定，因此申请人的投资满足了 ICSID 对于适格投资的要求。仲裁庭认为，即使适用萨利尼标准，申请人的投资也是适格的。申请人在二期航站楼建设中投入了资本，这种投入明显承担了东道国也门政府的风险，也持续了一段时间，二期航站楼的建设无疑对也门作出了贡献。由此，仲裁庭得出结论认为北京城建集团在也门的投资是适格的投资。

最后，关于本案仲裁请求是否是基于投资条约的请求。被申请人认为本案为商事合同索赔（contractual commercial claim），受制于合同项下的争议解决机制，仲裁庭对此没有管辖权。申请人认为其仲裁请求基于中—也 BIT，不仅仅是普通合同项下的索赔请求，仲裁庭应以仲裁申请材料中的事实来判断该项申请是否为条约上的请求。

仲裁庭认为，也门政府武装力量将北京城建集团的人员赶出项目工地使得本案不再仅仅是一项普通的商事合同纠纷。正如仲裁庭认定的：“北京城建集团的索赔和正常的商务合同争端之间的一个特别重要的实际区分是，也门政府以军队武力干涉将北京城建集团的工人赶出了项目现场，使得北京城建集团无法履行合同。”（A factual distinction of great importance between the BUCG claim and an ordinary commercial contract dispute is the alleged intervention of the Respondent's military forces to excluded BUCG workers from the construction site and, allegedly, to render the contract incapable of performance.）

“保护伞条款”是指在双边贸易协定中，用以规定缔约一方应遵守其对缔约另一方投资者所做的特定承诺的条款。由于中—也 BIT 中并没有“保护伞条款”，因此仲裁庭只拥有对违反条约的仲裁请求的管辖权。北京城建集团是否主张违反条约为该问题的关键，事实上，其并没有主张任何违反合同的请求，而是依中—也 BIT 提出了仲裁请求。仲裁庭援引 Bayindir 案确立的条件，“即使基于同一事实而产生的争议，条约项下的索赔与合同项下的索赔在法律上也是不同的，当投资者享有合同项下和条约项下的权利时，投资者有请求条约项下救济的权利”，认为其拥有对北京城建集团选择违反条约的仲裁请求的管辖权。

二、类案练习

案例1 马来西亚投资者诉中国政府案（ARB/11/15号案）[①]

(一) 案例导入

中马文化艺术有限公司（Sino-Malaysia Culture & Art Co. Ltd.，SMCAC）是马来西亚依佳兰公司（Ekran Berhad）于1993年在中国设立的子公司。SMCAC主要经营文化艺术品产业，其马方投资者股权占比70%。根据SMCAC与海南省政府签订的土地租赁协议，该公司享有1993—2063年的土地使用权。2004年，海南省政府无偿收回了SMCAC投资的国有土地使用权，依据是《中华人民共和国城市房地产管理法》和《海南经济特区土地管理条例》。SMCAC于2011年5月将中国政府诉至ICSID，请求中国政府向其支付不低于约10.6亿元人民币的等值美元的土地被征收损失的补偿（时间基点：2009年8月5日），不低于约10.6亿元人民币的等值美元的预期利润损失的补偿，及2009年8月5日至2011年3月11日期间约4 200万元人民币的利息损失的补偿。后双方经过协商达成和解，2013年5月16日，ICSID秘书处根据双方申请，依据ICSID仲裁规则第43条第1款发布了终止命令。

(二) 讨论与分析

(1) ICSID管辖权主要源于双边投资协定、多边投资协定和东道国国内立法。在本案中，投资者最有可能援引的是哪个文件？

(2) 若投资者援引1990年3月31日生效的《中华人民共和国政府和马来西亚政府关于相互鼓励和保护投资协定》能否通过协定的文本内容判断何为“投资”、“投资者”、“岔路口条款”和“有关征收补偿数额的争议”？

(3) 本案为我国首次被外国投资者诉至ICSID，你若作为被申请方聘请的律师，你会从哪些方面应对本案？ICSID管辖权的确定要件包括：管辖以合意（consent）为基础，双方书面同意提交ICSID仲裁；属事管辖权（jurisdiction ratione material），争端须因“投资”而产生；属人管辖权（jurisdiction ratione personae），申请人是“另一缔约国国民”。请从管辖权和最惠国待遇条款的扩张适用两个方面谈谈你的看法。

---

① Ekran Berhad v. People's Republic of China (ICSID Case No. ARB/11/15). https://investmentpolicy.unctad.org/investment-dispute-settlement/cases/427/ekran-v-china.

案例 2　新加坡投资者诉中国政府案（ARB/20/34 号案）①

（一）案例导入

从 20 世纪 90 年代起，新加坡投资者 Goh Chin Soon 一直在山东青岛开发房地产项目。Goh Chin Soon 称，山东青岛地方政府与国有银行采用伪造文件、贿赂法官等手段，不仅没收了其价值 15 亿美元的财产，还对其实施了长达数月的监禁。Goh Chin Soon 在 2004 年获释后，向青岛地方政府提出索赔。虽然双方就部分投资达成了价值 1.2 亿美元的和解协议，但该协议并没有得到完全履行。2020 年 9 月 16 日，Goh Chin Soon 以中国政府为被申请人，将相关争议提交 ICSID 仲裁。2021 年 6 月 23 日，组成仲裁庭；2021 年 8 月 25 日，该案终止。终止的依据是 ISCID 仲裁规则第 43 条第 1 款，该条款规定：在裁决作出前，当事方因达成争议解决协议或以其他方式决定终止案件程序，仲裁庭或在仲裁庭尚未组成的情况下秘书处应当根据当事方的书面请求，作出程序终止的命令。2021 年，Goh Chin Soon 又向海牙常设仲裁法院（PCA）申请仲裁，案件仍处于未结案的状态。

《中华人民共和国政府和新加坡共和国政府关于促进和保护投资协定》规定了强制磋商程序。投资者与东道国因投资产生争端之后，双方应进行友好协商。在 6 个月内未达成和解的，投资者方可将投资争端诉诸国内诉讼或国际仲裁。首先，《中华人民共和国政府和新加坡共和国政府关于促进和保护投资协定》中对于投资的界定较为宽泛，指缔约一方根据其法律和法规允许的各种资产，其中包括动产、不动产、股票、股份、债券、金钱、知识产权、经营特许权等。其次，《中华人民共和国政府和新加坡共和国政府关于促进和保护投资协定》中专门指出国际仲裁的事项仅限于由征收、国有化或其效果相当于征收、国有化的其他措施发生的补偿款额的争议。根据该协定可知，东道国对投资采取征收或国有化措施必须满足相应的必要条件。如果缔约一方对缔约另一方的国民或公司的投资采取征收、国有化或其效果相当于征收、国有化的其他措施，则该措施必须具备目的合法性、非歧视性、有效性、非延迟性、补偿价值的充分性和可兑换转移性。

（二）讨论与分析

（1）本案在 2021 年 8 月终止 ICSID 仲裁程序后，改为 PCA 管理的临时仲裁。通过在 ICSID 官网和 UNCTAD 官网进行检索，找到至少十个与 ICSID 仲裁规则第 43 条第 1 款相关的终止案件，并加以分析。并在 ICSID 官网、UNCTAD 官网和 PCA 官网中找出至少两个先后经历 PCA 和 ICSID 仲裁程序的案件，并加以分析。

（2）本案中申请人先提起国内诉讼，后提起国际仲裁。国际投资仲裁中的岔路口条款（fork in the road clause）指外国投资者有权在东道国国内司法救济和

---

① Goh Chin Soon v. People's Republic of China (ICSID Case No. ARB/20/34). https://icsid.worldbank.org/cases/case-database/case-detail?CaseNo=ARB/20/34.

国际投资仲裁之间进行选择，一旦选定了其中一种，则不得再使用另一种。本案是否符合岔路口条款的规制？请以中国和新加坡的双边投资协定的文本内容为依据进行分析。

案例3 中国投资者诉柬埔寨政府案（ARB/21/42号案）[①]

（一）案例导入

Emaxx Telecom 是一家柬埔寨电信公司，提供4G/LTE服务，主营业务包括高速宽带互联网服务、广播和卫星电视等。深圳键桥公司于2014年向Emaxx Telecom注资1 500万美元，获得Emaxx Telecom 65%的股权。2020年10月，柬埔寨邮电部（MPTC）撤销了17家电信运营商的移动服务运营商执照，Emaxx Telecom位列17家企业的清单之中。2021年3月，MPTC开列了由49家企业组成的互联网服务提供商清单，宣布对这些企业重新发放经营许可证，Emaxx Telecom没有被列入该清单之中。2021年9月1日，中国公民叶某和杨某萍以Emaxx Telecom董事的身份，将柬埔寨政府诉至ICSID。2021年9月1日设立仲裁庭，目前，本案还在进行中。在本案中，柬埔寨和中国同属ICSID成员国。柬埔寨政府撤销对申请人投资的许可之后，在对其他相同投资重新发放许可证时，拒绝对本案申请人的投资发放许可证，导致双方发生争议，该争议显然属于仲裁的范围。

（二）讨论与分析

（1）通过检索ICSID官网和UNCTAD官网，确定本案仲裁提起的依据包含哪些双边条约和多边条约。

（2）本案中被申请人的行为可能构成何种行为？违反了条约中对投资者的哪些保护？请试着列举出来。

知识拓展

一、拓展阅读

（一）论文

1. 贺旭红，郭翠萍. ICSID管辖权的扩大及应对：以“一带一路”战略为视角. 经济问题，2016（4）.

2. 王贵国.“一带一路”战略争端解决机制. 中国法律评论，2016（2）.

3. 姬云香，胡晓红. 全球治理下“一带一路”之公平公正待遇问题研究：以

① Qiong Ye and Jianping Yang v. Kingdom of Cambodia（ICSID Case No. ARB/21/42）. https://icsid.worldbank.org/cases/case-database/case-detail?CaseNo=ARB/21/42.

部分丝绸之路经济带国家 ICSID 投资争端为例. 西北师大学报（社会科学版），2016（6）.

4. 孙劲. 论构建中国全方位对外投资条约体系. 国际法研究，2017（2）.

5. 王燕. 国际投资仲裁机制改革的美欧制度之争. 环球法律评论，2017（2）.

6. 李玉璧，王兰. “一带一路”建设中的法律风险识别及应对策略. 国家行政学院学报，2017（2）.

7. 张超，张晓明. “一带一路”战略的国际争端解决机制研究. 南洋问题研究，2017（2）.

8. 鲁洋. 论“一带一路”国际投资争端解决机构的创建. 国际法研究，2017（4）.

9. 张磊. 海外投资的争端解决途径与中国的应对. 探索与争鸣，2017（8）.

10. 王贵国. “一带一路”争端解决制度研究. 中国法学，2017（6）.

11. 孙南申. “一带一路”背景下对外投资风险规避的保障机制. 东方法学，2018（1）.

12. 廖丽. “一带一路”争端解决机制创新研究：国际法与比较法的视角. 法学评论，2018（2）.

13. 石静霞，董暖. “一带一路”倡议下投资争端解决机制的构建. 武大国际法评论，2018（2）.

14. 王军杰，石林. 论“一带一路”沿线“投资者—东道国”争端解决的路径与机制. 西南民族大学学报（人文社科版），2018（6）.

15. 张丽娜. “一带一路”国际投资争端解决机制完善研究. 法学杂志，2018（8）.

16. 马亚伟，漆彤. 论“一带一路”投资争议解决机制的构建. 国际商务研究，2018（5）.

17. 邓富华，贺歌，姜玉梅. “一带一路”沿线国家外资政策协调对中国对外直接投资的影响：基于双边、多边政策协调的分析视角. 经济与管理研究，2019（12）.

18. 梁嘉铭. 中国—东盟区域投资争端中仲裁机制的完善路径. 特区经济，2022（3）.

19. 黄志瑾，张万洪. “一带一路”投资中的条约救济风险：基于中东欧国家的实证研究. 上海对外经贸大学学报，2018（4）.

20. 朱伟东. 关于建立“一带一路”争端解决机制的思考. 法治现代化研究，2018（3）.

21. 梁咏. 国际投资仲裁机制变革与中国对策研究. 厦门大学学报（哲学社会科学版），2018（3）.

22. 肖军. 建立国际投资仲裁上诉机制的可行性研究：从中美双边投资条约谈判说起. 法商研究，2015（2）.

（二）案例

1. PETRONAS International Corporation Ltd and Azhan Bin Ali v. Republic of the Sudan（ICSID Case No. ARB/21/47）

2. Macro Trading Co.，Ltd. v. People's Republic of China（ICSID Case No. ARB/20/22）

3. Ansung Housing Co.，Ltd. v. People's Republic of China（ICSID Case No. ARB/14/25）

4. Ping An Life Insurance Company of China，Limited and Ping An Insurance (Group) Company of China，Limited v. Kingdom of Belgium（ICSID Case No. ARB/12/29）

5. Baggerwerken Decloedt En Zoon NV v. Republic of the Philippines（ICSID Case No. ARB/11/27）

6. Malaysian Historical Salvors，SDN，BHD v. Malaysia（ICSID Case No. ARB/05/10）

7. MTD Equity Sdn. Bhd. and MTD Chile S. A. v. Republic of Chile（ICSID Case No. ARB/01/7）

8. National Gas S. A. E. v. Arab Republic of Egypt（ICSID Case No. ARB/11/7）

9. OI European Group B. A. v. Bolivarian Republic of Venezeula（ICSID Case No. ARB/11/25）

二、毕业论文选题指导

1. 国际仲裁的上诉审查机制研究
2. 论欧盟投资法庭制度
3. 论“用尽当地救济原则”
4. 论国际投资争端的解决
5. 国际投资条约中的“保护伞条款”研究
6. 国际投资条约仲裁的最新发展趋势
7. 国际投资仲裁机制的改革
8. 论国际投资条约中的公平与公正原则
9. “一带一路”投资争端解决机制研究
10. 国际投资仲裁中“投资”的定义
11. 构建“一带一路”投资争端调解机制
12. 论“一带一路”投资争端风险预防机制的构建
13. “一带一路”投资争端解决机制的实践研究

图书在版编目（CIP）数据

"一带一路"投资权益保护法律实务 / 岳树梅主编. 北京：中国人民大学出版社，2025. 6. --（法律硕士精品系列教材）. -- ISBN 978-7-300-34112-5

Ⅰ. D922. 294

中国国家版本馆 CIP 数据核字第 2025TR3828 号

法律硕士精品系列教材
"一带一路"投资权益保护法律实务
主　编　岳树梅
"Yidaiyilu" Touzi Quanyi Baohu Falü Shiwu

出版发行	中国人民大学出版社		
社　　址	北京中关村大街 31 号	**邮政编码**	100080
电　　话	010－62511242（总编室）		010－62511770（质管部）
	010－82501766（邮购部）		010－62514148（门市部）
	010－62511173（发行公司）		010－62515275（盗版举报）
网　　址	http://www.crup.com.cn		
经　　销	新华书店		
印　　刷	固安县铭成印刷有限公司		
开　　本	787 mm×1092 mm　1/16	**版　　次**	2025 年 6 月第 1 版
印　　张	15.25 插页 1	**印　　次**	2025 年 6 月第 1 次印刷
字　　数	294 000	**定　　价**	58.00 元

《　　　　　　　》※任课教师调查问卷

为了能更好地为您提供优秀的教材及良好的服务，也为了进一步提高我社法学教材出版的质量，希望您能协助我们完成本次小问卷，完成后您可以在我社网站中选择与您教学相关的 1 本教材作为今后的备选教材，我们会及时为您邮寄送达！如果您不方便邮寄，也可以申请加入我社的**法学教师 QQ 群：436438859（申请时请注明法学教师）**，然后下载本问卷填写，并发往我们指定的邮箱（cruplaw@163. com）。

邮寄地址：北京市海淀区中关村大街甲 59 号文化大厦中国人民大学出版社 1202 室收

邮　　编：100872

再次感谢您在百忙中抽出时间为我们填写这份调查问卷，您的举手之劳，将使我们获益匪浅！

基本信息及联系方式：※

姓名：__________ 性别：__________ 课程：______________

任教学校：______________________ 院系（所）：__________

邮寄地址：______________________ 邮编：______________

电话（办公）：__________ 手机：__________ 电子邮件：______

调查问卷：※

1. 您认为图书的哪类特性对您选用教材最有影响力？（　　）（可多选，按重要性排序）

   A. 各级规划教材、获奖教材　　B. 知名作者教材

   C. 完善的配套资源　　D. 自编教材

   E. 行政命令

2. 在教材配套资源中，您最需要哪些？（　　）（可多选，按重要性排序）

   A. 电子教案　　B. 教学案例

   C. 教学视频　　D. 配套习题、模拟试卷

3. 您对于本书的评价如何？（　　）

   A. 该书目前仍符合教学要求，表现不错将继续采用

   B. 该书的配套资源需要改进，才会继续使用

   C. 该书需要在内容或实例更新再版后才能满足我的教学，才会继续使用

   D. 该书与同类教材差距很大，不准备继续采用了

4. 从您的教学出发，谈谈对本书的改进建议：__________________

____

____

选题征集：如果您有好的选题或出版需求，欢迎您联系我们：

联系人：黄　强　联系电话：010-62515955

索取样书：书名：______________________________

书号：______________________________________

备注：※ 为必填项。